民國文化與文學研究文叢

初 編

李 怡 主編

第 10 冊

「打倒孔家店」與「五四」
——以新文化—新文學運動爲中心（下）

楊 華 麗 著

國家圖書館出版品預行編目資料

「打倒孔家店」與「五四」——以新文化—新文學運動為中
心（下）／楊華麗 著 -- 初版 -- 新北市：花木蘭文化出版社，
2012〔民 101〕
目 4+218 面；19×26 公分
（民國文化與文學研究文叢 初編；第 10 冊）
ISBN：978-986-254-887-5（精裝）
1. 五四新文學運動
541.26208   101012599

特邀編委（以姓氏筆畫為序）：

丁　帆	王德威	宋如珊
岩佐昌暲	奚　密	張中良
張堂錡	張福貴	須文蔚
馮　鐵	劉秀美	

ISBN-978-986-254-887-5

9 789862 548875

民國文化與文學研究文叢
初　編　第　十　冊   ISBN：978-986-254-887-5

「打倒孔家店」與「五四」
——以新文化—新文學運動爲中心（下）

作　　者　楊華麗
主　　編　李　怡
企　　劃　北京師範大學民國歷史文化與文學研究中心（籌）
　　　　　四川大學民國文學暨海外漢學研究中心（籌）
　　　　　現代中國文化與文學研究中心
總 編 輯　杜潔祥
印　　刷　普羅文化出版廣告事業
出　　版　花木蘭文化出版社
發 行 人　高小娟
聯絡地址　新北市永和區中正路五九五號七樓
　　　　　電話：02-2923-1455／傳眞：02-2923-1452
網　　址　http://www.huamulan.tw 信箱 sut81518@gmail.com
初　　版　2012 年 9 月
定　　價　初編 18 冊（精裝）新台幣 30,000 元

「打倒孔家店」與「五四」
——以新文化—新文學運動爲中心（下）

楊華麗　著

目

次

第四章 「非孝」：拷問「家庭問題」

　　「中國思想文化史不限於儒家，而不能不承認儒家是其中心；儒家思想不限於禮教，而不能不承認禮教是其中心；禮教思想不限於三綱，而不能不承認三綱是其中心。五倫、五常等等，都必須受禮的制約，禮的範圍是無所不包的。這在《論語》、《荀子》、《禮記》、李覯、王船山、凌廷堪、曾國藩、陳澧、陳獨秀、李大釗、柳詒徵、趙紀彬、張舜徽等各人各派都已看出而詳論過了」〔註1〕。「孔子的思想，實際上已經以三順三綱為禮教的中心……先秦儒家的三正說、三順說，到了西漢的董仲舒便改稱為三綱說。三說都是同一個內容的。由三正而三順而三綱，是一種非常自然的發展次序。」〔註2〕事實上，自從董仲舒將「君為臣綱，父為子綱，夫為妻綱」概括為「三綱」之後，三綱就和五常一起，成了中國傳統社會文化秩序的核心綱領。

　　這個綱領受到較為深刻的挑戰，是在甲午到戊戌這段時間。「那個時代（指由甲午到戊戌）的思想領袖如康有為、梁啓超、譚嗣同、嚴復等，都對三綱說，特別是對其君統部分，作直接或間接批判。」〔註3〕由此，不少先進知識份子指出君主專制與尊孔尊禮教之間的關係問題。在辛亥前十年間，「真」的《三綱革命》〔註4〕、鞠普的《論習慣之礙進化》〔註5〕、「四無」的

〔註1〕 蔡尚思《中國禮教思想史》，前引書，第7～8頁。
〔註2〕 蔡尚思《中國禮教思想史》，前引書，第7頁。
〔註3〕 參見張灝《張灝自選集》，前引書，第206～207頁。
〔註4〕 真《三綱革命》，張枬、王忍之編《辛亥革命前十年間時論選集》第2卷下冊，前引書。
〔註5〕 鞠普《論習慣之礙進化》，張枬、王忍之編《辛亥革命前十年間時論選集》第3卷，前引書。

《無父無君無法無天》〔註6〕就反對君權、父權和夫權。陳以益在《男尊女卑與賢母良妻》中憂憤於男尊女卑之說被去除之後，卻又由日本送來了賢母良妻主義〔註7〕，謝震在其《論可憐之節婦宜立保節會並父兄強青年婦女守節之非計》中感歎道「天下有最可嘉最可憐之人焉，其惟青年守節之嫠婦乎！」〔註8〕《論三從》一文，則尖銳地揭示了三綱之弊〔註9〕。

到了新文化運動時期，陳獨秀等更是對三綱之說進行了更爲系統的批判。「忠、孝、貞節三樣，卻是中國固有的舊道德，中國的禮教、綱常、風俗、政治、法律，都是從這三樣道德演繹出來的；中國人的虛僞、利己、缺乏公共心、平等觀，就是這三樣舊道德助長成功的；中國人分裂的生活、偏枯的現象，一方無理壓制，一方盲目服從的社會，也都是從這三樣道德教訓出來的；中國歷史上、現社會上種種悲慘不安的狀態，也都是這三樣道德在那裡作怪。」〔註10〕陳獨秀說：「吾國自古相傳之道德政治，胥反乎是？儒者三綱之說，爲一切道德政治之大原，君爲臣綱，則民於君爲附屬品，而無獨立自主之人格矣；父爲子綱，則子於父爲附屬品，而無獨立自主之人格矣；夫爲妻綱，則妻於夫爲附屬品而無獨立自主之人格矣。率天下之男女爲臣，爲子，爲妻，而不見有一獨立自主之人者，三綱之說爲之也。緣此而生金科玉律之道德名詞，曰忠，曰孝，曰節，皆非推己及人之主人道德，而爲以己屬人之奴隸道德也。人間百行，皆以自我爲中心，此而喪失，他何足言？奴隸道德者，即喪失此中心，一切操行悉非義由己起，附屬他人以爲功過者也。自負爲1916年之男女青年，其各奮鬥以脫離此附屬品之地位，以恢復獨立自主之人格。」〔註11〕對三綱的反叛，就是打破奴隸人格，就是對獨立自主的青年人格的爭取。另一位反孔非儒的健將吳虞在《消極革命之老莊》中，對道家的積極性與消極性做出了反思，其中也論析了三綱之說與儒教、民賊、專制之連帶關係。他認爲，自從班固《白虎通》將君臣、父子、夫婦列爲三綱之

〔註6〕 四無《無父無君無法無天》，張枏、王忍之編《辛亥革命前十年間時論選集》第3卷，前引書。

〔註7〕 陳以益《男尊女卑與賢母良妻》，張枏、王忍之編《辛亥革命前十年間時論選集》第3卷，前引書，第484頁。

〔註8〕 謝震《論可憐之節婦宜立保節會並父兄強青年婦女守節之非計》，張枏、王忍之編《辛亥革命前十年間時論選集》第3卷，前引書，第485頁。

〔註9〕 《論三從》，張枏、王忍之編《辛亥革命前十年間時論選集》第3卷，前引書。

〔註10〕 陳獨秀《調和論與舊道德》，《新青年》7卷1號，1919年12月1日。

〔註11〕 陳獨秀《1916年》，《青年》1卷5號，1916年正月號。

後，「君臣大義，炳如星月矣。自後民賊必崇儒教，儒教必闢異端。……以訖於今，儒術之弊與專制之禍俱達於極點。」〔註 12〕孔教與民賊與中國，有著莫大的關聯，故而必須反孔非儒。而與陳獨秀有著較多思想交流的常乃悳，在其《我之孔道觀》中，從孔子在學術史上之地位觀察孔道，認爲他的學術以「絜矩」之道貫徹始終，由絜矩之道，最終建構了三綱五倫之說，所以綱倫之說，實孔子之教義；孔子尊男抑女，今日改革孔道，應首先恢復女子自由，並由此破壞家族主義〔註 13〕……

這一時期的反孔非儒，從諸多方面加以展開，這種豐富性當然首先來自於先驅們反孔非儒前的固有知識結構，也來自於反孔教這一目標自身的多層次性。對於後者，周昌龍曾作出如下頗有道理的總結：「五四反禮教的指標，就是這『倫理政治之根本』，也就是前文所說的『三綱』。五四時期（約略爲 1915 至 1927 年）反禮教運動所討論的主要問題有五：一、家庭和家族制度；二、婦女問題，如男女平等，女子解放，貞操觀念等；三、戀愛和婚姻問題；四、性道德與性心理；五、禮俗與僞道德問題。這五類問題中，家庭問題的重心在『非孝』，就是對父權的反動；婦女問題旨在打破『婦服也』一類的傳統『婦德』，是對男權的反動；禮俗與僞道德說明王綱化禮教之徒具形式不近情理，仍在君權範圍之內；戀愛婚姻是家庭及婦女問題的綜合，性道德問題則是婦女和禮俗問題之延伸。可以說，整個反禮教運動，就是一個擴大的反『三綱』運動。」〔註 14〕因此，要考察新文化運動反禮教的展開過程，除了關注陳獨秀、吳虞、李大釗、魯迅等的先期提倡，以及他們與尊孔陣營中資格較老者如東方文化派、林紓、「學衡」派的論爭等等之外，我們還必須考察新文化、反禮教是如何在更寬廣的層面上「運動」起來的，由《新青年》這份雜誌和北大這所高校推動的這次運動，在怎樣的範圍內，攪動了民初中國的一潭死水，從而將思想革命和文學革命推向縱深。

正是基於這種考慮，我們下面將重點對反孔非儒中的非孝、非貞節問題進行論析〔註 15〕。論述的方式，是對這期間有代表性意義的事件進行描述和

〔註 12〕吳虞《消極革命之老莊》，《新青年》3 卷 2 號，1917 年 4 月 1 日。

〔註 13〕常乃悳《我之孔道觀》，《新青年》3 卷 1 號，1917 年 3 月 1 日。

〔註 14〕周昌龍《新思潮與傳統——五四思想史論集》，前引書，第 209 頁。

〔註 15〕辛亥革命的成功，共和的建立，從體制上宣佈了君權的退出。洪憲帝制和張勳復辟的鬧劇發生前後，反孔非儒者已經將非君的必要性論析得頗爲透徹，但更重要的是，以陳獨秀爲代表的先驅者發現了袁世凱只是惡果而非惡因，

論析，以此呈現反孔的蕪雜場景。「吾們討論各種學理，應該傍著活事件來討論。」〔註16〕這話在今天看來，依然具有指導價值。

對於家族制度負面價值的思考，在晚清就已經開始。康有為的「破家界」主張和梁啓超對家庭成員關係的理性思考，在一定意義上開啓了後來的「毀家」說：「康有為的『破家界』主張已明確提及父母不必負『教養之責』，而梁啓超復從權利和義務角度『理性』地思考家庭成員之間的關係，這類思考恐怕是稍後主要倡之於無政府主義者的『毀家』說之先聲。這一系列對家庭的『改革』思想，特別是論證『毀家』理由的述說，使『家庭』或『家族』不久即成為代表『舊』的主要負面象徵之一，形成中國『現代社會』與傳統社會的一大差異。」〔註17〕在辛亥革命前十年間，寫作《三綱革命》、《家庭革命》之類文章的無政府主義者，認為家庭是萬惡之源，所以主張取消家庭制度。例如鞠普在《毀家譚》中主張廢除個體家庭，男女不結婚，「復多設會場旅館，為男女相聚之所，相愛則合，相惡則離，俾各逐其情，則必無樂於婚姻者矣」。〔註18〕漢一在其《毀家論》中說：「欲開社會革命之幕者，必自破家始。」當然，與無政府主義者不同，當時的資產階級革命派並不主張個體家庭的解體，而是反對封建家長制，倡導家庭革命，建立新型的家庭關係。〔註19〕

到了1915年，陳獨秀在《東西民族根本思想之差異》〔註20〕中，認為「東

惡因在於國民的思想，這在陳獨秀的《袁世凱二世》一文中有較系統的表述。而張勳的復辟，再次提醒陳獨秀等人，孔教不反，國民中復辟的思想根基就在。但經過這兩次鬧劇的刺激，君權、帝制從現實層面已經不可能再出現，所以當時他們的批判重點轉向了君權的根基：孝。對孝的批判，又因《非孝》事件的出現而更加深入。另外，與這一時期對「人」的發現相應，新啓蒙先驅們重新發現了女性，女子問題的討論遂成為諸多期刊雜誌的熱點，而貞節問題又是其中的重點。

〔註16〕澤東（毛澤東）《對於趙女士自殺的批評》，《大公報》（長沙），1919年11月16日。

〔註17〕羅志田《有計劃的死：梁濟對民初共和體制的失望》，羅志田《昨天的與世界的：從文化到人物》，前引書，第267～268頁。

〔註18〕鞠普《毀家譚》，張枬、王忍之編《辛亥革命前十年間時論選集》第3卷，前引書，第195頁。

〔註19〕參見劉海鷗《從傳統到啓蒙：中國傳統家庭倫理的近代嬗變》一書的第四章「清末民初的家庭倫理變革」，中國社會科學出版社，2005年。

〔註20〕發表於《青年》1卷4號，1915年11月15日。

洋民族以家族爲本位」，壓抑個人之權利，故而講究孝、忠。以這忠與孝爲精神的宗法社會，具有四大惡果，要扭轉之，必須以西洋民族的個人本位，易東洋民族的家族本位；吳虞在《新青年》上發表的《家族制度爲專制主義之根據論》〔註 21〕中，論述了孝、家族制度、君主專制之間的關聯，認爲「儒家以孝弟二字爲二千年來專制政治、家族制度聯結之根幹，貫徹始終而不可動搖……其流毒誠不減於洪水猛獸矣」。而中國的出路，就在於非孝，非家族制度，然後非專制主義，而這三者是聯動關係：「夫孝之義不立，則忠之說無所附；家庭之專制既解，君主之壓力亦散。如造穹窿然，去其主石，則主體墮地。」……

　　或許正是在這樣有力的主張之下，1918 年梁濟在自殺前才如此感慨：「今世風比二十年前相去天淵，人人攘名爭利，驕諂百出，不知良心爲何事，蓋由自幼不聞禮義之故。子弟對於父兄，又多有持打破家族主義之說者。家庭不敢以督責施於子女，而云恃社會互相監督，人格自然能好，有是理乎？」〔註 22〕羅志田則論述說：「『家庭不敢以督責施於子女』的現象說明，清季興起的『打破家庭主義之說』至少在城市趨新社群中已形成某種思想霸權，並衍化爲有力的社會約束和自我禁抑，使督責子女成爲『政治不正確』的行爲，而拱手將教育的責任委諸社會。」接著，他舉梁濟對梁漱溟兄弟的不同教育爲例（打過其兄，一次也未打過梁漱溟），認爲「梁濟對梁漱溟兄弟的不同態度，很可能提示出城市趨新社群對『家庭督責子女』態度的轉變」〔註 23〕。對批判家族制度的力度的感慨，余英時先生也曾發出過。他關注到了三個不同政治取向的人對家族制度的類似論調：自由主義者傅斯年在《新潮》創刊號上發表了《萬惡之原》，認爲家庭就是萬惡之原；馬克思主義者李大釗於 1919年 7 月 13 日，在《每周評論》上寫了一篇《萬惡之原》的短評，說「中國現在的社會，萬惡之原，都在家族制度」〔註 24〕；新儒家熊十力 1951 年在致梁漱溟的信上還說「家庭爲萬惡之源、衰微之本，此事稍有頭腦者皆能知之，能言之，而且無量言說也說不盡。無國家觀念、無民族觀念、無公共觀念，

〔註 21〕發表於《新青年》2 卷 6 號，1917 年 2 月 1 日。
〔註 22〕轉引自羅志田《有計劃的死：梁濟對民初共和體制的失望》，羅志田《昨天的與世界的：從文化到人物》，前引書，第 266 頁。
〔註 23〕羅志田《昨天的與世界的：從文化到人物》，前引書，第 267 頁。
〔註 24〕守常（李大釗）《萬惡之原》，《每周評論》第 30 號，1919 年 7 月 30 日，第 4版。

皆由此。甚至無一切學術思想亦由此。……有私而無公，見近而不知遠，一切惡德說不盡。百忍以爲家，養成大家麻木、養成掩飾，無量罪惡由此起。」〔註25〕基於此，余英時感慨說：「一位自由主義者、一位馬克思主義者和一位新儒家──這是中國 20 世紀三個互相排斥的思想流派──都異口同聲地說中國的家族制度是『萬惡之原』，這也許要算是中國現代思想史上的一個奇迹。但由此也可見『五四』反傳統的聲勢多麼猛烈，中國知識界的價值觀念眞正經歷了一場革命性的變化。」〔註26〕

但事實上，羅志田先生引梁濟對梁漱溟兄弟不同的教育方式爲例，來證明當時城市趨新社群對「家庭督責子女」態度的轉變，固然有一定的合理性，但由此認爲「清季興起的『打破家庭主義之說』至少在城市趨新社群中已形成某種思想霸權」，這卻未必得當。至於余英時先生引傅斯年、李大釗、熊十力的類似言論，來證明「『五四』反傳統的聲勢多麼猛烈，中國知識界的價值觀念眞正經歷了一場革命性的變化」，則失之粗疏。因爲，傅斯年、李大釗是「五四」反傳統的提倡者，熊十力 1951 年的言論則在很大意義上代表的是「五四」反傳統之後，中國現代文化的一個側面。在這兩種言論之間，不僅有著提倡者和後來者的區別，而且橫亙著三十餘年間太多的細節和不可忽視的衝突。

下面所述的《非孝》事件、李超事件以及馮沅君的創作，分別從父子之間、兄妹之間、母女之間這三種家庭成員的關係入手，以見當時家族制度革命的艱難性之一斑。

第一節　父與子之間：以《非孝》事件爲中心

在中國文化、倫理史上，「孝」的內涵有著漫長的豐富、變異的歷程。「『孝』的內涵在秦漢以降有不斷充實、豐滿的走勢……然而，值得我們注意的是，被髮展出來的『孝』的內涵，在秦漢以後的中國社會，並沒有更加豐富和發展，反而走向很窄的胡同，『孝』主要被綱常化、絕對化，其作爲積極德性的意義逐漸喪失。」〔註27〕「『孝』經過單向化、普遍化、綱常化的蝕解，逐漸

〔註25〕熊十力《與梁漱溟書》（1951 年 5 月 22 日），中國人民政治協商會議湖北省黃岡縣委員會編《回憶熊十力》，湖北人民出版社，1989 年，第 226 頁。
〔註26〕余英時《萬惡之原》，余英時著，傅傑編《論士衡史》，前引書，第 320 頁。
〔註27〕李承貴《德性源流──中國傳統道德轉型研究》，江西教育出版社，2004 年 7

由一種尊親敬長的美德蛻變成束縛人之手腳、戕害人性的工具。」〔註 28〕在倫理史上，對異化了的孝進行批判的，有歸莊、袁枚、顏之推等，但是，「對『孝』之單向性、不平等性、本質性批判與否定，只有在新的歷史時期才有可能。」〔註 29〕這個新的歷史時期，是從康有爲、譚嗣同開始的，「眞」的《三綱革命》，吳虞的《說孝》〔註 30〕，魯迅的《我們現在怎樣做父親》則是批判中的力作。但細究起來，「五四」時期的非孝，有著兩個向度，「一是啓蒙性的，即追求個體從大家庭中沖決解放出來取得自由平等獨立的權利和地位。一是政治性的，即揭露『孝』是『忠』的基礎。」〔註 31〕雖然「這兩者性質並不全同，批判時卻緊密地連在一起，未加分割」〔註 32〕之說存在一定的合理性，但事實上，在同一時期的不同文章中，在不同時期的不同文章中，其批判的側重點是存在明顯差異的。比如吳虞在《家族制度爲專制主義之根據論》中，就較之《說孝》更偏向於政治性，而吳虞的《說孝》較之魯迅的《我們現在怎樣做父親》，在啓蒙性上又要弱於後者。但不管怎樣，反孝的思潮從《青年》雜誌上發表《敬告青年》就開始，經過陳獨秀〔註 33〕、吳稚暉〔註 34〕、吳虞〔註 35〕等的努力，以及「五四」運動的觸發，而澎湃爲一個潮流：此期的惲代英寫有《駁「不孝有三，無後爲大」》〔註 36〕；易家鉞有《父親死後》，

月第 1 版，2007 年 8 月第 2 次印刷，第 110 頁。

〔註 28〕李承貴《德性源流——中國傳統道德轉型研究》，前引書，第 112 頁。

〔註 29〕李承貴《德性源流——中國傳統道德轉型研究》，前引書，第 114 頁。

〔註 30〕吳虞《說孝》寫於 1919 年 12 月，發於 1920 年 1 月 4 日《星期日》「社會問題號」。

〔註 31〕李澤厚《中國現代思想史論》，東方出版社，1987 年，第 17 頁。

〔註 32〕李澤厚《中國現代思想史論》，前引書，第 17 頁。

〔註 33〕陳獨秀在其《孔子之道與現代生活》（1916 年 12 月 1 日《新青年》2 卷 4 號）中說，「現代生活，以經濟爲命脈，而個人獨立主義，乃爲經濟學生產之大則，其影響遂及於倫理學。故現代倫理學上之個人人格獨立，與經濟學上之個人財產獨立，互相證明，其說遂至不可搖動；而社會風紀、物質文明，因此大進。中土儒者，以綱常立教。爲人子、爲人妻者，既失個人獨立之人格，復無個人獨立之財產……養親報恩，乃情理之常。惟以倫理見解，不論父兄之善惡、子弟之貧富，一概強以孝養之義務不可也。」

〔註 34〕1917 年，吳稚暉寫有《說孝》一文，見吳稚暉著、梁冰炫編《吳稚暉學術論著第三編》，出版合作社，1927 年。

〔註 35〕吳虞此期發表了《家族制度爲專制主義之根據論》（《新青年》2 卷 6 號，1917 年 2 月 1 日）、《說孝》（《星期日》「社會問題號」，1920 年 1 月 4 日）。

〔註 36〕發於《端風》第 2 期「家庭問題號」，1919 年 12 月出版。該文的寫作折射出了惲代英個人的遭際——其妻沈葆秀不生孩子。後來懷孕了，卻難產而死。

文中有對他想進行喪禮改革卻遭遇阻力的描繪〔註37〕；《民鐸》2卷4號上有易家鉞《家庭與婚姻》、沈雁冰《家庭改制的研究》、舒新城《環境之改造》、謝扶雅《訂婚十日記》；《曙光》1卷3號上有宋介的《家庭與社會》；「動輒便把中國日益深化之危機的全部責任都歸之於孝道」〔註38〕的胡適，終於有機會發表了他的白話詩《我的兒子》及相關的通信……

在這個背景下，浙江一師的《非孝》事件所具有的標誌性意義，更值得我們探究。

一、「時代轉彎角上的奇景」：施存統與《非孝》

署名「存統」〔註39〕的文章《非孝》發表於1919年11月的《浙江新潮》第2期。這篇短小〔註40〕而「內容平凡得很」〔註41〕的文章，我們現在已經

周圍人逼惲代英再婚，他卻堅決拒絕，認爲再婚就是對亡室的背叛，是放棄人格的特證。故在寫完該文時，惲代英在日記裏寫下了「痛快之極」，見李良明、鍾德濤主編《惲代英年譜》，華中師範大學出版社，2006年，第163頁。

〔註37〕《改造》3卷3號，第19、26、68、77頁。

〔註38〕〔美〕格里德《胡適與中國的文藝復興》，魯奇譯，江蘇人民出版社，1989年，第107頁。

〔註39〕本名施存統，1926年春與鍾復光結婚後，改名爲「復亮」，意思是相互安慰、改善、扶助和創造，各成其善，所謂「復光復亮，宗旨一樣，攜手並行，還怕哪樁」（轉引自散木《行走了一個怪圈的施復亮》，《文史精華》2002年第7期，第40頁）。有人將「存統」的本名以爲是「施復亮」，筆名爲施存統，筆者以爲這恰好弄顛倒了。查閱1930年代以前他發表的文章，以署名「存統」的居多，由於本文關注的是1919年寫作《非孝》前後的他，所以採用「施存統」這個名字，而不採用後來誕生的與中國共產黨革命史密切相關的，作爲政治學、經濟學學者的「施復亮」這一名字。

〔註40〕曹聚仁在《五四時代的人物》中就曾說：「那篇文章，只有五六百字」（曹聚仁著、曹雷編《天一閣人物譚》，上海人民出版社，2000年，第527頁），有人說是1500字左右，也有人說是1000字左右，而施存統在回憶中說自己寫了三千多字，並截取了半篇發表（見存統《回頭看二十二年來的我》，《覺悟》1920年9月23日），即1500字左右。寫了3000字的說法另見施復亮《我寫〈非孝〉的原因和經過》（《展望》2卷24期，1948年10月30日），但該文中未說怎麼處理的。但不管是多少字，施存統這篇文章的篇幅，都並不大。

〔註41〕見曹聚仁《五四時代的人物》，曹聚仁著、曹雷編《天一閣人物譚》，前引書，第527～528頁。「那篇文章，只有五六百字，內容平凡得很，只是說『父慈則子孝』一種相對的倫理關係，偏（原文如此，引者注）面的『孝』，如宋人所說的『天下無不是的父母』，那就說錯了。」

不能看到，因爲《浙江新潮》只發行了三期，而這三期早已絕迹。然而，《非孝》卻在中國現代思想史、文化史乃至「五四」運動史上留下了它獨特的印記，以致我們今日，在我建構的這樣一個思想框架下，不討論它，就無法更深入地探討「五四」時期反孔非儒思想的一個重要側面。

《非孝》的作者施存統，「是中國現代思想史上一個豐富的個案。」〔註 42〕「他一生中走過了個近乎於怪圈的曲折道路——以虔誠的孔孟之徒爲起點，接著卻是反孔鬥士、一篇《非孝》讓他一夜成名，忽然又以徹底的無政府主義者出現在中國政治舞臺上，再不久卻服膺了馬克思主義，是中國共產黨的創始人之一和第一代中國馬克思主義理論家。當中國革命問題叢生時他宣告退出共產黨，卻繼續在『革命的國民黨』中尋找中國革命的最佳路徑，後又在不安、沮喪和痛苦中埋頭著譯，自甘處於時代和革命的邊緣。然而時代的峻急和救世的性格，又使他致力於開闢戰後中國的『第三條道路』亦即『中間道路』。而後，現實的嚴酷終於使他向年輕時回歸了——這次他是以民主人士的身份與中共合作共事的。」〔註 43〕對於如此豐富而複雜的施存統，我們目前的研究遠遠沒有達到足夠的豐富和複雜〔註 44〕。圍於本文的選題，我們此處只能關注 1919 年發表《非孝》前後的施存統，而將更立體、更豐富的研究留待將來。

1899 年出生的施存統，十歲時進入所在葉村的私塾中求學，並先後學完了《三字經》、《孝經》、《論語》、《孟子》等儒家經典，十二歲進入村裏一所初等小學念書時，取號「志由」，後又改名「子由」，以表白自己對孔子門生子路的敬佩。「他讀了《孔子家語》一書，爲孔子『三月而魯大治』的本領大爲傾倒，自己也不知不覺的成了一個『聖人之徒』和忠實的衛道者。遇有和孔丘不合的言論和反對孔丘的人，必定要和他拼命，不斥爲異端就罵爲邪說。」〔註 45〕這一時期，可謂是施存統學習孔孟之道並養成爲「虔誠的孔孟之徒」的時期。但誠如一些論者所關注到的，1917 年他成功考入浙江第一師範學校，立志作一個教育家，其「思想中已經包含了除『孝』以外更複雜的

〔註 42〕散木《行走了一個怪圈的施復亮》，《文史精華》2002 年第 7 期，第 43 頁。
〔註 43〕散木《行走了一個怪圈的施復亮》，《文史精華》2002 年第 7 期，第 37 頁。
〔註 44〕參見宋亞文《施復亮研究綜述》，《浙江大學學報》（人文社會科學版）2005年第 2 期，以及其《施復亮政治思想研究》（1919～1949）（人民出版社，2006 年）的緒論部分。
〔註 45〕齊衛平《施復亮傳略》，《晉陽學刊》1991 年第 5 期，第 104 頁。

內容，而且逃離家庭本身就意味著他對封建孝道的積極反叛。」〔註46〕所以，在浙江一師時，他一方面受到著名的道學夫子單不菴先生的影響，「一切均以他爲榜樣，一舉一動都模倣他」，並且說「要切切實實地做到這『至德要道』的『孝』字」〔註47〕，由此，與周柏棣、俞壽松（即俞秀松）和曹聚仁一起，成爲單不菴的理學門徒，達至其作爲「孔孟之徒」的至高點，但另一方面，他那由於家庭苦趣而帶來的隱隱的心傷〔註48〕，在新文化運動思潮風起雲湧的浙江一師〔註49〕，由此前的沈潛狀態，終於迸發，從而造就了「反孔鬥士」施存統。

從沈潛到迸發，是由於施存統母親病後，施存統兩次回老家探望的痛苦體驗：第一次他因父親關於母親耳疾病重的消息而趕回家，同時帶去他在大舅母和自己的級任導師夏丏尊那裡借到的三十多元錢。等他回家後，她母親的眼疾已非常嚴重。施存統得知，此前，她曾被擡到很遠的一個眼科醫生那裡看過，那醫生說只要花二十五元錢，一個月保準治好，但他的父親嫌錢貴，所以沒治，導致他母親病加重了。施存統給了二十五元錢給他的母親，讓她一定去治療，他父親也答應了。但是過了幾個月，施存統又接到家裏的信，這次他被告知母親病危。等他回家才發現，他母親眼已瞎、耳已聾、神經已麻木。一問之下他才知道，他爲治母病而籌措的錢已被父親挪作他用，而且他父親已不管躺在床上知覺全無的母親：不給她吃好的，也不給她厚點的被子蓋，因爲「橫豎她沒知覺了」、「橫豎她是要死的」〔註50〕。父親的殘酷、母親的可憐，讓他感覺到做一個「孝子」的艱難——「順父逆母，不孝；幫母鬥父，亦不孝，然則如之何而後可？」〔註51〕這種不公平的孝，讓他異常

〔註46〕宋亞文《施復亮政治思想研究》（1919～1949），前引書，第 21 頁。
〔註47〕施復亮《我寫〈非孝〉的原因和經過》，《展望》2 卷 23 期，1948 年 10 月 23 日。
〔註48〕他的父親對他的盡孝總取粗暴態度，多有惡言惡語，甚至有時施以打和罵。參見存統《回頭看二十二年來的我》（《覺悟》，1920 年 9 月 23 日）
〔註49〕當時，浙江一師和湖南一師是中等學校中新文化運動發展最爲迅速的兩處。
〔註50〕施存統回憶說，他當時在家裏只住了三天，便親眼看見了三件他萬不能忍受的事情。「第一件是看見我父親把粗硬的飯鍋巴和腐爛的菜蔬給我母親吃」，「第二件是我看見在那秋涼的天氣，母親還只蓋著一條單被睡在箋席上」，「第三件是有一天晚上我聽見父親沒頭沒腦地亂打母親的巴掌和屁股，連忙起來看時才知道是因爲我母親便溺在床上」，此外，他還聽到他弟弟和鄰居們講的他父親虐待母親的許多事情。（見施復亮《我寫〈非孝〉的原因和經過》，《展望》2 卷 24 期，1948 年 10 月 30 日）
〔註51〕姜丹書《施存統的〈非孝〉與「浙一師風潮」》，《民國春秋》1997 年第 3 期，

爲難、痛苦。他最後選擇了離開母親、離開家，「我想在社會上做一個很有用的人，我還要替社會做許多事情，我不能做家庭的一個孝子！我即使要做家庭的一個孝子，也萬萬做不到，有人不許你做！我在這種環境絕對沒有做孝子的方法！我此時唯一的方法，只有硬著心腸回到學校去！我不回到學校裏去，不是氣殺，一定要悶殺！氣殺、悶殺，於父母都沒有益處，於社會上卻少了一個有用的人！我要救社會，我要救社會上和我母一樣遭遇的人！我母已無可救，我不能不救將成我母這樣的人！」〔註52〕這是施存統近一年後的坦率的表白，但就是在時隔一年後的表白中，我們也可以發現那些連續不斷的感歎號後面的悲憤，遑論1919年身處事件中的施存統中呢？事實上，當時他在返校的路途中，「走到一里路外的一個山腳下，才坐在石頭上放聲大哭，足足哭了半個鐘頭。」「這一哭，才哭醒了我十多年來做『孝子』的好夢。我揩乾了眼淚，恨恨地發誓不再回到那個可怕的家庭。」〔註53〕「恰好這個時候，杭州各中等學校有一部份同學聯合組織一個《浙江新潮》〔註54〕，而施存統是參與的人員之一，於是，《浙江新潮》第2期上，刊出了署名「存統」的那篇短文：《非孝》。

在該文中，施存統反思了自己十多年來的「孝子」歷程，「我回想十多年來自己對父母的態度，發見自己對於母親的『孝』是出於自然的眞情，對於父親的『孝』祇是受舊禮教的影響，不得不順從。」〔註55〕故而，傳統的「『孝』是一種不自然的、單方的、不平等的道德，」「人類是應該自由的，應當平等的，應當博愛的，應當互助的；『孝』的道德與此不合，所以我們應當反對『孝』」〔註56〕，所以，他決計不再對父行「孝」，「我不再懷念我的家庭，我覺得我對於那樣的父親實在沒有盡孝的義務。」〔註57〕他認爲，應該改革這種不自

第25頁。
〔註52〕施存統《回頭看二十二年來的我》，《覺悟》，1920年9月23日。
〔註53〕施復亮《我寫〈非孝〉的原因和經過》，《展望》2卷24期，1948年10月30日。
〔註54〕施復亮《我寫〈非孝〉的原因和經過》，《展望》2卷24期，1948年10月30日。
〔註55〕施復亮《我寫〈非孝〉的原因和經過》，《展望》2卷24期，1948年10月30日。
〔註56〕存統《回頭看二十二年來的我》，《覺悟》1920年9月23日。
〔註57〕施復亮《我寫〈非孝〉的原因和經過》，《展望》2卷24期，1948年10月30日。

然、不平等的孝，用自然的、雙方的、平等的新道德，即「愛」，去代替它。
他還做了這樣的假設：

> 假使共產的時候有公共醫院，則吾母病起的時候，就可以入院醫治；
> 何致有臨死還不知得了什麼病的事情？何致有小病變成大病的危
> 險？何致有無人看護的苦痛？假使我和我父沒有名分的關係，則對
> 於我母的事，盡可自由處理；現在有父親拿名分關係從中作梗，便
> 使你動彈不得！「孝」是一種戕賊人性的奴隸道德；假使沒有這種
> 道德的束縛，吾父如此不當的行爲，我一定要極力反抗；而平日父
> 母子女之間，一定能夠和和樂樂。沒有父母子女的關係，則無論何
> 人都一樣親愛，生死病痛，隨時隨地有人照料，不必千百里外的人
> 趕回去做。〔註58〕

這一段話裏面，已經有改革現有社會的意思在內了。當然，我們不能高估這
種意願的強烈性，儘管他後來曾說他的目的「不單在一個『孝』，是想藉此問
題，煽成大波，把家庭制度根本推翻，然後從而建設一個新社會。」〔註 59〕
因爲，這畢竟已經是 1920 年 9 月的施存統的表述了，其間，顯然已經加進了
這一年以來他急劇變遷的思想視域中，對《非孝》事件重新觀照而獲得的認
知。事實上，在當年重要的一位當事人曹聚仁多年後的回憶中，曾說過這樣
一句話：「其實，大家對於新文化是不夠瞭解的。」〔註60〕所以，我傾向於認
爲，施存統當年發表《非孝》的時候，即便有這樣的宏偉目的，也應是比較
朦朧的。他的《非孝》，將他推向「反孔鬥士」的地位，推向浙江一師風潮的
風口浪尖，使他成爲「時代轉彎角上的奇景」〔註 61〕，這在他，也許是始料
未及的。

二、「木瓜之役」：《非孝》事件與浙江一師風潮

　　然而，《非孝》在當年一發表，就「闖下了滔天大禍」〔註 62〕，「攻擊之

〔註58〕 存統《回頭看二十二年來的我》，《覺悟》1920 年 9 月 23 日。
〔註59〕 存統《回頭看二十二年來的我》，《覺悟》1920 年 9 月 23 日。
〔註60〕 轉引自李偉《曹聚仁在「五四」前後》，《民國春秋》1999 年第 4 期，第 26 頁。
〔註61〕 曹聚仁《悼施存統（復亮）》，見曹聚仁《聽濤室人物譚》，生活·讀書·新知 三聯書店，2007 年，第 163 頁。他說：「一個篤行純孝的理學名師，他的弟子，一變而爲思想革命的急先鋒，眞是時代轉彎角上的奇景。」
〔註62〕 曹聚仁《聽濤室人物譚》，前引書，第 162 頁。

聲，遍及全國；有些人，認爲他是洪水猛獸，即千刀萬剮不足以蔽其辜的」〔註63〕，「指控施兄的《非孝》的文字，總在一千篇以上」〔註64〕。這個大禍，由於和浙江一師風潮以及「震動全國的『留經運動』」相聯繫，引發了非常巨大的社會反響，堪稱一個事件，而且，這個事件的發生和賡續，改變了施存統〔註65〕、曹聚仁〔註66〕、經亨頤〔註67〕等人的命運，也形塑了浙江一師、杭州乃至浙江在中國新文化運動中的地位。

《非孝》一文以這樣「嚇人的題目」〔註68〕和它被不斷言說的內容問世，其實僅僅是一種偶然。這從施存統的兩次回憶中可以看出：

> 我本來拿起筆來做題目的時候，不是「非孝」二字，是「我決計做一個不孝的兒子」十一個字；後來寫了三千多字，還沒有說到正題，又沒有工夫再寫下去；所以就截取半篇，改題「非孝」，先行發表，作一個「我決計做一個不孝的兒子」的發端。後一篇，大概注重敘述事實，並個人對於孝的反動；可惜，這篇文章，以後就永沒有發表的機會了！〔註69〕

> 恰好這個時候，杭州各中等學校有一部份同學聯合組織一個《浙江新潮》，我也是其中的一人。他們要我寫文章，我就拿起筆來寫一個題目叫作《我爲什麼要做一個不孝的兒子》，想把自己親身所受的種種痛苦以及對父親不再盡孝的意思寫出來發表。當時縈繞在我腦中的問題是：爲什麼我對那衷心熱愛的母親不能盡孝？爲什麼對那不近人情的父親要盡孝？經我再三思索的結果，認爲「孝」是一種不自然的、單方的、不平等的道德，應該拿一種自然的、雙方的、平等的新道德去代替它。這種新道德，我認爲就是出於人類天性的

〔註63〕 曹聚仁《聽濤室人物譚》，前引書，第 163 頁。

〔註64〕 曹聚仁《聽濤室人物譚》，前引書，第 163 頁。

〔註65〕 施存統在發表《非孝》，引發反對派層出不窮的聲討之文後，由於當局給當時一師的校長經亨頤施壓，施存統自動離校，到「留經運動」開始時，施存統已經離開杭州去北京參加「工讀互助團」去了。

〔註66〕 曹聚仁在《非孝》事件的賡續中，嶄露頭角，用他的話來說，是替施存統「打了幾場硬仗」（見曹聚仁《悼施存統（復亮）》，前引書，第 163 頁）。

〔註67〕 經亨頤在這次事件中很快成爲主要目標，一邊是以當局爲首的舊派要扳倒他，發動「倒經」運動，一邊是學生、一師等學生自發組織的「留經」運動。

〔註68〕 曹聚仁《悼施存統（復亮）》，前引書，第 162 頁。

〔註69〕 存統《回頭看二十二年來的我》，《覺悟》，1920 年 9 月 23 日。

「愛」。在我當時樸素的觀念中，認爲母親是眞正愛我的，我自然要愛她；父親不但不愛我……而且屢次虐待我所熱愛的母親，我就不應該愛他，實在也無從愛起……我覺得我此後再無法順從父親，不能再對他行「孝道」，所以決心脫離家庭，做一個不孝的兒子。我想把這種事實和這點意思寫成文章，在《浙江新潮》上發表。誰知寫到了三千多字，還只講到「孝」的如何不自然、不平等和偏面性，還沒有講到本題，而《浙江新潮》的篇幅有限（報紙四開一張），不能登載過長的文章，於是只好臨時變更計劃，把原來的題目改成《非孝》，交給《浙江新潮》去發表。〔註70〕

值得注意的是，施存統的本意不管是寫《我決計做一個不孝的兒子》還是《我爲什麼要做一個不孝的兒子》，都是從個人體驗的角度提煉出的題目，且二者都顯然會比較注重敘事。此外，這篇未寫就的文章，包括兩部分，前一部分相當於「楔子」，後一部分才是他想表述的重點，也就是說，他的重點在於「個人對於孝的反動」，是自己盡孝的兩難的體驗的外化。但正如作者所說，這後一篇文章，後來沒有獲得發表的機會，因爲其前半部分《非孝》，已經攪動了浙江一師本就泛起了漣漪的池水。

仔細考察這次《非孝》事件，我們會感覺到，幾乎所有參與事件的人，都並不特別在乎《非孝》一文本身寫了什麼，反對者們所重視的，是一個學生（叫什麼名字並不重要）居然敢「非」「孝」，而且是經亨頤治下的浙江一師的學生要「非」「孝」了。前一個判斷會導致他們對「大逆不道」的學生進行非難，而後一個判斷，則跨過學生，將鬥爭的矛頭直指浙江一師的校長經亨頤。

我們常常看到這樣的表述：《非孝》發表後，以浙江省長齊耀珊爲首的反對派「布成『倒經』的陣勢。他們在醞釀中，就捏造『非聖、蔑經、公妻、共產』八字爲經亨頤的罪狀，又把夏丏尊、劉大白、李次九、陳望道四位語文教師目爲『四大金剛』。……11月底，齊耀珊暗命教育廳廳長夏敬觀諷經辭職。經是向來有名的強硬者，當面拒絕……過幾日，齊又命教育廳轉令經亨頤：開除學生施存統；辭退教師夏丏尊、劉大白、李次九、陳望道。經又拒絕……一個『調空』的妙計終於想出來了……（經亨頤，引者注）當天就離

〔註70〕施復亮《我寫〈非孝〉的原因和經過》，《展望》2卷24期，1948年10月30日。

校，但不接受新的名義。──其時施存統和四位教師都自動離校了。」〔註71〕
學生們發起「保經運動」，齊耀珊們則堅行「倒經運動」，甚至下令解散浙江
一師。這期間的衝突，被曹聚仁寫出新聞稿，投往《民國日報》、《申報》、
《新聞報》等，引起全國關注，最後以經亨頤辭職，調來姜琦擔任校長作爲
結束。

這之後，施存統去北京參加工讀互助團；曹聚仁完成學業後到了上海，
並經過這次的鍛煉，練就了寫新聞、當記者的好底子；夏丏尊、劉大白、陳
望道等則別去他處繼續新文化宣傳；經亨頤也走上了另外的路途。

在這樣的表述中，我們可以發現，《非孝》事件和浙江一師風潮中的《非
孝》，僅僅是一個導火索而已，雙方關注的重點在「經」即經亨頤身上，在經
亨頤爲代表的浙江一師身上。

作爲民國時期著名教育家的經亨頤，在浙江一師的前身──浙江兩級師
範學堂（成立於 1908 年）擔任教務長；民國成立後，改任兩級師範校長；1913
年，兩級師範學堂改組爲浙江一師後，他繼續擔任校長職務。在五四時期，
他以北京大學爲效法的榜樣，「對於世界潮流與國情趨勢，在大體上唯北京大
學之旗幟是瞻，而一以正義行之。」〔註72〕他聘請陳望道、劉大白、夏丏尊
等傾向新文化運動的教員來校任教，並支持他們的國語教學改革。在五四運
動中，積極推動浙江的愛國思潮向前行進，使浙江一師和湖南一師一起，成
爲中等學校新文化的搖籃，名噪全國〔註73〕。陳望道就曾在回憶中說：「五四
前後的新文化運動，以全國範圍來講，高等學校以北大最活躍，在中等學校，
則要算是湖南第一師範和杭州第一師範了。」〔註74〕也就是說，經亨頤和他
主持下的浙江一師，因重視新文化運動且成績斐然，而成爲舊派的眼中釘。
所以，當《非孝》之文出現在《浙江新潮》上，才有上至北洋軍閥北京政府，
中經浙江的督軍、省長、教育廳長，下到杭州各中學的校長團，聯合組成的

〔註71〕姜丹書《施存統的〈非孝〉與「浙一師風潮」》，《民國春秋》1997 年第 3 期，
　　　　第 25～26 頁。
〔註72〕姜丹書《我所知道的經亨頤》，中國人民政治協商會議浙江省委員會文史資料
　　　　研究委員會編《浙江文史資料選輯》第四輯（內部發行），第 76 頁。
〔註73〕經亨頤的改革措施和他思想的轉變歷程，可參見王艾村《經亨頤與五四運
　　　　動》，《廣東黨史》2001 年第 6 期。
〔註74〕陳望道《五四時期浙江新文化運動》（1959 年訪問記錄），轉引自姚輝《一生
　　　　愛國一生奉獻──紀念經亨頤先生誕辰 110 週年》，《探索》1987 年第 6 期，
　　　　第 60 頁。

反攻陣線的迅即成立。他們強加於經亨頤的罪狀爲：「省立的第一師範學校校長經亨頤於本月（按：1919 年 11 月）一日在校刊行《浙江新潮》，提倡過激主義，非孝、廢孔、公妻、共產，種種邪說，冀以破壞數千年來社會之秩序，洪水猛獸，流毒無窮。該校長盤踞造就師資之師範學校，倡最荒謬、最狂妄之學說，貽害青年，莫此爲甚。……應立於撤查，依法處置。」〔註 75〕後來的諷辭、調空、逼辭等等，都是針對著經亨頤而來的。

其實，與其說他們針對著經亨頤而來，不如更具體地說，他們針對的是不再與他們虛與委蛇，堅決地站到了新文化陣營，支持學生設立學生自治會、支持《浙江新潮》的創辦，拒絕參加祭祀孔子的「丁祭典禮」的經亨頤，是在試圖扼殺浙江的新文化運動。也正是因此，「倒經」與「留經」運動，就成了浙江乃至全國範圍內的新舊文化之爭。這從支持經亨頤者乃杭州、浙江、上海乃至全國的新文化派，而反對經亨頤者乃相應的反對新文化派者，可以看出。

在《民國日報》上，邵力子以《新文化運動的結晶》爲題，盛讚「一師」同黑暗勢力鬥爭的不屈精神。其著眼點，正在於一師風潮所具有的新舊文化鬥爭的特徵，而將一師發生的這次事件，歸於新文化運動的成果。他支持與保衛這次鬥爭，自然也都是爲了新文化運動本身。

《新青年》7 卷 2 號上，陳獨秀在《隨感錄》欄發表了《〈浙江新潮〉──〈少年〉》一文，將《浙江新潮》與北京高等師範附屬中學「少年學會」所辦的《少年》並舉，而對《浙江新潮》更爲欣賞。他說：「《少年》的內容，多半是討論少年學生社會底問題，很實在，有精神；《浙江新潮》的議論更徹底，《非『孝』》和攻擊杭州四個報──《之江日報》、《全浙日報》、《浙江民報》和《杭州學生聯合會周刊》──那兩篇文章，天眞爛漫，十分可愛，斷斷不是鄉愿派的紳士說得出的。」〔註 76〕此處所說的「天眞爛漫，十分可愛」，在表揚的同時，其實告訴我們這兩篇文章〔註 77〕的幼稚，但陳獨秀看重的是其「議論的徹底」性，這個議論，從《非孝》來說，就是其反封建倫理道德的徹底性。可見，陳獨秀本人，也更關注的是《非孝》及其引發的事件

〔註 75〕 《五四時期的社團》（三），轉引自王艾村《經亨頤與五四運動》，《廣東黨史》
2001 年第 6 期，第 22 頁。
〔註 76〕 陳獨秀《〈浙江新潮〉──〈少年〉》，《新青年》7 卷 2 號，1920 年 1 月 1
日。
〔註 77〕 第二篇文章，即「攻擊杭州四個報」的文章，不是施存統所寫。

在新舊思潮鬥爭中的戰略意味。因為，緊接著上面的話，陳獨秀還發表了他的三個感想：

> (1)我禱告我這班可愛可敬的小兄弟，就是報社封了，也要從別的方面發揮「少年」、「浙江新潮」的精神，永續和「窮困及黑暗」奮鬥，萬萬不可中途挫折。(2)中學生尚有這樣奮發的精神，那班大學生，那班在歐、美、日本大學畢業的學生，對了這種少年能不羞愧嗎？
>
> (3)各省都有幾個女學校，何以這班姊妹們都是死氣沈沈！難道女子當真不及男子，永遠應該站在被征服的地位嗎？〔註78〕

對反叛者由少到多的期許，對新文化運動陣地由小到大的期望，是陳獨秀「感想」的內容，也是他對《非孝》事件所具有的可能的意義的提升。

　　而魯迅則將這次新舊之爭概括為新的「木瓜之役」，並以之與十年前他和許壽裳在這所學校時與夏震武的鬥爭相比。他說：「十年前的夏震武是個『木瓜』，十年後的夏敬觀還是一個『木瓜』，增韞早已垮臺了，我看齊耀珊的壽命也不會長的。現在經子淵、陳望道他們的這次『木瓜之役』比十年前我們那次『木瓜之役』的聲勢和規模要大多了……看來經子淵、陳望道他們在杭州的這碗飯是難吃了……不過這一仗，總算打勝了。」〔註79〕這裡面有著複雜的人事關聯。比如，經亨頤、許壽裳都和魯迅同時留學日本，回國後又與魯迅一起，在浙江兩級師範學堂共事，他們在當年的「木瓜之役」中結下了深厚的友誼。而1914年3月21日，魯迅還在日記中作了這樣的記錄：「得經子淵母訃，賻二元。」〔註80〕也就是說，魯迅去了北京教育部任職之後，依然關心經亨頤和夏丏尊這些老朋友，而在1919年浙江一師風潮發生之時，他也非常關注，因為這場新舊之爭不僅關係著浙江新文化的前途，也關係著整個新文化未來的格局。

三、父與子之間：被誤讀的《非孝》

　　《非孝》的原文我們無緣得見，關於它的內容，我們也多半依據的是當

〔註78〕陳獨秀《〈浙江新潮〉——〈少年〉》，《新青年》7卷2號，1920年1月1日。
〔註79〕該段話未見於《魯迅全集》的各版本。最早出現於1979年中國社會科學出版社出版的《五四運動回憶錄》續集中的《五四時期的陳望道同志》，「顯然是根據別人的回憶文章轉引的」，「轉引者亦未注明出處，只可供參考」，見姜德明《活的魯迅》，上海文藝出版社，1986年，第99～100頁。
〔註80〕王世家、止庵編《魯迅著譯編年全集》（二），前引書，第233頁。

事人施存統〔註81〕、曹聚仁〔註82〕、陳望道〔註83〕、姜丹書〔註84〕等的相關
回憶。在這些回憶構築起來的文本中，有不少罅隙存在。而在時人和後人的
解讀中，也可能會存在不可忽視的裂隙〔註85〕。比如《中學生》雜誌副刊第
75 期上登載的傅彬然先生的一篇《我在五四前後》，有一段談及施存統寫
《非孝》的事情，其中說施存統的父親「是個喝酒賭錢的人」。爲此，在寫作
《回頭看二十二年來的我》28 年後，施存統（此時用名施復亮）再就《非
孝》寫了篇文章，即《我寫〈非孝〉的原因和經過》，分三次刊載於《展望》
〔註86〕。

　　在施復亮重新回憶的這篇文章中，涉及到人們對他的三種誤讀：第一種
是，《非孝》寫出來之後，他被死守舊倫理道德的家鄉外的人目爲「大逆不
道」或「洪水猛獸」，而他家鄉的人們卻並不這樣看。施存統說，「我的親
戚，我的家鄉的人以至我們那位頑固得屬害的族長（我的四叔祖）卻沒有一
個人肯相信我會『非孝』，當我寫《非孝》文章的消息傳到他們耳朵裏去的時
候，他們都異口同聲地代我否認，連我的父親也不相信。」甚至到了 1948 年

〔註81〕 施存統在 1920 年發表有《回頭看二十二年來的我》(《覺悟》1920 年 9 月 21、
　　　　22、23 日)，1948 年寫有《我寫〈非孝〉的原因和經過》，發表於《展望》2
　　　　卷 22、23、24 期 (1948 年 10 月 16 日、10 月 23 日、10 月 30 日)，後寫有《五
　　　　四運動在杭州》，收入中國社會科學院近代史研究所編《五四運動回憶錄》
　　　　(下)，中國社會科學出版社，1979 年。
〔註82〕 曹聚仁在其《我與我的世界》(人民文學出版社，1983 年)、《聽濤室人物譚》
　　　　(生活・讀書・新知三聯書店，2007 年) 均談到施存統及其《非孝》事件。
〔註83〕 陳望道當時爲浙江一師老師，所謂的「四大金剛」之一。在沈自強主編的《浙
　　　　江一師風潮》(浙江大學出版社，1990 年) 中收有他的《「五四」時期浙江新
　　　　文化運動》。
〔註84〕 姜丹書當時爲浙江一師老師，在其回憶文章中說「姜丹書和王更三、胡公冕
　　　　等教師當場以大義說服了警察。」(見其《施存統的〈非孝〉與「浙一師風
　　　　潮」》，《民國春秋》1997 年第 3 期，第 26 頁)
〔註85〕 甚至是瞎說。比如，曹聚仁曾經回憶說，《非孝》發表後，關於施存統的身世
　　　　的傳說也很迅速地流傳出來。「有人說他是後娘生的，在家饑寒困苦，全靠他
　　　　母舅幫他讀書，他受苦太多，所以要『非孝』了。有人說他的父親作惡多端，
　　　　死得不明不白，所以他的兒子，也變成瘋狂逆倫的了！又有人說：他自由桀
　　　　驁不馴，在金華讀書時，早已十分不安分。總之，大家把他看作一個魔鬼，
　　　　老天叫他到世間來，擾亂安寧就是了。其實，施家的事，我知道得十分明白
　　　　(曹聚仁與施存統是同學，曹高施一級，兩家只相距二十五華里，而且還是
　　　　遠親，引者注)，這些傳說都是瞎傳瞎說，可笑得很。」(曹聚仁《悼施存統
　　　　(復亮)》，前引書，第 163 頁)
〔註86〕 2 卷 22～24 期，時間分別是 1948 年 10 月 16 日、23 日、30 日。

的時候，「在我的本鄉以及我的親戚之間，我是一個公認的『孝子』。不僅是過去，直到現在，我還是被他們認爲標準的兒子。」〔註87〕第二種是，時人和此後二十多年來的人由他的《非孝》之文推測他對父母的態度必非常惡劣，「好多人聽說我寫《非孝》文章，總以爲我像洪水猛獸一樣的可怕，甚至是一個打罵父母的人。二十多年來，我也看見過好多『衛道之士』以及『莫名其妙的』的人拿我作攻擊的對象」，而他對父母卻並非如此；第三種，認同施存統寫作《非孝》文章的，卻也對他與其父親的關係存在誤讀，比如傅彬然就流露出對在喝酒賭錢的父親陰影下生活的施存統的同情，而事實是，施存統的父親衹是一個「愛財如命」的「一個克勤克儉的農民，相當誠實，相當規矩」〔註88〕。

　　施復亮在1948年寫文，意在澄清這三種誤讀現象。接下來，很有意思的一個問題就是，施存統的父親並不是一個喝酒賭錢、有著不良習性的人，而是一個誠實、規矩、克勤克儉的農民，他的《非孝》僅僅是針對未將錢給其母治病，且未盡到服侍其病母的責任的父親。這樣的父子關係，其實即便在當時，也並未一定就達到了劍拔弩張的地步。而施存統之所以寫作後來讓人誤會的《非孝》，一方面固然是他受到了來自父與母這方面的刺激，另一方面，這也是《新青年》等所引發的新思潮在作爲南方重鎮的杭州影響的體現。換句話說，施存統寫作這篇文章本身，部分地是由於他對《新青年》反孔非儒主張的接受。

　　有必要關注到關於施存統接受《新青年》歷程的一些文字。

　　在浙江一師，《新青年》、《進化》、《民聲》等新潮雜誌隨處可見。初讀《新青年》時，他對陳獨秀詆毀孔聖人的措辭非常憤慨，後來他「便做了一個《新青年》的半信徒；除了關於反對孔子的一部分之外，大概都贊同了。」〔註89〕「大約在『五四』運動半年以前，我的思想因爲受了《新青年》雜誌的影響而已有了很大的變動，甚至可以說已經有了根本的變動。」〔註90〕

〔註87〕施復亮《我寫〈非孝〉的原因和經過》，《展望》2卷22期，1948年10月16日。
〔註88〕施復亮《我寫〈非孝〉的原因和經過》，《展望》2卷23期，1948年10月23日。
〔註89〕存統《回頭看二十二年來的我》，《覺悟》，1920年9月22日。
〔註90〕施復亮《我寫〈非孝〉的原因和經過》，《展望》2卷23期，1948年10月23日。

五四前夕，「我對於『孔孟之道』已不再信仰，對於舊禮教已表示反對，對於『陞官發財』的思想已深惡痛絕（我對於『發財』，向無好感），同時已抱有改造社會和改造整治的熱忱和信念。但對於『孝』字，我還沒有多大懷疑，還想做一個孝順母親的『孝子』」〔註91〕。到了五四運動之後，施存統和他的同學們組織了「書報販賣部」，銷售《新青年》、《星期評論》等十餘種刊物，這一時期，他認爲「凡是《新青年》所說的話，總是不錯的了。」而且，對陳獨秀、錢玄同、劉半農、胡適等新文化先驅「佩服到了不得」〔註92〕。

這種閱讀和接受的歷程，讓我禁不住聯想到蘇雪林相似的一段表述：

爲什麼一到北京不久我即以「五四人」自命呢？原來我的改變也非來到北京才開始的，在五四運動尚未爆發的前一年，我尚在母校附小當教員時，我們組織了一個國文補習班，請原在女師授課國學最優長的陳慎登師授課，他終日痛罵陳獨秀、胡適之諸人，指爲異端邪說，洪水猛獸，因他罵的太激烈，倒引起我的好奇心，想把這類書刊弄來看，究竟是何種東西。恰有一同學家裏有《新青年》、《新潮》、《星期周刊》，雖零落不全，閱讀後也知其大概。新青年反對孔子，我那時尚未敢以爲然，但所舉舊禮教之害，則頗愜我心。想起我母親一生所受婆婆無理壓制之苦及我自己那不愉快的童年，還不由於此嗎？所以我未到北京前思想已起了變化了。〔註93〕

曹聚仁的一段回憶文字，也告訴我們他接受《新青年》的曲折歷程：

……存統……是單不菴師入室弟子，一向循規蹈矩，守理學家的理法。單師是著名割股療母的孝子，一時的人倫師範。然而《新青年》帶來了思想革命，闖到理學圈子中來了；不獨文學革命爆了火花，社會革命也播下了種子。那時變動得最明顯的，有周伯棣、俞壽松和施存統，他們一個大轉變便是一百八十度。有一回，我從家鄉經蘭溪回杭州，恰好和存統同船。他在船中看《新青年》和《學生雜誌》（楊賢江兄主編），我問他：「單不菴師會怎麼說？」他說：「單師一定贊成《新青年》的新觀點的。」我才知道他們已經入思想革

〔註91〕 施復亮《我寫〈非孝〉的原因和經過》，《展望》2 卷 23 期，1948 年 10 月 23 日。

〔註92〕 存統《回頭看二十二年來的我》，《覺悟》，1920 年 9 月 22 日。

〔註93〕 蘇雪林《蘇雪林自傳》，江蘇文藝出版社，1996 年，第 37～38 頁。

命和新路向去了。〔註94〕

也就是說，施存統、蘇雪林、曹聚仁都是因閱讀、接受《新青年》而被造就的「新青年」，他們的思想主張，在轉型之後，就彙入了反孔非儒的大潮。

施存統 1948 年的回憶與辯護之文《我寫〈非孝〉的原因和經過》，告訴了我們他寫《非孝》的部分眞相。但他寫作該文本身，卻告訴我們，一個悖論存在於《非孝》的本意與其被闡釋出來的意義之間。對後者而言，在時人或者後來者眼中，《非孝》成了一個象徵。它代表著作爲子的一代對自身個性的張揚，對父、母一代的宣戰，其潛在邏輯是削弱甚至剝奪父母一代的權利，而爲兒女一代的權利張目，而且，父母與子女之間，就是封建／開放，傳統／現代，舊／新的二元關係，其衝突，由此往往上陞到文化立場有異的代際衝突。

由此，被有意無意誤讀的《非孝》，在很大程度上引發了中國現代文化史、倫理史、文學史上的「非孝」思潮，而且影響了這種思潮中，以文學作品來塑造父子關係的方式。「在新文學中，對『孩子』的敘述總是指向青春、生命、愛情、新世界、未來、理想、幸福等符號，體現出新文學家們以『幼者本位』爲寫作立場的思想意識。傳統孝道以長者爲本位，強調子女對於長者的義務和責任，而新文學家的孝道概念則以幼者爲本位，在平等的關係中，強調『救救孩子』，把子女從父輩的權威中解放出來。」〔註95〕父子關係，成爲新文學中最緊張的一種家庭倫理關係。在新文學作家們幾乎毫無二致的對「子」一輩的同情中，父親一輩尤其是父親的形象被褻瀆歪曲的現象大量存在〔註96〕。例如老舍《二馬》中的老馬、《四世同堂》中的祁老者；善寫家族制度的分崩離析的巴金，其《家》中高公館的第一代高老太爺和第二代克安、克定；魯迅《傷逝》中子君那未出場的父親；曹禺《雷雨》中的周樸園，等等，這些都是落後的、過時的、專制的象徵，而與之相對應的年青一代，則是敢於「非孝」的一代，如《家》中的高覺慧、《財主底兒女們》中的蔣少祖、蔣純祖，《雷雨》中的周萍、周沖，等等。「父」與「子」之間的

〔註94〕曹聚仁《悼施存統（復亮）》，前引書，第 162 頁。

〔註95〕馮鴿《新文學中「孝」與「非孝」悖論話語的解析》，《江蘇大學學報》（社會科學版）2006 年第 2 期，第 69 頁。

〔註96〕已有學者將父親形象受到歪曲、褻瀆的現象稱爲 20 世紀中國文學中一個母題。例如，賈植芳、王同坤《父親雕像的傾斜與頹敗——談 20 世紀中國文學中的「褻瀆父親」母題》，《中國現代文學研究叢刊》1996 年第 3 期。

衝突，在現代作家們的敘述中，充滿了緊張，而作家們幼者本位的立場，將同情的砝碼幾乎毫無例外地加在了年輕一代這邊。這固然與魯迅、胡適等人提倡人道主義，重新發現人，「救救孩子」的觀念有關，但不可忽視的是，《非孝》引發的這次風潮，以及對《非孝》的誤讀，是造就「非孝」文學寫作傾向中至關重要的因素。

第二節　兄與妹之間：以李超事件爲中心

　　1919 年 8 月 16 日，李超病逝於北京法國醫院。這本是一個「沒有轟轟烈烈的事迹」〔註 97〕的無名女子的非正常死亡，在那時候的中國，本算不得什麼大不了的事情。但是，由於病逝前她就讀於得新文化運動風氣之先的北京女子高等師範學校，由於她的朋友們是胡適、李大釗、錢玄同、陳中凡等開設的新文化課程的受益者，由於她的朋友「搜索她的遺稿，尋出許多往來的信箚，又經她的同鄉蘇甲榮君把這些信稿分類編記一遍」之後，「她一生所受的艱苦，所抱的志願，都一一的表現分明」〔註 98〕起來，於是，在《少年中國》、《新潮》、《新社會》、《曙光》、《新青年》尤其是《晨報》〔註 99〕等知名報刊雜誌的廣泛關注中，在胡適、陳獨秀、蔡元培、李大釗、蔣夢麟、梁漱溟等知名文化人士的參與下，其死亡的意義得到有效提煉，甚至提升。而且，因了她的死亡所開的追悼會，直接撥動了蘇雪林、程俊英尤其是馮沅君等北京女高師學生的心弦，在一段時間內影響了她們的思考與創作。可以說，李超之死，已成爲五四新文化運動以及北京女高師的一個非常有名的事件。透過這一事件，我們能體悟到那一時期女子受教育的權利保障得如何，女子在家庭中的地位如何，無父的女子與其兄的關係又如何。失敗了的李超，爲我們審視那一時期女子對抗封建家庭的無力提供了標本，而在這一事件中，各方的態度與言說，也可以讓我們窺探到新文化先驅者們在女子解放方面所作出的努力，以及這種努力產生良好結果的艱難歷程。

〔註97〕胡適《李超傳》，《新潮》2 卷 2 號。

〔註98〕胡適《李超傳》，《新潮》2 卷 2 號。

〔註99〕此一時期，《少年中國》等雜誌上登有《晨報》的廣告，其廣告詞爲：「世界消息之總匯，時代思潮之前驅」，後者正說明了《晨報》在新文化運動方面的正面立場。

一、李超之死：個人的悲劇

　　李超，原名惟柏，又名惟璧，號璞真，廣西蒼梧金紫莊人。她出生在一個封建大家庭，父母早逝，只有兩個姐姐，大的叫惟均。李超從小跟著父親的妾（名「附姐」）長大。因為她父母無子，故承繼了胞叔槃廷的兒子，名惟琛，號極甫。

　　李家家產本較為豐厚。李超六七歲時，隨出任學正的胞叔前往全州，曾受過一些國文教育，教師「所課，悉能記誦，師每奇之」。後由於胞叔卸任歸家，李超就在家塾誦習經書，「一經講授，無不領悟」，稍長，「兼研史學，旁涉子書，援筆文成，朗朗可誦」。民國初年，女學倡興，李超也得以進入梧州女子師範學校，並以優異成績畢業。1915 年她與朋友組建了一個女子國文專修館，「文思益進」。可惜的是，一年後，李超的朋友紛紛去別處求學，女子國文專修館不得不解散，她也無奈地回到家中。

　　此時有個叫周誼的，向李家提親，李超的叔兄答應了。李超知道了周誼不喜讀書後，勸其讀書，但這人僅僅堅持了半年，就不再讀了，李超「再四勸請，固不允，婚約遂解。」李超正不想早婚，於是想到廣州去求學。她的這個願望實現得非常艱難〔註100〕。她在從梧州寫給其繼兄的信中說：

> 計妹自輟學以來，忽又半載。家居清閒，未嘗不欲奮志自修。奈天性不敏，遇有義理稍深者，既不能自解，又無從質問。蓋學無師承，終難求益也。同學等極贊廣州公立第一女子師範，規則甚為完善，教授亦最良好，且年中又不收學費，如在校寄宿者，每月只繳膳費五元，校章限二年畢業。……廣東為鄰省，輪舟往還，一日可達。……每年所費不過百金。農家年中入息雖不十分豐厚，然此區區之數，又何難籌？……諒吾兄必不以此為介意。……妹每自痛生不逢辰，幼遭憫凶，長復困厄……其所以偷生人間者，不過念既受父母所生，又何忍自相暴棄。但一息苟存，烏得不稍求學問？蓋近來世變日亟，無論男女，皆以學識為重。妹雖愚陋，不能與人爭勝，然亦欲趁此青年，力圖進取。苟得稍明義理，無愧所生，於願以足。其餘一切富貴浮華，早已參透，非謂能恝然置之，原亦知福薄之不如人也。……若蒙允諾，……匪獨妹一生感激，即我先人亦當含笑於九泉也。戰

〔註100〕《李超女士行狀》，《晨報》1919 年 11 月 15 日。

慄書此，乞早裁覆。〔註101〕

在這封信中，李超固然說了一些胡適所言的「門面話」，但也誠如他指出的，「已帶著一點嗚咽的哭聲」〔註102〕了，在其信末的「戰慄」「乞」等用語中已可見出。其實，從這封信中，我們可以看出李超爲讓其兄給她錢讀書而費的苦心。她在信中非常詳細地列出了去廣州讀書的花費，並且，她也明確地知道，每年百金對於她們家的收入來說，是「區區之數」，所以她以「諒吾兄必不以此爲介意」來勸說其兄，希望得到他的應允。其次，她向其兄講明自己的身世之悲，並以世界大勢來爲自己的「力圖進取」張目，她希望其兄能於情、於理上，都能答應她的要求。再次，她向其兄表明自己對富貴浮華沒有興趣，以免去其兄對她花錢無計的後顧之憂。信末，她還請出了她的先人爲她助陣，希望他看在先人的面上，答應她這不過分的祈求。

然而，擺事實、講道理的李超，最後得到的卻是這樣的回覆：

九妹知悉：爾欲東下求學，我並無成見在胸，路程近遠，用款多少，我亦不措意及之也。惟是儂等祖先爲鄉下人，儂等又係生長鄉間，所有遠近鄉鄰女子，並未曾有人開遠遊羊城求學之先河。今爾若子身先行，事屬罕見創舉。鄉黨之人少見多怪，必多指摘非議。然鄉鄰眾口悠悠，姑置勿論，而爾五叔爲族中之最尊長者，二伯娘爲族中婦人之最長者，今爾身爲處子，因爲從師求學，遠遊至千數百里外之羊城，若不稟報而行，恐於理不合。而且伊等異日風聞此事，則我之責任非輕矣。我爲爾事處措無方。今爾以女子身爲求學事遠遊異域，我實不敢在尊長前爲爾啓齒，不得已而請附姐爲爾轉請，而附姐諸人亦云不敢，而且附姐意思亦不欲爾遠行也。總之，爾此行必要稟報族中尊長方可成行，否則我只責任蒙重。……見字後，爾係一定東下，務必須由爾設法稟明族中尊長〔註103〕。

這封信表面上是在說李超外出讀書讓他無法向尊長們交代，其實，他的關心點在「用款」上。但他以她的舉措不合鄉間「規矩」來約束李超，尤其試圖以尊長──五叔、二伯娘、附姐等的權威來壓制李超，讓她自己去稟明族中尊長，而他知道，這是通不過那些傳統衛道士們的那一關的。

〔註101〕李超致其繼兄信，引自胡適《李超傳》，《新潮》2卷2號。
〔註102〕胡適《李超傳》，《新潮》2卷2號。
〔註103〕李超之繼兄之信，引自胡適《李超傳》，《新潮》2卷2號。

後來李超在其姊惟均和姊夫歐壽松的幫助下去了廣州。她的繼兄因此而不肯和她通信，也不給她寄錢，其原因，正如她的嫂子陳文鴻信中所轉述的「余之所以不寄信不寄錢於彼者，以妹之不遵兄一句話也。」〔註104〕這句話預示著，在李超的繼兄看來，她的父親死了，他作爲繼兄，就是這個家庭天然的合法的統治者，是李超的天，他的每一句話，都應該成爲李超的律令，而李超不僅沒有捨棄去廣州讀書的打算，而且悄悄出行，未向任何尊長稟明，這是對包括他在內的權威的冒犯。他因此可以名正言順，不給李超寄錢。

但李超後來不滿意廣州的學校，又想到更遠的北京去進女高師。這是更艱難的一步。她的嫂子陳文鴻、姐姐惟均、姐夫歐壽松、堂弟惟幾、本家李典五、堂姊伯援、宛貞等在複雜的過程中，與其繼兄惟琛衝突不斷，其嫂子陳文鴻甚至因此而上吊，意圖自盡。李超經過努力，最後終於進了女高師，但是其心靈遭受的折磨可以說罄竹難書。考察李超留下來的那些往返書信，我們看到這樣的文字：

> ……妹婚一日未定，即七舅等一日不安……前年在粵時，兄屢問妹之主意，即是欲妹明白宣示究竟讀書至何年爲止，屆時即斷然適人，無論賢愚，絕無苛求之意，只安天命，不敢怨人，否則削髮爲尼，終身不字。如此決定，則七舅等易於處置，不至如今日之若涉大海，茫無津涯，教育之費，不知負擔到何時乃爲終了。〔註105〕
>
> 甫兄對於妹此行，其惡益甚，聲稱一錢不寄，盡妹所爲，不復追究。
>
> 渠謂妹動以先人爲念一言爲題，即先人尚在，妹不告即遠行，亦未必不責備也。鈞姐囑妹自後來信千萬勿提先人以觸渠怒云。〔註106〕

前者是李超之姊夫歐壽松致李超信中的文字，他說出了惟琛的憂慮，就是擔心李超讀書不知停止，而他不願擔負這筆「茫無津涯」的費用，希望她早點結婚，那麼，他就可以名正言順地獨享所有財產。並且，就如上面第二段文字中所說，她今後質問其兄，都不能再提及「先人」，否則會使其兄惟琛盛怒。對前者，李超早就知道，她說「妹原知家人素疑妹持單獨主義」，所以她曾對其兄說她最多在北京呆二三年即歸，她質問說：「妹年中所耗不過二三百金，何得謂爲過分？況此乃先人遺產，兄弟輩既可隨意支用，妹讀書求學乃理正

〔註104〕轉引自胡適《李超傳》，《新潮》2卷2號。
〔註105〕歐壽松1918年9月5日致李超信，見胡適《李超傳》，《新潮》2卷2號。
〔註106〕伯援1918年11月6日致李超信，見胡適《李超傳》，《新潮》2卷2號。

言順之事，反謂多餘，揆之情理，豈得謂平耶？」〔註107〕這「有錢而不得用」的背後，正觸及到了家庭制度的罪惡。

李超在 1919 年春天病情加重，到了 8 月 16 日，就不治而亡。她死後，她的哥嫂一封信都沒有。她的棺材，在胡適寫作傳記的 11 月底前，「還停在北京一個破廟裏」。等到她哥哥的信終於來臨，信上卻只見他的咒罵之語：「至死不悔，死有餘辜！」〔註108〕

李超的死，當然是她個人的悲劇。她死得那麼靜悄悄，甚至，連女高師校方，也希望這事能悄悄地了結了。

二、李超與李超之死：形象塑造與意義挖掘

（一）形塑李超

在李超逝世後近兩個月的 1919 年 10 月 15 日，《少年中國》雜誌上出現了一則《李超女士追悼會籌備處啓事》：

> 北京女子高等師範學生李超女士幼失怙恃，長受教育，深痛神州女界之沈淪，亟欲有所建樹，矢志求學。不幸受家庭之虐待，橫被摧殘。曩修業於梧州女子師範、廣州公益女子師範時，幾經艱阻，旋以姊丈之援助，跋踄京華，得受國立女子高等教育。其家素守女子無才便是德之說，牽制愈力，直欲置之死地而後已。姊丈籌濟備受責言，嫂抱不平，幾以身殉。女士隻身萬里，憂憤莫訴，至積悲成疾，齎志以歿。聞者莫不同深痛悼。同人等對此刻日籌備追悼，俾慰女士之靈，聊以作生者之氣。日期地點俟確定後即登北京晨報宣佈，如蒙各界諸君賜以挽章詩文，尤所感激，請交下列三處爲荷：
>
> 宣武門外後青廠廣西三館　　區　譓
>
> 石駙馬大街女子高等師範　　梁惠珍
>
> 後門內松公府夾道七號　　　蘇甲榮〔註109〕

這是李超的名字第一次出現在公眾視野中。從這份啓事，我們知道已經有一個「李超女士追悼會籌備處」存在，其成立以籌備追悼會的目的有二：

〔註107〕李超答歐壽松信，見胡適《李超傳》，《新潮》2 卷 2 號。

〔註108〕胡適《李超傳》，《新潮》2 卷 2 號。

〔註109〕見《少年中國》1 卷 4 期（1919 年 10 月 15 日版），第 69 頁。

一是「慰女士之靈」，一是「作生者之氣」，這二者相輔相成，在後來的一系列活動中，體現得比較充分。其次，由這則啟事可以推知，區諶、梁惠珍、蘇甲榮是這個籌備處的重要成員〔註110〕。區諶、梁惠珍、蘇甲榮三人，或是李超的同鄉，或是李超的朋友。表面看來，成立籌備處，為李超開追悼會，是因了朋友或同鄉間的情誼，但細讀這份啟事，我們可以發現，在其對李超生平行狀的描述中，她們有意識地突出了以下幾點：第一，李超矢志求學，是因為「深痛神州女界之沈淪，亟欲有所建樹」。這是對其去北京求學的目的的說明，而這，將公眾對李超的認知，引向了一個將其求學與神州女界之崛起、解放聯繫起來的新女性形象；第二，李超受家庭之虐待，甚至因其來京求學，而受到家庭牽制，「直欲置之死地而後已」，這裡體現出李超作為一個女子與家庭成員之間的關係的緊張，雖然此處並未說明牽制她的具體對象，但無疑將這一事件所具有的意義指向了新女性與一個保守、專制的宗法家庭的衝突；第三，李超來京後，一方面是家庭牽制甚力，一方面是幫助她的姊丈和嫂子也連帶受累、受罪，且其嫂子「幾以身殉」，這讓李超「積悲成疾」，並「齎志以歿」，這和這一時期青年們為改造社會而奮鬥不已，最後可能以身殉志的時代思潮也存在吻合關係〔註111〕。這是一種非常積極的引導。在這則啟事中，「李超女士追悼會籌備處」實現了對李超形象的第一次塑造，與此相關，悼念李超的時代意義得以凸顯。或許正是基於這樣的思考，這則啟事才在《少年中國》的「婦女號」上登出，「李超女士追悼會籌備處」也才在啟事之末，敢於懇請「各界諸君賜以挽章詩文」。

隨後關於李超的報導，以《晨報》為主，《新潮》、《申報》為輔，《新社會》、《曙光》等雜誌也以積極的姿態參與其中，為進一步推進這次事件，各自做出了貢獻。

11 月 15 日，《晨報》刊發了兩篇相關文章：《女高師追悼會預聞》和《李超女士行狀》，二者正好作了有益的補充。後者是刊發於《晨報》的「來件」，

〔註110〕蘇甲榮還是《少年中國》總發行所的聯繫人，見《新青年》6 卷 6 號（1919 年 11 月 1 日）上《少年中國》的廣告，第 567 頁。

〔註111〕比如，1919 年 7 月 9 日《晨報》上一則新聞正題為《留日學生又有蹈海死者》，副題即為「痛外交失敗」。11 月 19 日，北大學生羅志希在《晨報》發表文章《是青年自殺還是社會殺青年？》，此後《晨報》對自殺的北大學生林德揚的相關資訊進行報道，刊載了一系列反思文章。林德揚的自殺，部分地是因為國是。

文中較爲詳細地敘述了李超一生的情況，尤其是其死亡的前因後果。值得注意的是，與前此所引《李超女士追悼會籌備處啓事》相比，該文補充敘述了李超去廣州求學前，她訂婚並退婚的一個細節〔註112〕，並以此爲李超堅決去廣州求學的原因之一，這就部分地修正了《李超女士追悼會籌備處啓事》中關於李超矢志求學的原因。

11月18日，晨報登出一則《李超女士追悼會已定期》的新聞：北京女子高等師範學生廣西李超女士因受家庭之壓迫，致求學不得自由，憤鬱而死，學界同深惋惜，特定於本月三十日（星期）在石駙馬大街女高師學校開會追悼云。很明顯，這則新聞強調了李超之死與家庭壓迫的直接關聯，而在當時，這是一個「新青年」以及形塑「新青年」的新文化運動先驅者們非常敏感的話題，它再次將李超之死與新舊衝突聯繫起來，以李超的受壓迫至死作爲家庭制度之罪惡的又一個表徵。

從11月19日開始直至26日止，《晨報》每天都在第一版上醒目的位置刊登了《李超女士追悼大會啓事》。和前此的《李超女士追悼會籌備處啓事》不同的是，這裡面宣佈了追悼會將於11月30日在女高師舉行，並且，一一列出了54位發起人的姓名。這些發起人中，既包括吳弱男、梁惠珍等在內的18位積極思考婦女問題的女士，也包括周紹昌、李大釗、陳鍾凡、胡適、蔡元培、梁漱溟、康白情、羅家倫等新文化陣營裏面響當當的人物，在第一排中，依次出現的就有「周紹昌、李大釗、陳鍾凡、胡適、蔡元培」等〔註113〕。從這份名單，我們可以進一步瞭解爲什麼要追悼李超，他們打算站在那個角度來追悼李超。而且，以這份名單爲重頭戲的啓事，無疑是一種無聲而有力的號召，將社會上、尤其是學界的同情、悲憤之心在極短的時間內激發起來。這喚醒的體現有二：一是參與人士的眾多，雖然11月30日《晨報》在第2版登載了《李超女士追悼會籌備處啓事》，說因爲女高師會場過狹，除女界一律招待外，特發男賓入場券，以稍事限制，凡男賓不持有入場券者恕不招待云云，但是，下午「蒞會者仍甚多，男女約共千人以上，會場幾無容

〔註112〕 男方覺叫周誼，周家向李家提親，李超的叔兄而非李超答應了。李超知道了周誼不喜讀書後，勸其讀書，但這人僅僅堅持了半年，就不再讀了，李超「再四勸請，固不允，婚約遂解。」

〔註113〕 查《少年中國》1卷4期可見，在這期「婦女號」中，發表文章的就有胡適、李大釗、康白情、宗白華、黃日葵、蘇甲榮等，可知，對李超的悼念是一次有組織的活動。

足地。」〔註 114〕二是，「贈送詩文挽章者不下三百餘份」〔註 115〕。這樣的結果，極好地保證了追悼會的現場效果。

11 月 30 日，《晨報》第 3 版在最醒目的中間位置，發了李超的一張照片，上面的文字說明是「日本學界開會追悼之李超女士」，這意味著，對李超的追悼還涉及到了日本學界。

12 月 1 日是《晨報》創刊週年紀念，在這特殊的日子裏，對李超的報導也沒有中止。在其第 3 版有《昨日李超女士追悼會情形》的報導，第 6 版則開始登載胡適所寫的《李超傳》〔註 116〕。

從報導來看，這次追悼會組織得非常成功：

……蒞會者仍甚多，男女約共千人以上，會場幾無容足地。贈送詩文挽章者不下三百餘份，會場大門及馬路大門均繫彩花，會場東首繫彩棚一座，中置李女士遺像，上有蔡孑民先生所題「不可奪志」橫額一幅，左右置花圈二十餘，會場中並散發女士遺像及胡適之先生所撰傳。下午二時宣告開會。先奏樂，次主席周家彥致開會詞，次全體行三鞠躬禮，同時奏樂，次讀祭文，次奏樂，樂止，該校國文班同學唱追悼歌，次同鄉李某君報告女士事略，次演說。是日特請演說者為蔡孑民先生、胡適之先生、陳獨秀先生、蔣夢麟博士、李守常先生，均如約而至，均淋漓致盡，全場感動，滿座惻然，無不歎舊家庭之殘暴，表同情於奮鬥之女青年。次來賓自由演說，則有梁漱溟、黃日葵、羅家倫、張國燾四君，均極沈痛。而該校國文部同學孫繼緒、陶玄兩女士演說識解猶其高超，謂李女士受家庭專制之苦如此其烈，而並未向同學道過隻字者，全以女士尚有兩種舊觀念未能打破，即「家醜不宜外揚」與「以窮困為恥」之觀念是也。吾輩女青年對於舊家庭之壓迫，不可再抱家醜不外揚之陳腐觀念，宜即宣於大眾云云（全座鼓掌）。演說詞當另日登錄。時屆四鐘，主席乃宣告閉會。全體集合廣場拍照，始散。是日佳聯詩文甚多，容俟尋覓登出，以供表同情於是會而未至者。惟該校毛校長獨未至，且無輓聯，頗聞彼原不甚贊成斯舉，曾向籌備處某君表示極困難之

〔註 114〕《昨日李超女士追悼會情形》，《晨報》1919 年 12 月 1 日。
〔註 115〕《昨日李超女士追悼會情形》，《晨報》1919 年 12 月 1 日。
〔註 116〕《李超傳》從 12 月 1 日起連載三日才登載完畢。

態度。謂該校前故學生，向無追悼云云。夫李女士之慘死，聞者莫
不憤慨，而該校當局竟忍出此言，亦可謂別具心肝者矣〔註117〕。至
李女士兄極甫已函其同鄉，大罵女士執迷不悟，死有餘辜云。現其
同鄉擬在京覓一名勝地，以葬女士，俾觸目警心，常留一警惕於社
會，庶幾舊俗有打破之一日云。

從這則報導中我們可以看出，這次追悼會已經成爲新文化陣營的一次集體演
出。蔡子民爲李超書寫「不可奪志」的橫額，胡適爲李超寫了傳記，到場演
說者有蔡子民、胡適、陳獨秀、蔣夢麟、李守常這些新文化運動的領袖級人
物，也有梁漱溟、黃日葵、羅家倫等新秀，還有女高師自己的代表孫繼緒、
陶玄。這樣的陣營布置，和對女高師毛校長的批評、對李極甫的指斥，共同
表明了他們建構李超形象的意義：打破舊俗，反抗家族制度。

（二）意義挖掘

接下來，12 月 1 日～3 日的《晨報》連載了胡適所寫的《李超傳》；12 月
1 日出版的《新潮》2 卷 2 期上，全文登載了《李超傳》；《晨報》12 月 2 日的
7 版登載了王光祈的《改革舊家庭的方法》；《晨報》12 月 13 日、12 月 17 日、
12 月 22 日的「論壇」專欄登載了《李超女士追悼會之演說詞》，分別刊發了
蔡子民、陳獨秀、梁漱溟、蔣夢麟、孫繼緒五人的演說詞；《新社會》「隨感
錄」中有鄭振鐸的《萬惡的社會》〔註118〕、張晉的《綱常名教！》〔註119〕；
《新青年》7 卷 2 號上有陳獨秀的《男系制與遺產製》；北京女高師的《文藝
會刊》上刊發了一組悼李超的詩〔註120〕；《曙光》雜誌一卷二號上有王統照的
《她爲什麼死？》，揭示了一個被禮教所殺的女子慧如的故事，是對李超事件
的遙遙呼應；1926 年，《學生文藝彙編》（3 卷上）載有任希賢的《讀〈李超
傳〉》，可謂是李超事件的回聲。讀這些文字，我們可以發現，李超事件的多
重意義在其中向縱深展開。

〔註117〕易家鉞在《晨報》上發表有文章《我對於北京女子高等師範學校的希望》
（1920 年 2 月 15 日），其中就說到女高師的惡制度，第一是檢查學生書信，
第二不能打電話，第三遲到要罰假。這正是毛校長執掌該校的時候所發生的
惡現象，由此可見，這毛邦偉校長與新文化運動者相比，的確是「別具心
肝」。

〔註118〕振鐸《萬惡的社會》，《新社會》第 4 號，1919 年 12 月 1 日。

〔註119〕張晉《自殺》，《新社會》第 5 號，1919 年 12 月 11 日。

〔註120〕《文藝會刊》1920 年第 2 期。

　　《晨報》刊載的第一篇演說詞是蔡孑民先生的。他強調李女士祇是受壓迫之一，其實不僅女子受壓迫，男子亦是。而解決之道，最根本的在經濟問題的解決，退而求之，是教育問題的解決，即實行義務教育，再退而求之，是教育界內部要有專項基金，如北京大學的成美會。可見他的著眼點在解決這個問題，而且他關注的不僅有女子的解決，也關注有這類似悲慘遭遇的男子的解決〔註121〕。第二篇演說詞出自陳獨秀。他強調李超的死「乃社會制度迫之而死耳」。「社會制度，長者恒壓迫幼者；男子恒壓迫女子；強者恒壓迫弱者。李女士遭逢不幸，遂為此犧牲！同時如湖南之趙女士，亦為是死，真可慘也。」為此，陳獨秀追溯這種社會制度的由來，將男子對女子、強者對弱者的攻擊和佔有歸於惡根性，女子成為俘虜，成為男子的私有財產，這是導致李超和湖南趙女士之死的原因，而出路，就在於滅掉這種惡根性。陳獨秀說，李超之死，「社會及校中校長教職員對於此事，漠不關心，豈皆無仁心哉；蓋皆中數千年社會相沿之惡習，不以為殺一女人，乃以為死一俘虜耳。故我等今日之所宜研究者，乃人類社會之俘虜制度、私有制度，其根性實從何處而來？」他最後指出，出路在於男子、女子共同努力，以使類似事件不再發生。〔註122〕12月17日續登了梁漱溟的演說詞。他說，胡適的傳，蔡、蔣、李諸君的演說多半是指出問題給大家看，要大家想法子去解決，他認為更重要的是讓女界自己覺悟，更重視情感的萌發，而不是在通過計算，來讓他們覺得應該去解決這個問題。這之間，可見梁漱溟和陳獨秀在對東西方文化方面的不同理解。梁漱溟附記中就有說明。12月22日，續登了蔣夢麟、孫繼緒的演說詞。蔣夢麟從尊重奮鬥精神的角度，強調為李超開追悼會的意義：「今日為李女士追悼會，這追悼會是什麼意思呢？這就是奮鬥精神的紀念會……英國名相格蘭斯頓有一句話，『人生是一個奮鬥，不是一個遊藝會。』李女士用他的生活，作奮鬥的犧牲；戰死疆場，死是榮耀的。你看那一班闊老的女子，穿紅著綠，在汽車上出風頭，他們是以生活當遊藝會的。這是失了人生的本義。李女士在世雖不久，他倒真能利用他的生活，在人生奮鬥史上，立一個記念。這是可作一個好榜樣的。我們大家要用我們的生活，作一場奮鬥，前仆後繼，把這種惡家庭、惡社會，掃得乾乾淨淨。才

〔註121〕蔡元培《蔡孑民先生演說》，見《李超女士追悼會之演說詞》，《晨報》1919
　　　　年12月13日。
〔註122〕陳獨秀《陳仲甫先生演說》，見《李超女士追悼會之演說詞》，《晨報》1919
　　　　年12月13日。

算是不空做了一世人。」孫繼緒則反駁梁漱溟，認爲女子首先應該爭取到教育平等的權利，才能有知識，能夠理解教育名家的提倡。否則，即使有學者來提倡「什麼社會改良」，「什麼平等」，「什麼解放」，恐怕也會無濟於事〔註123〕。

當時與會卻沒有機會發言的《少年中國》的主持人王光祈，將其發言稿投往《晨報》「婦女問題」專欄，談了他對李超事件的看法。他認爲當務之急，是發起一種家庭革命的運動，而不是忙於哀歎李超的不幸和舊家庭之罪惡。他提出了具體的主張，比如女子們自己辦「周刊」以刊佈有關消息，引起社會同情；組織女子生活互助團體，以與舊家庭相對抗，等等〔註124〕。

胡適爲這個「素不相識的可憐女子作傳，竟做了六七千字」〔註125〕，即《李超傳》，也參與到了這一時期的大合唱中。「這一個無名的短命女子之一生事迹很有作詳傳的價值。不但他個人的志氣可使人發生憐惜敬仰的心，並且他所遭遇的種種困難都可以引起全國有心人之注意討論。所以我覺得替這一個女子做傳比替什麼督軍做墓誌銘重要許多啊。」〔註126〕其價值，則在於「他的一生遭遇可以用做無量數中國女子的寫照，可以用做中國家庭制度的研究資料，可以用做研究中國女子問題的起點，可以算做中國女權史上的一個重要犧牲者。」〔註127〕在傳末，胡適認爲，「我們研究他的一生，至少可以引起這些問題」：(1)家長族長的專制。……(2)女子教育問題。……(3)女子承襲財產的權利。……(4)有女不爲有後的問題。李超傳的根本問題，就是女子不能算爲後嗣的大問題。古人爲大宗立後，乃是宗法社會的制度。後來不但大宗，凡是男子無子，無論有無女兒，都還要承繼別人的兒子爲後。即如李超的父母，有了李超這樣的一個好女兒，依舊不能算是有後，必須承繼一個「全無心肝」的侄兒爲後。在每一個問題之末，胡適都問人們將發生什麼感想〔註128〕，這實際就是他對李超事件的意義之所在的思考，體現出了他做傳的極強烈的啓蒙目的。

〔註123〕孫繼緒《孫繼緒女士演說》，見《李超女士追悼會之演說詞》，《晨報》1919年12月22日。
〔註124〕王光祈《改革舊家庭的方法》，《晨報》1919年12月2日。
〔註125〕胡適《李超傳》，《晨報》1919年12月3日。
〔註126〕胡適《李超傳》，《晨報》1919年12月1日。
〔註127〕胡適《李超傳》，《晨報》1919年12月3日。
〔註128〕胡適《李超傳》，《晨報》1919年12月3日。

很顯然，在前述新文化運動先驅者們的言論中，存在關注婦女解放的共性，也存在不可忽視的向度上的差異。他們或者看重李超之死在中國女子解放運動中的悲劇性標本意義，或者側重於李超的奮鬥精神，或者以李超之死透視女子解放乃至所有被壓迫的人的解放問題：這形成了眾聲喧嘩的局面，但一個相通的基調在於，李超之死不是她個人的悲劇，她是無量數的類似悲劇的代表，而悼念李超的目的，直指更廣大、深刻的「人」的解放這一主題。

這種思路，在後續的一些報刊雜誌的文章中體現得比較明顯。如張晉在其《綱常名教！》中就說：「前天李超女士開追悼會，胡適之先生給他做了一篇傳，發了好些感想。我想李超女士的死，完全是綱常名教叫他死的。因爲李超女士的哥敢以不給他學費，斷絕他來往，『說死不悔，死有餘辜，』（似應爲「說『死不悔，死有餘辜』」，引者注）的話，是得了綱常名教的精義，是綱常名教作了他的護身符，所以他敢有以上的行爲。假使他沒有綱常名教的護身符，也不敢有以上的行爲。就有以上的行爲，我想旁邊的親戚也不能答應。李超女士也可以起來同他反抗。因爲他有綱常名教的護符，所以他敢有這種行爲，李超女士的親戚就不能不答應，李超女士就不敢起來反抗。咳！綱常名教不知道要殺多少人呢！」〔註129〕這就將李超之死的原因推至綱常名教，挖掘到了反孔非儒與李超事件的必然關聯這個層次。而署名「振鐸」的《萬惡的社會》，則將李超之死與北大學生林德揚的自殺事件都歸因於社會的罪惡，並得出必須改造這個萬惡的社會的結論：「前一個月，女子高等師範學校的學生李超女士，被他家庭所逼，憂鬱而死。前幾天北京大學學生林德揚君又絕望自殺。我聽見了這些消息，心裏非常難過。咳！萬惡的社會！你不改造，中國純潔的青年，個個都要被你磨折死了！」〔註130〕類似的想法，以更具象的方式，在小說《她爲什麼死？》〔註131〕和評論《讀〈李超傳〉》〔註132〕中展開。

事實上，李超事件產生的影響是深遠的。幾十年後，當年女高師的學生蘇雪林還能回憶起胡適寫作《李超傳》後的情形。她說：「胡適爲李超寫了篇《李超傳》，在班上對我們說他這一篇文章比《史記》的《漢高祖本紀》、《項

〔註129〕張晉《綱常名教！》，《新社會》第 5 號，1919 年 12 月 11 日。
〔註130〕鄭振鐸《萬惡的社會》，《新社會》第 4 號，1919 年 12 月 1 日。
〔註131〕王統照《她爲什麼死？》，《曙光》1 卷 2 號。
〔註132〕任希賢《讀〈李超傳〉》，《學生文藝彙編》第 3 卷。

羽本紀》還有價值得多。……我們那時把《史記》看成天下第一的著作，胡先生居然說他的文章勝過《史記》，豈非荒天下之大唐嗎？當胡先生文出，女子要求繼承遺產權者相繼不絕，憲法爲之修改。效力果然大極。謂勝過《漢高祖本紀》《項羽本紀》，絕非誇誕之辭。」〔註133〕而在當時，「在胡適等學界精英的引導下，女高師學生痛悼李超的同時，還就相關問題進行了深入思考和認眞討論並付諸一定的行動。」〔註134〕其親歷者程俊英在晚年還回憶說：「李超的死和追悼會，給我班的刺激很大，激起了反封建婚姻的怒潮。……於是馮沅君同學帶頭和幾歲時在河南訂婚的未婚夫退婚。其他同學紛紛回應。」〔註135〕這是多年之後的回憶，也許存在偏差。據馮景蘭先生的女兒馮鍾芸回憶，她四姑即馮沅君的娃娃親是在 1923 年春節解除的〔註136〕。如果這一回憶屬實，那麼，馮沅君退婚和李超事件的關係就沒有這麼直接。但我以爲，儘管二者沒有直接的關聯，但程先生對當時總體氛圍和事件的因果關係的把握，應該是到位的。也就是說，李超事件對當時她們這個國文班其餘學生的思想震動，有著深刻影響。事實上，李超之死對馮沅君的確有巨大觸動：當天晚上，她和同學們回到宿舍，還在李超的床前舉行了一次「心祭」〔註137〕；而馮沅君與王品青的戀愛，就開始於李超事件之後；她以「淦女士」之名走上「五四」時期的中國文壇，也與她由李超事件的觸動而感知到女性解放的必要密切相關。

三、李超之死與「父爲子綱」

李超之死，與其繼兄的言、行密切相關。身爲女子，她無權繼承父母遺留下來的財產，而只得聽憑他人的安排，得到一個「全無心肝」的繼兄。這個繼兄，其實不僅承繼了他家的財產，而且承繼了他父親的地位，也就是說，當他在時，他就成了李超的「天」，他代替她父親，要她遵從「父爲子綱」的古老規訓。所以我們發現，當李極甫以家族尊長的威嚴恫嚇李超，而不能阻止李超去廣州求學的步履時，他說的話是「余之所以不寄信不寄錢於彼者，

〔註133〕蘇雪林《蘇雪林自傳》，前引書，第 37 頁。
〔註134〕何玲華《新教育・新女性──北京女高師研究（1919～1924）》，中國社會科學出版社，2007 年，第 202 頁。
〔註135〕程俊英《回憶女師大》，《檔案與史學》1997 年第 1 期，轉引自何玲華《新教育・新女性──北京女高師研究（1919～1924）》，前引書，第 203 頁。
〔註136〕參見嚴蓉仙《馮沅君傳》，人民文學出版社，2008 年，第 64 頁。
〔註137〕嚴蓉仙《馮沅君傳》，前引書，第 32 頁。

以妹之不遵兄一句話也。」〔註 138〕不遵，不從，這就是李超的罪過，是對他的權威的冒犯。他因此可以名正言順，不給李超寄錢，不給李超寫信，甚至到了後來，剝奪了李超在信中書寫「先人」的權利。可以說，表面上看，李超之死反映的是兄與妹之間的衝突，但是這個兄，由於是父親不在場的「兄」，所以他兼具兄與父兩種身份，這樣的身份導致了李超與李極甫之間地位的更加不平等，從而使得李極甫成為壓迫李超的統治者。這個統治者在當時的宗法社會中，是有這個權利要求被統治者李超遵循從、服的義務的。「婦女在家庭中的從、服是她社會生存處境的統稱，在經濟上，女人是寄食於人者，從誰便寄食於誰，在心理上，女人從誰便屈服於誰，這便從經濟與人格兩方面排除了女性對任何生產資料或生產力的佔有權。」〔註 139〕在李極甫看來，李超就是一個寄食於他者，因而，她必須服從他。然而，李超已經受到了新思潮的影響，具有了自己獨立的人格，這可以從她知道周誼不愛讀書後，借機訪問他，勸他讀書，並最終解除婚約的事情看出，更可以從他不聽從李極甫的恫嚇，既不給族長等尊長「稟明」將去廣州求學的事情，也不再找李極甫拿錢的事情看出。人格已經發生改變的李超，自然不再自願屈從於其繼兄，然而，她沒有經濟來源，必須求李極甫給他寄錢。她先是在致繼兄的信中，出盡委婉之語，試圖以情打動他，到了衝突越來越劇烈的時候，她說出了這樣的話：「妹年中所耗不過二三百金，何得謂為過分？況此乃先人遺產，兄弟輩既可隨意支用，妹讀書求學乃理正言順之事，反謂多餘，揆之情理，豈得謂平耶？」〔註 140〕這裡面，其實已經觸及到女性經濟地位喪失的真相：正是由於女子從來沒有經濟的佔有權，成為寄食者，所以她們的人格也必須屈從於所寄食的那個人。對於李超來說，這就是悲劇的根源。

　　李超的憂鬱而死，是她個人無法反抗的悲劇，也體現出了「父為子綱」（在父親不在場的她家則體現為「兄為妹綱」）這個統治當時家庭建構的精神的荒謬。所以，悼念李超，天然地與批判「父為子綱」，批判宗法家庭制度，乃至批判整個萬惡的社會，並呼籲改造社會的呼聲相呼應。在這個意義上，李超的非自然死亡，在新文化先驅者們的發掘下，具有了重要的社會意義，對她的悼念，其實也就是一次對民眾、尤其是女子的觀念的啟蒙。它隸屬於

〔註 138〕轉引自胡適《李超傳》，《新潮》2 卷 2 號。

〔註 139〕孟悅、戴錦華《浮出歷史地表——現代婦女文學研究》，中國人民大學出版社，2010 年，第 5～6 頁。

〔註 140〕李超答歐壽松信，見胡適《李超傳》，《新潮》2 卷 2 期，1919 年 12 月 1 日。

《新青年》發動的思想革命，也隸屬於此期新文化的「運動」過程。它與《新青年》的「易卜生專號」以及婦女解放問題專號，《晨報》上的婦女問題專欄，《少年中國》的「婦女號」〔註141〕，《端風》的「家庭問題號」〔註142〕，以及《新社會》、《新海豐》、《新江西》、《新山東》、《自治》等致力於社會改造的刊物屬於同一個思想系列。由此，曹聚仁將李超稱爲「一時的女豪傑」〔註143〕，喻爲五四時代產生的「東方的娜拉」〔註144〕，是有道理的，儘管這個女豪傑充滿了悲劇意味，儘管這個東方的娜拉沒能站起來。她的失敗，是由於「父爲子綱」力量過於強大，而她的意義，在新文化運動的言語系統中，正在於警示婦女解放之路的漫長與艱難，其先行就死，正可以「作生者之氣」〔註145〕。

第三節　母與女之間：以馮沅君早期創作爲例

一股蟄伏的重個人、反傳統的力量，在 19、20 世紀之交的數年裏，尤其在新文化運動的「運動」之下，日漸奔湧彙聚而成一股澎湃的潮流。這股潮流，裏挾著從傳統家庭中掙脫而出的「新青年」們，向著他們認定的新思想、新潮流奔去，形成了一股更爲浩蕩的時尚之潮。但從微觀上來考察，對於身處其中的每一個「新青年」來說，這股潮流都既是推力，也是阻力：它爲他們的言說找到了合適的方式，但又制約著他們在言說時的姿態、方式乃至思維。「一旦蟄伏的力量形成一股思潮，走到舞臺的中央，它又像是一個『乾坤袋』般，把各地零星的力量吸納進去。新思潮一旦成了氣候，它便像是一頂保護傘，爲人們正當化（legitimize）了許許多多的行動；它也提供了一套語言，使得原先不知如何說也不知如何解釋的生活經驗有了一套反思性的說辭；新思潮甚至也提供了新出路，使得反傳統成爲社會名利的敲門磚。此後，

〔註141〕《少年中國》1 卷 4 期（1919 年 10 月 15 日），即「婦女號」，在此期上登載了《李超女士追悼會籌備處啓事》。

〔註142〕《端風》第 2 期（1919 年 12 月）即爲家庭問題號，上面刊發了惲代英的《駁「不孝有三，無後爲大」》、胡適《我對於喪禮的改革》等文。

〔註143〕曹聚仁《毛彥文》，曹聚仁《聽濤室人物譚》，前引書，第 422 頁。

〔註144〕曹聚仁《五四時代的人物》，曹聚仁著、曹雷編《天一閣人物譚》，前引書，第 529 頁。另在《毛彥文與娜拉》中，曹聚仁也將李超、毛彥文與娜拉並提。

〔註145〕《李超女士追悼會籌備處啓事》，《少年中國》1 卷 4 期，1919 年 10 月 15日。

不一定是理想，而可能是人們的自私自利，使某些思想擴大暈染，蔚爲風潮。」〔註146〕這是的確的。對於被「五四」思想革命所發現的女性來說，這裡面的情況還更爲複雜。

有人將五四新文化運動稱爲「發生在整個文化和觀念領域的一場『辛亥革命』——一場規模大、效果顯著的象徵性弒父行爲。」〔註147〕在這場行動中，「『五四』一代的英雄主人公是一代逆子。不僅是弒君的孫中山、忤逆的陳獨秀、不肖的胡適和叛逆的魯迅、李大釗，而且是那些無數反叛家庭、反叛傳統和禮法的父親的兒女們。」〔註148〕這「兒女們」就包括「在反傳統的叛逆的吶喊中睜開雙眼，面對一個瑰麗而卻模糊不清的前景」的女作家們。

和那些「兩千多年始終蜷伏於歷史地心的緘默女性」不同，這批女作家在 19、20 世紀之交的民族的歷史和文化變遷中「被噴出、擠出地表，第一次踏上了我們歷史那黃色而渾濁的地平線」。因爲辛亥和五四這兩次空前的解放運動，尤其是在魯迅、胡適、陳獨秀、李大釗等男性先驅的吶喊聲中，在他們對婦女問題的屢屢探討中，她們獲得了新的意識形態觀念，建構起了新的價值觀，於是她們開始書寫，並且獲得了語言、聽眾和講壇。但是，一個悖論性存在在於：「她們和子君一樣在叛逆出走、追求愛情之後，發現自己兩手空空，因此，她們似乎很難在老舊中國女人的經驗中，開闢一個完全獨立於男性大師們陳述的視閾，也很難在有關娜拉的出路或子君的出路問題上，開闢一個獨立於男性大師們的結論，並使之得到社會的承認。」爲此，「女性作家們似乎惟有在那些尚未定型的、略與女人有關的旗幟下，以女性身份占一席之地，譬如人，人生，情感，愛情，婚姻家庭，個性等等。」〔註149〕通過這樣的寫作，她們使自己彙入時代的洪流。而在這樣有別於男性大師們的寫作中，這些女作家及其創作的獨特意義得到彰顯。有人說，「女性那由地心而地表的特殊歷程，無論是作爲一種歷史現象還是作爲一種群體經驗，都引人

〔註146〕 王汎森《中國近代思想與學術的系譜》，前引書，第 253 頁。
〔註147〕 孟悅、戴錦華《浮出歷史地表——現代婦女文學研究》，北京：中國人民大學出版社，2010 年版，第 3 頁。
〔註148〕 孟悅、戴錦華《浮出歷史地表——現代婦女文學研究》，北京：中國人民大學出版社，2010 年版，第 4 頁。
〔註149〕 孟悅、戴錦華《浮出歷史地表——現代婦女文學研究》，北京：中國人民大學出版社，2010 年版，第 13 頁。

也值得人作不僅縱貫歷史今昔，而且橫穿歷史表裏之思」〔註150〕。所以，對這一批女作家如何以其創作參與了「新青年」這一時期思想話語的建構的考察，無疑具有重要意義。

馮沅君及其寫作，就是其中有意味的一個案例。

一、艱難的掙扎：「愛情」的叛逆一代

馮沅君先生具有學者與作家的雙重身份。作爲以古典文學研究知名的學者，她爲我們留下了《馮沅君古典文學論文集》、《中國詩史》、《中國文學史簡編》以及《中國古典文學簡史》等影響了幾代古典文學研究學人的學術成果，作爲新文學女作家的馮沅君，她給1920年代的中國文壇貢獻的是三部小說集〔註151〕、一些未收入集子的小說、散文或者文藝論文〔註152〕，以及翻譯的一些詩歌作品〔註153〕。囿於本文選題，此處重點考察馮沅君的後一重身份。

我們知道，爲馮沅君贏得作家聲名的是她「五四」時期創作的那些小說，尤其是《卷葹》〔註154〕、《春痕》、《劫灰》中的諸篇。從反傳統與傳統的關係角度來考察馮沅君的創作，我們也無疑會將目光聚焦於她早年以淦女士、大琦（錡）、沅君之名發表的數篇小說，而旁涉未收入小說集的《家書》。

收錄於《卷葹》、《春痕》、《劫灰》中的小說，和《家書》一起，抒寫了一個共同的主題：愛情。和通常所理解的「愛情」不同，馮沅君筆下的愛情不僅包括情人之愛，還包括親子之愛。而這二者，在馮沅君的話語系統中，是呈衝突狀態的：

〔註150〕孟悦、戴錦華《浮出歷史地表──現代婦女文學研究》，北京：中國人民大學出版社，2010年版，第1頁。

〔註151〕即《卷葹》、《春痕》、《劫灰》，《卷葹》初版本只收錄了《隔絕》、《隔絕之後》《旅行》、《慈母》四篇，再版時加進了《誤點》、《寫於母親走後》兩篇，下面討論時以再版本爲準。

〔註152〕未收入前三部小說集的如《家書》《未雨綢繆──呈S》，散文如《清音》《私語》，文藝論文如《「無病呻吟」》《不著名的文人的作品》《對於文學應有的理解》《愁》《閒暇與文藝》等。

〔註153〕如40年代她翻譯的《他曾從這裏走過》、《我曾漫步》、《一天早上我起來》等。

〔註154〕《卷葹》初版本只收錄了《隔絕》、《隔絕之後》、《旅行》、《慈母》四篇，再版時加進了《誤點》、《寫於母親走後》兩篇，下面討論時以再版本爲準。

　　《卷葹》中的各篇，雖然有著姓名不同的主人公，如《隔絕》、《隔絕之後》中的糸雋華與士軫〔註155〕，《旅行》中的「我」與他，《慈母》中的「我」與我如，《誤點》中的阮繼之與楊漁湘，《寫於母親走後》中的「我」與志倫，但其實，他們講述的是同一對男女的悲劇愛情故事：已有妻室的一個男子和已有婚約的一個女子在大學裏眞誠相愛，他們的愛純潔、神聖。《春痕》中的瑗與璧之間，也有著熱烈、健康的男女精神之愛，有著「神聖的愛情」〔註156〕。處於愛情中的糸雋華，喊出了「身命可以犧牲，意志自由不可以犧牲，不得自由我寧死。人們要不知道爭戀愛自由，則所有的一切都不必提了」〔註157〕這激動人心的、代表著那一代「新青年」自由尋找愛情的宣言。

　　他們的這種理念，和他們閱讀、接受新思想密切相關，比如《隔絕》中的士軫說「我們立志要實現易卜生、托爾斯泰所不敢實現的……」〔註158〕，糸雋華在聽到其母親罵她和士軫時說：「士軫呵，Lrving 說每種關於愛情的計劃都是可以原諒的，他們的見解怎的卻和 Lrving 相反呢？」〔註159〕「我」和他擁抱時，「我」不知道他到底在想什麼，「但依據我的感想，他至少也

〔註155〕《隔絕》的男女主人公在《創造季刊》2 卷 2 號上發表時分別爲青霞與維乃華，《隔絕之後》的男女主人公分別爲士軫與維乃華，《卷葹》初版本收錄這兩文時均照原樣收錄。陸侃如所寫《〈卷葹〉再版後記》中特意就這二文的男女主人公名字做了說明。他說，二文之女主人公之名，取自張衡《思玄賦》中的「纕幽蘭之秋華」，而其中的「纕」被馮沅君將寫成了「糸雋」，結果，「《創造》誤排作『維乃』，後來《木犀》及北新均沿誤爲『維乃華女士』，而這位女主人便變成漢妖巫維汜的後裔了。」（陸侃如《〈卷葹〉再版後記》，《卷葹》，人民文學出版社，1983 年 7 月第 1 版，1998 年 5 月第 1 次印刷，第 68 頁）爲此，陸侃如特意作了更正。並且，爲了將二文的男主人公統一，將《隔絕》的「青霞」改爲「士軫」。袁世碩所編《馮沅君創作譯文集》中二文的男女主人公即爲糸雋華與士軫，而據其《編後記》中說，小說的編排依據的是馮沅君自己編排過的樣子：「小說便保持《卷葹》、《劫灰》、《春痕》三個集子的原貌，目次也依舊。」（袁世碩《編後記》，袁世碩編《馮沅君創作譯文集》，山東人民出版社，1983 年，第 350 頁）因此，本文以糸雋華與士軫爲《隔絕》《隔絕之後》的主人公之名。
〔註156〕袁世碩編《馮沅君創作譯文集》，濟南：山東人民出版社，1983 年版，第 3頁。
〔註157〕袁世碩編《馮沅君創作譯文集》，濟南：山東人民出版社，1983 年版，第 4頁。
〔註158〕袁世碩編《馮沅君創作譯文集》，濟南：山東人民出版社，1983 年版，第 8頁。
〔註159〕袁世碩編《馮沅君創作譯文集》，濟南：山東人民出版社，1983 年版，第 12頁。

要同泰戈爾所做的《尊嚴之夜》的主角『我』，所謂此時此際 Surabala 脫離了世界而來到『我』這裡了。」〔註160〕當士軫試圖吻糸雋華時，糸雋華後來坦白時說：「那時我的心神也已經不能自持了，同維特的腳和綠蒂的腳接觸時所感受的一樣。」〔註161〕……正是易卜生、托爾斯泰、Lrving、泰戈爾等等的主張或者所創造的人物形象，構成了糸雋華、士軫們對抗凡俗的精神資源：已被啓蒙的他們是主觀上力圖反抗世俗觀念、價值體系的「新」的一代，與舊倫理、愛情思想異質的「新」的認知系統正在武裝、更新他們的固有觀念。

但無論是哪篇小說中抒寫的情人之愛，都因爲社會施加的倫理壓力而變得曲曲折折、險象環生。仔細讀《卷葹》、《春痕》、《劫灰》，我們能鮮明地看到，糸雋華和士軫等青年男女是一個個情人之愛這種愛情的共同體，他們以此作爲統一戰線，在與強大的封建倫理道德抗衡。《旅行》中的「我」和他就是這樣：他們自認爲和車上周圍的人不同，「他們所以僕僕風塵的目的是要完成名利的使命，我們的目的卻要完成愛的使命。他們所要求的世界是要黃金鋪地玉作梁的，我們所要求的世界是要清明的月兒和燦爛的星斗作蓋，而蓮馨花滿地的。」〔註162〕我們／他們，愛／名利，月兒、星斗／黃金、玉這幾組對立元素，無不昭示著新／舊衝突的尖銳、不可妥協。在衝突不可避免時，他們情願雙雙以死來抗爭。糸雋華在預謀逃離家的囚室前希望愛神保祐他們成功，說「我們日後或逃亡這個世界的個別空間，或逕往別個世界去，仍然是相互攙扶著。」〔註163〕最後他們選擇了服毒而亡，而他們在死前，發出的宣言是「我們終是勝利的」〔註164〕……

馮沅君筆下的女主角，除了與男主角一起承受整個社會施加的這種倫理壓力之外，還得在母女之愛和情人之愛中作出艱難的取捨。「我愛你，我也愛

〔註160〕袁世碩編《馮沅君創作譯文集》，濟南：山東人民出版社，1983 年版，第 20 頁。
〔註161〕馮沅君《隔絕》，袁世碩編《馮沅君創作譯文集》，濟南：山東人民出版社，1983 年版，第 7 頁。
〔註162〕馮沅君《旅行》，袁世碩編《馮沅君創作譯文集》，濟南：山東人民出版社，1983 年版，第 18 頁。
〔註163〕馮沅君《隔絕》，袁世碩編《馮沅君創作譯文集》，濟南：山東人民出版社，1983 年版，第 4 頁。
〔註164〕馮沅君《隔絕之後》，袁世碩編《馮沅君創作譯文集》，濟南：山東人民出版社，1983 年版，第 15 頁。

我的媽媽，世界上的愛，都是神聖的，無論是男女之愛，母子之愛。」〔註165〕「愛情都是絕對的，無限的，決不能因為甲部分犧牲乙部分。」〔註166〕在《慈母》以及《卷葹》再版時加入的《誤點》、《寫於母親走後》三篇小說中，更有對這種悲劇性矛盾進行反覆渲染的文字：「母親的愛，情人的愛，在她胸中交戰，『吾誰適從！吾誰適從！』」〔註167〕……類似的表述，在在表明女主角經受了難以言說的心靈的煎熬。

在各篇小說中，女主人公最終選擇了不同的道路：《隔絕》中的糸雋華在被幽閉，並在馬上要被強行出嫁的日子裏，通過表妹的幫助，與愛人士軫約好逃跑；《隔絕之後》以糸雋華表妹的視角，書寫了糸雋華和士軫的結局：糸雋華因為其母親在她擬逃之夜突然患了胃病，全家人都未睡覺，她無從逃脫，而又不願意與不愛的人結婚，所以服毒自盡，來看她的士軫也帶著毒藥，在熱烈地親吻她之後，當眾服毒而亡；《旅行》重點刻寫這一對有著神聖愛情的男女在旅館同起同臥的十多天裏的純潔的情人之愛，這裡情人之愛戰勝了親子之愛，親子之愛作為遠景，出現在小說中；《慈母》中的「我」最終選擇了情人之愛，但在離去慈母前經受了痛苦的掙扎過程；《誤點》中的繼之同樣被母親謊稱生病了為由召回家裏，情人之愛與親子之愛在她心中交戰，但最終，因為火車誤點，親子之愛暫時戰勝了情人之愛——她回到了家中，並且打算當年不再去北京；《寫於母親走後》中的「我」在母親將要離開的下午，卻去見了自己的情人志倫，但回到家後心裏好一陣愧疚。《春痕》中的瑗在與璧熱戀時，也擔心自己掙脫不了家人為她定的婚約，因為如果解除婚約，會讓母親傷心……

在這些小說中，一個掙扎中的新女性形象是其中的原形象，這個女子與一個男子之間的情人之愛和她與慈祥母親之間的親子之愛的衝突，是原衝突。她所有的掙扎，都是新舊思想交纏、混戰中的複雜表象，而她的選擇，或者是情人之愛戰勝親子之愛，或者反之。這正體現了她立場的混雜，抉擇的艱難。「親愛的阿母！我去了！我和你永別了！你是我一生中最愛的最景慕

〔註165〕馮沅君《隔絕》，袁世碩編《馮沅君創作譯文集》，濟南：山東人民出版社，1983年版，第4頁。

〔註166〕馮沅君《隔絕之後》，袁世碩編《馮沅君創作譯文集》，濟南：山東人民出版社，1983年版，第15頁。

〔註167〕馮沅君《誤點》，袁世碩編《馮沅君創作譯文集》，濟南：山東人民出版社，1983年版，第48頁。

的人。少年撫育之恩未報，怎肯就捨你而去？但是我愛你，我也愛我的愛人，我更愛我的意志自由，在不違背我後二者的範圍內，無論你的條件是怎樣苛刻，我都可以服從。現在，因爲你的愛情教我犧牲了意志自由和我所最不愛的人發生最親密的關係，我不死怎樣？」〔註168〕這是糸雋華的遺言，更是那一代青年爲了意志自由而選擇反叛母親、父親的宣言——這是符合時代理性的宣言。「在新舊交替的時期，與其作已經宣告破產的禮法的降服者，不如作個方生的主義眞理的犧牲者」〔註169〕，正是那一代爲新思想武裝起來的青年的崇高信念。但從馮沅君小說的總體情況來看，這種決絕的姿態，並不是每個女主人公都能具有，而且即便女主人公在被情人之愛包圍時能有這種決絕的姿態，當她被母親召回老家，或者看到母親的來信時，被喚醒的親子之愛加入了她的抉擇系統，她就會猶豫、彷徨於歧路。

二、纏綿悱惻：馮沅君的「愛情」之痛

在親子之愛與情人之愛中掙扎的境遇，是小說主人公的，是馮先生的表姐吳天的〔註170〕，更是馮先生本人的〔註171〕。

和蘇雪林、廬隱、李超等一樣，馮沅君進北京女高師，也有一個艱難曲折的故事：

> 清末民初，只省會開封有個簡易師範，大縣分有小學。我的家鄉不幸在偏僻的外縣，去開封七百多里。我的家人素以穩健著稱，不好趨新立異。長輩人對於子女教育的意見是：男孩子出外進學校是應該的，丈夫本志在四方；女孩子通文墨已近於奢侈，游學他方實可不必。時地與家人的特性，這是斷送我的中小學學生生活的兩個主因。

> 青年人總是新理想的追求者，除非他是個低能兒。自十四五歲時我

〔註168〕馮沅君《隔絕之後》，袁世碩編《馮沅君創作譯文集》，濟南：山東人民出版社，1983年版，第14頁。

〔註169〕馮沅君《旅行》，袁世碩編《馮沅君創作譯文集》，濟南：山東人民出版社，1983年版，第23頁。

〔註170〕馮先生《卷葹》中的小說情節，均與其表姐吳天的親身經歷有關。

〔註171〕馮先生本人和小說女主角一樣，也是有婚約在先而又在大學裏與有婦之夫熱戀的，而馮先生的父親早逝，她婚約的解除經歷了漫長的鬥爭過程，在她於北京求學而不歸家的幾年時間裏，她也時常感受著母女之愛和情人之愛的衝突。

就夢想著進學校。我知道學校裏國文數學是主要科目，因在這方面特別努力。除了我的表妹，我不曾向任何人透露過我的志願，我沈默的等候時機來到。在渴望中我等它等了兩三年。

民國六年秋，北京女子師範爲要改高師，添辦國文專修科。投考者的資格是初級師範畢業，或同等學力。考試的科目是國文，史地。這不是我所期待的機會嗎？我的夢想實現了。

一個過分穩健的家庭爲什麼肯放個十七八歲的大閨女到千里外進洋學堂，尤其是附近三數縣內向無此例；其中原因有三：第一，我的父執張中孚先生此時正在北平充當國會議員，他的家眷也寓平，我到平後不愁無長輩教導。第二，張先生是河南女子教育推進者之一，見了我的「窗課」，力主我出外進學校。他的主張增加了我的母親對於女學校的信仰心。第三，我的兩個哥哥此時都在北平念書，彼此可以照應。〔註172〕

從 1942 年馮先生的這段追憶文字中，我們能分析出，她能考進女高師，首先是因爲她是「新理想的追求者」，爲此她默默準備，等待著並終於等到了機遇的來臨；其次，是因爲其母親、其兄馮友蘭爲她打下的國文功底；而她所言及的三個原因，促成了她去女高師就讀。但這裡沒有寫出的，是馮先生與其母親之間深沈的感情：最早教馮先生讀書識字的是她的母親，幼年失去父親後，她對母親的愛越加深沈。1917 年，她能夠到北京參加女高師的入學考試，走上一條迥異於此前舊式女子的道路，固然與她的聰穎有關〔註173〕，也與她的母親力排眾議，應允她去北京有關。這一切都使得母愛在馮先生心裏佔據著非常重要的地位。

不幸的是，很小就訂了親的她，去北京後受到了新文化運動的洗禮，經歷了由土到洋〔註174〕，由舊到新的蛻變歷程。在思想的嬗變中，胡適、李大

〔註172〕馮沅君《我的學生時代》，《婦女新運》4 卷 5 期，1942 年。

〔註173〕馮友蘭說：「我從北大回家，在家中也常念詩念文章，沅君聽了很愛慕，就叫我教她。我照著黃侃的路數，選了些詩文，給她講，教她念。她真是聰明絕頂，在一個暑假的很短時間內就學會了，不但會講會念，而且會寫，居然能寫出像六朝小賦那樣的小品文章。」「到北京報考，果然考上了。」見馮友蘭《三松堂自序》，人民出版社，2008 年，第 34～35 頁。

〔註174〕馮沅君剛到學校時，穿著家織土布衣服，辮梢上繫著紅頭繩，還打了個蝴蝶結，不久她「辮子改成了一把抓的高髻，土布的衣褲，也換成了流行的淺藍

釦在女高師的兼課,「五四」運動的爆發,李超之死及其追悼會,如潮湧來的
形形色色的「主義」,是重要的促進因素,而王品青的追求,和繼之而來的熱
戀,則使馮沅君深刻地感受到了傳統婚姻倫理對愛情的壓抑:王品青在老家
已有妻子,而她在老家有一個訂了婚的土財主未婚夫,他們的愛戀是被目爲
大逆不道的,然而他們的愛戀是純潔、神聖的。但是,面對強大的傳統倫理,
馮先生不得不在母命、社會的壓力和情人之愛中苦苦掙扎。爲了躲避她原定
的婚約,她甚至幾年都不回老家,忍受對母親的想念之情的折磨。即是說,
她在「五四」時期最感痛苦的,莫過於母女之愛與情人之愛的劇烈衝突了。
這種體驗,與她聽到的表姐吳天的悲劇、就讀女高師時見到的李超的悲劇一
起,積澱在她生命中,使她深刻地體驗到了親子之愛與情人之愛相衝突的愛
情之痛。在這種衝突中,她最初偏向於情人之愛,但在觀看話劇《玩偶之家》
後,馮沅君與王品青之間發生了衝突,她給他寫了一封信,信上說:「我不想
讓你痛苦,我也不能再讓我的老母流淚。魚我所欲,熊掌也我所欲。兩者不
可得兼,我只能取其一了。我這隻飄零的孤雁到了回飛的時候。」〔註 175〕她
露出了向親子之愛轉變的迹象。情人之愛──親子之愛,成爲這一時期馮沅
君內心線團般情感的內質。

　　以這種體驗做底子,馮沅君開始創作時,自然會以自己爲模子,抒寫自
己的愛情體驗。值得注意的是,和凌淑華「大抵很謹愼的,適可而止的描
寫」不同,馮沅君對愛情的書寫是「大膽、敢言」〔註 176〕的,而這種對愛情
的大膽書寫,正應和了當時的時代潮流,體現了新文化的價值體系。「愛
情⋯⋯成爲一面光燦的大旗,其人性之光照徹了封建勢力的汙濁,但它本身
不是目的,而祇是達到另一個目的──對家長們恪守的封建秩序封建倫理由
懷疑而反抗的文化手段。」〔註 177〕由此,馮沅君以反抗的姿態走上「五四」
時期的中國文壇。這種反抗的姿態,注定了馮沅君成爲「五四」叛逆一代的
代表之一。

　　但馮沅君終究處於新舊交替的過渡時代,她筆下的糸雋華們的思想,也
不可能完全更新。在現實生活中,尤其對於女性來說,這種對世俗的反抗不

　　　　色肥袖洋布上衣,和黑洋布裙子。」(見嚴蓉仙《馮沅君傳》,前引書,第 2、
　　　　11 頁)
〔註 175〕引自嚴蓉仙《馮沅君傳》,前引書,第 50 頁。
〔註 176〕魯迅《中國新文學大系‧小說二集‧導言》,前引書,第 11 頁。
〔註 177〕孟悅、戴錦華《浮出歷史地表──現代婦女文學研究》,前引書,第 47 頁。

可能是徹底的，當她們面對母親的慈愛時，更是如此。「我很想拉起他的手，但是我不敢。我只敢在間或車上的電燈被震動而失去它的光的時候，因爲我害怕那些搭客們的注意。」〔註178〕這是她面對世俗的猶疑；「我愛你，我也愛我的媽媽，世界上的愛情都是神聖的，無論是男女之愛，母子之愛。試想想六十多歲的老母六七年不得見面了，現在有了可以親近她老人家的機會，而還是一點歸志沒有，這算人嗎？我此次冒險歸來的目的是要使愛情在各方面的都滿足。」〔註179〕這是她在母子之愛和情人之愛之間的猶豫。類似的表述中，我們可以看到，爲新思想裏挾著的新青年們，站在新觀念的這邊，向母親所在之地揮手作別，但無論如何，這種作別的姿態，都是猶猶豫豫的，不徹底的。而這種不徹底，不僅僅指她們之於母親，還指她們之於自己的情人。在這個意義上，我以爲，「卷葹」的命名是具有象徵性的。這種「拔心不死」的草，很長一段時間裏，我們都以爲是代表著馮沅君們對情人之愛的執著，認爲它表明，在馮沅君等的言說體系中，情人之愛即便遭受「拔心」的命運也不會就此死去，而是以自己的生意作爲對這個庸俗的世界的抗爭。但事實上，「卷葹」的拔心不死，還應該指親子之愛的「纏綿悱惻」〔註180〕。這種反叛與眷戀之間的左右搖擺，拔心不死，正反應了「五四」一代剛剛浮出歷史地表的女性知識份子，在過渡時期的艱難處境，是「五四運動直（原文如此，引者注）後，將毅然和傳統戰鬥，而又怕敢毅然和傳統戰鬥，遂不得不復活其『纏綿悱惻之情』的青年們的眞實的寫照」〔註181〕，其歷史的啓示意義是深廣的。

三、愛情之痛背後：從《淘沙》的角度看

那麼，有必要追問的是，爲什麼馮沅君要以袒露自我的方式，如此執著地書寫愛情之痛？

事實上，馮先生此期創作的自敘傳特色，與她對文壇的觀察與體認的角度密切呼應。在這個意義上，長期被學術界忽視的《淘沙》一文是值得重視的。

《淘沙》分爲三部分，分別登載於 1924 年 3 月 15 日、4 月 20 日及 7 月

〔註178〕馮沅君《旅行》，前引書，第 18 頁。
〔註179〕馮沅君《隔絕》，前引書，第 4～5 頁。
〔註180〕魯迅《中國新文學大系·小說二集·導言》，前引書，第 7 頁。
〔註181〕魯迅《中國新文學大系·小說二集·導言》，前引書，第 7 頁。

29 日的《晨報副鐫》。這篇分三次寫成的長「雜感」〔註 182〕，其內容較爲繁雜，涉及到了三個方面：古典文學研究、創造社以及書信體創作。從馮沅君的古典文學研究生涯來看，1924 年是一個過渡期，而《淘沙》中的《鄭振鐸君中國文學者生卒考》所體現出的優秀品質——較強的學術敏感性、敏銳的洞察力以及重文獻、言必有據的治學方式等，一方面體現了馮先生前期所受學術訓練的成果，同時也預示了馮先生古典文學研究的品格、氣象與格局。從馮沅君的新文學創作歷程來看，1924 年是一個光輝的起點，《淘沙》中的《郭沫若君的十字架》體現了馮沅君對浪漫抒情派的文學主張的認同，也爲我們讀解馮先生自身體驗與其小說中所描述的悲劇性情感衝突提供了一個恰到好處的入口。從《淘沙》的第三部分《朱謙之楊沒累兩君的荷心》可以看出，馮沅君對書信體之於展現主觀個性、營造抒情氛圍的作用有著清醒的認知，並在此期的小說創作中多有實踐。故而，《淘沙》有助於讓我們對馮沅君的古典文學研究以及其新文學創作特質達至更深入的理解，是不該被忽略的一個存在。

與本論題相關的是《淘沙》的第二、三部分，我將之稱爲《淘沙》（二）和《淘沙》（三）。

《淘沙》（二）讀解的是郭沫若《漂流三部曲》之三的《十字架》〔註 183〕。由於讀過郭沫若的《歧路》，所以馮先生「常常記念著這位漂泊的作者的生活狀況」。當購得《創造周報》第 47 號，讀著「我就當討口子的也可以，我就死在海外也可以，我是要做我的愛人的丈夫，我是要做我的愛子的慈父，我無論人罵我什麼都可以，我總要死在你懷裏。……實在不能活的時候，我們把三個兒子殺死，然後緊緊的抱著跳在博多灣死吧。……文藝是什麼，名譽是什麼，這都是無聊無賴的套狗圈，我把這狗兒解放漂泊向自由的天鄉。家國也不要，事業也不要，我要做個殉情的乞丐……緊緊的抱著把彌天的悲痛同消……」等處，馮先生的感覺是：「我只覺得這位漂泊的作者，在漆黑的夜，狂風怒雨之中，萬丈峰頭，狂奔著長號；又覺得作者的熱情，直像正在爆發時節的火山，凡在他左近的東西，都要被他融化了……漂泊的作者喲！親子的愛，與情人的愛〔註 184〕，在現在這社會制度之下，將永遠是衝突的！這種

〔註 182〕查《晨報副鐫》可見，《淘沙》登載時均列在其「雜感」欄裏。
〔註 183〕郭沫若《十字架》，《創造周報》第 47 號，1924 年 4 月 5 日。
〔註 184〕「與情人的愛」五字未出現在 1924 年 4 月 20 日《晨報副鐫》的《淘沙》一文中，此據 4 月 20 日下午馮先生以淦女士筆名寫給孫伏園的信添上，該信原文見 1924 年 4 月 24 日《晨報副鐫》的《更正》。

衝突之不能調和，同精衛不能填滿無涯的海一樣。我對你表十二萬分的同情……漂泊的作者，這是你給我的慰藉」。

與《淘沙》（一）冷靜、客觀、言必有據的辨析相比，《淘沙》（二）更多了些真摯情感的自然流露，更多地表述了馮先生自己的情感與《十字架》中愛车的情感的應和。而就在對這種激烈的應和的興奮，在對對方之於自我的慰藉的認可中，我們可以看出馮先生此時對文學創作的理解：情感是最重要的，「詞句終是文藝的筌蹄，文藝的直價的基礎，決不全建築在這上面」，也就是說，她認同郭沫若、郁達夫等的浪漫抒情主張。而且，《十字架》中所抒發的悲劇性情感衝突——親子之愛與情人的愛之間的衝突，以及這種衝突的不可緩解，更深刻地撞擊著馮先生的情感堤岸，以致她認為這「同精衛不能填滿無涯的海一樣」，所以她對郭沫若表示同情，並從中得到了慰藉。瑗曾在致璧的信中說：「今晚因日間上課上得太多（計五小時），精神疲倦，不能再作用腦的工作，便看《創造月刊》消遣。不想看了其中所寫的情事，又想及我自己的過去和將來！……怎樣好？蒼茫的暮色已經襲來了，我這個天邊倦羽向何處找歸宿呀！」〔註185〕這封信雖然標注為（1927年，引者注）「四，四，夜九時」，但所寫的閱讀體驗，實在就是她閱讀《創造周報》上郭沫若的《十字架》時的體驗。換句話說，在馮沅君兩年後寫作帶自傳性質的《春痕》時，她依然未曾忘記《十字架》帶給她的巨大情感衝擊：愛车就是吳天和她自己的鏡子，而郭沫若的痛苦與她自己正掙扎著抒寫的痛苦彼此映照。所以與其說《淘沙》（二）是馮先生對郭沫若的欣賞，不如說是馮先生終於找到了同道之後的狂喜。就在這個意義上，我們能更深刻地理解馮先生的創作傾向於創造社的原因。

如果說，《淘沙》（二）讓我們明瞭了馮沅君此期對親子之愛與情人之愛的關注原因，以及她創作的表現方式，《淘沙》（三）則為我們理解馮沅君的自敘傳寫作提供了一個入口。

《淘沙》（三）評論的是朱謙之、楊沒累兩君情書的結集——《荷心》。她認為這部情書集有兩點失敗之處，第一就是其信中缺乏個性，第二就是愛情信卻用了「枯燥的難解的哲學上的術語來敘述描寫」。對這兩點指責，楊沒累寫有《看了淦女士的〈淘沙〉以後》，為《荷心》做了辯護。〔註186〕

〔註185〕馮沅君《春痕・璧我》，袁世碩編《馮沅君創作譯文集》，前引書，第140頁。
〔註186〕楊沒累《看了淦女士的〈淘沙〉以後》，《晨報副鎸》，1924年8月3日。

事實上，《淘沙》（三）更重要的意義在於，從馮沅君對他人書信集的批評中，我們可以見出她對文學個性以及書信體這一體裁的特性的理解。對於文學個性，她說，「文學作品之必帶作者的個性，這是同日月經天，江河行地一樣……並且所謂文學作品中的個性，決不是專指作者之思想和見解而言，就作品的技術方面說，辭句篇章的構造，也是因人而異的。」可見，她非常重視個性之於文學作品的重要性，而且，驗之於她的小說創作可見，其小說所體現的反封建、反禮教精神，以及獨一無二的大膽的性心理描寫，正彰顯了她在「五四」一代女作家中獨特的個性。對於後者，她認爲，「……書信，我以爲應較其他體裁的作品更多含點作者個性的色彩。因爲雖然任何體裁的文字都是抒寫作者的思想和情感，但是書信中所述敘的，無論如何，終比其他體裁的作品中的偏於主觀些。」驗之於「五四」時期的小說創作，這一點可謂是顛撲不破的眞理——當時覺醒起來的年輕心靈，尤其是其中的女作家，紛紛拿起筆，抒發自己在過渡時代的覺醒與掙扎的心路歷程，而其強烈的主觀抒情性，與其常常採用的書信體相得益彰。冰心、盧隱、蘇雪林以及馮沅君，都是運用書信體寫作主觀體驗的行家裏手。

馮沅君此期的創作中，主觀色彩非常鮮明。其《卷葹》、《春痕》、《劫灰》三部小說集，其實都相當多地糅合進了馮先生的自身經歷，與郁達夫的《沈淪》、郭沫若的《漂流三部曲》等一起，均可謂是自敘傳式寫作。在馮先生的創作系列中，《隔絕》用的是書信體，《春痕》直接由一個女子瑗寫給其情人璧的五十封書信勾連而成，而她的諸多小說中，展露主人公內心的情感波瀾，推動整個小說的情節發展的常用媒介，就是書信。可見，對於書信體之於主觀個性的展現以及抒情氛圍的營造，馮沅君從寫作伊始就有著清醒的認知，而且在寫作中進行了諸多具體實踐。這種認知與這種實踐，使得她認同於郭沫若等的創作，並使其自身的作品也具有濃厚的浪漫主義藝術個性。

綜上可見，正是馮沅君自身在反傳統中充滿了與傳統的複雜關聯，所以她筆下的女主人公，才是那樣掙扎著的複雜形象。對反傳統中與傳統搏鬥、糾纏的「新青年」，尤其是女性知識份子形象的塑造，正是馮沅君之於「五四」文壇、中國新文學史的獨特價值。而這些形象出現的本身，正表明那一代沖出家庭倫理制度的束縛的艱難。

第五章 「終身大事」：婚姻與愛情問題

　　「五四」這個過渡時代，將「人」拉到了歷史的前臺，於是，層出不窮的「問題」開始成爲報刊雜誌討論的重點、熱點〔註1〕。問題小說的出現與風行固然是直接關乎「問題」的，就是散文、詩歌、戲劇，哪一種文體內的創作又不關乎孔教、女子、世界語、言文一致等等「問題」呢？翻閱那一時期泛黃的書頁，我們往往不經意間就遭遇到那些在往返爭執中辨析、討論種種「問題」的熾熱的靈魂。發現了「問題」，並且如此熱切地討論甚至爭論著解決之道，這正是「人」的發現的外在表徵：「人」終於覺醒，並以全新的眼光觀照自身、自我與他人、自我與世界的關聯，這樣的努力，拓出了一片全新

〔註1〕 1919 年 10 月 23 日《北京大學日刊》第 467 號上，刊發了毛澤東所擬的《問題研究會章程》（寫於 1919 年 9 月 1 日），章程第一條說「凡事或理之爲現代人生所必需，或不必需，而均尚未得適當之解決，致影響於現代人生之進步者，成爲問題。同人今設一會，注重解決如斯之問題，先從研究入手，定名問題研究會。」在正文中，依次列出了教育、女子、國語、孔子、東西文明會合等七十一個問題（中共中央文獻研究室編輯組《毛澤東早期文稿（1912.6～1920.11）》，湖南出版社，1990 年，第 396～402 頁）。周士釗 1966 年回憶時說，這個研究會「是擬劃中的東西，它沒有會員、組織，也沒有開過什麼會」（前引書，第 403 頁），但這至少表明，毛澤東在那時對問題的敏感。另，那一時期的雜誌對自己宣傳時，也以研究「問題」相號召。如《進化》雜誌的廣告語中就有：「軍國主義滅了！人道主義興了！！現在最大的問題就是：政治解放　資本解放了！！！諸君想研究這些問題麼？快看！快快看！進化雜誌」（《新青年》6 卷 2 號，1919 年 2 月 15 日）而《〈新湖南〉周刊第七號刷新宣言》（1919 年 9 月）則將「討論問題」列爲其刊物第七號之後的一大宗旨。（中共中央文獻研究室編輯組《毛澤東早期文稿（1912.6～1920.11）》，前引書，第 408 頁）

的思想與文學的世界，儘管這裡面往往泥沙俱下，眾聲喧嘩。

對「問題」的關注之於「五四」時期新思想的傳播、新語境的形成的意義，當時的新文化先驅們即有比較充分的認識。在後來者那裡，甚至正是因爲對「問題」的關注，使得一些排斥者走近了這些以「新」字開頭的刊物所建構的言語世界，接受了他們的表述、思維邏輯。聶紺弩曾在 1942 年回憶說：「只有一種書使我發生興趣，就是這《新青年》。世界上有沒有鬼呢？舊戲應不應該存在呢？婚姻是應該由父母之命，媒妁之言，還是應該有自己的主張呢？寡婦應不應該守節呢？孔子的思想適不適合於現代呢？文章應該用文言文還是應該用白話文寫呢？這一連串的許多問題，雖然也並非我的貧弱的腦筋所能完全理解或接受，卻無論如何，不是天書。發現了這看得懂的書的時候的狂喜的情景，就是現在幾乎還可以依稀彷彿一點。」〔註2〕正是「問題」的提出與討論，使《新青年》成爲從文言閱讀習慣中轉過來的聶紺弩眼中「看得懂的書」，並終於勸轉了他由此向「新青年」隊伍靠近。

在這些問題中，思想革命和文學革命是兩個內容浩繁的大者，由其總綱派生出的層層問題分解開來，佔據了「五四」前後人們思考、探索的中心。隸屬於思想革命的女子問題，在胡適、陶履恭、陳獨秀、魯迅等的倡導和參與討論之下，漸漸成爲一個鮮明的時代問題，從貞操問題、婚姻問題、女子教育問題、離婚問題等方面得以展開，並由《新青年》的女子問題徵集啓事擴展至其他刊物的「婦女問題專號」、「自由離婚專號」，由思想革命領域的討論、倡導拓展至文藝領域內藝術化地刻繪轉型期的女子形象，推翻「夫爲妻綱」，推翻「三從四德」，建構新的婚姻關係、夫妻關係以及性倫理成爲這一時期的時代主潮之一。

本章將通過討論《終身大事》的創作與發表前後的種種複雜遭遇，趙五貞事件中透露出的新型女性婚姻觀，「愛情定則」大討論、新性道德討論以及圍繞《沈淪》、《蕙的風》引發的爭論，來考察這一時期婚姻與愛情觀念的變化及在新女性中生根的艱難過程。

〔註2〕聶紺弩《讀〈在酒樓上〉的時候》，聶紺弩《聶紺弩全集》第4卷，武漢出版社，2004年，第149～150頁。

第一節 言說中的「娜拉」：從《終身大事》到《傷逝》

一、「娜拉」在中國的誕生

（一）胡適與「易卜生專號」

文學革命的首倡者是胡適。歷史之所以選擇胡適來作文學革命的發動者，讓他有「暴得大名」的機會，其實不是偶然的。比如，1914 年，胡適就已經寫成了後來形塑個人主義的重要文章《易卜生主義》的英文稿，並曾在康乃爾大學哲學會上宣讀過〔註3〕。1915 年，他在給《甲寅》記者章士釗的信中，送上了《非留學》一文，並談到他自己對於世界文壇和中國文壇的觀察：「近五十年來，歐洲文字最有勢力者，厥惟戲劇，而詩與小說皆退居第二流。名家如那威之 Ibsen、德之 Hauptmann、法之 Brieux、瑞典之 Strindberg、英之 Bernard Shaw 及 Galsworthy、比之 Maeterlinek，皆以劇著聲全世界（原文如此，引者注）。今吾國劇界，正當過渡時期，需世界名著為範本，頗思譯 Ibsen 之 *A Doll's House* 或 *An Enemy of the People*，惟何時脫稿，尚未可料。」〔註4〕這裡面提到的易卜生、霍普特曼、白里歐、斯特林堡、蕭伯納、高爾斯華餒、梅特林克，正是後來對中國劇壇影響甚大的劇作家。胡適對過渡時期的中國劇壇需要世界名劇的譯作的感知，無疑是相當準確的，但是，就是在他回國之後，劇壇的現狀也並沒有什麼不同：「傳統的舊戲，改良的舊戲，文明戲——這三樣是民六新文化運動時中國的戲劇底『遺產』」〔註 5〕。如此薄弱的遺產，迫切需要的正是胡適這樣的留學生的歸來，因為他們帶回來的包括歐洲戲劇在內的有勢力的文字，正是中國劇壇急需的精神食糧。

於是，胡適在美國時就「頗思譯」的易卜生之《玩偶之家》或《國民公敵》，在 1918 年 6 月，以一個非常濃重的方式登場：已走出歷史低谷的《新青年》雜誌，在 5 月 15 號發表了魯迅的《狂人日記》；6 月 15 日這期，則辦成了「易卜生專號」。

民國七年（1918）六月，《新青年》突然出了《易卜生號》。這是文

〔註 3〕 胡適《介紹我自己的思想》，葛懋春，李興芝編《胡適哲學思想資料選》上，華東師大出版社，1981 年。

〔註 4〕 胡適《非留學》，《甲寅》1 卷 10 號之「通訊」欄。

〔註 5〕 洪深《中國新文學大系‧戲劇集‧導言》，洪深編選《中國新文學大系‧戲劇集》（1917～1927），上海良友圖書印刷公司，1935 年，第 15 頁。

　　學底革命軍進攻舊劇的城的鳴鏑。那陣勢，是以胡將軍的《易卜生
主義》爲先鋒，胡適羅家倫共譯的《娜拉》（至第三幕），陶履恭的
《國民之敵》和吳弱男的《小愛友夫》（各第一幕）爲中軍，袁振英
的《易卜生傳》爲殿軍，勇壯地出陣。他們的進攻這城的行動，原
是戰鬥的次序，非向這裡不可的，但使他們至於如此迅速地成爲奇
兵底的原因，卻似乎是這樣──因爲其時恰恰昆曲在北京突然盛
行，所以就有對此叫出反抗之聲的必要了。〔註6〕

這段對「易卜生專號」面世情況的描述，出自和中國文壇頗有關聯的日本學
者青木正兒。他的「先鋒」、「中軍」、「殿軍」之語形象而生動地描述了胡適
將易卜生介紹入中國時組成的強大陣容，他所謂的「突然」、「奇兵」，指向的
則是昆曲在北京突然流行的現實背景，但事實上，對於胡適個人來說，誠如
前面所引述的，易卜生的戲劇早就進入了他的研究視野，而他也早下定了將
易卜生的 *A Doll's House* 或 *An Enemy of the People* 翻譯成中文，讓其成爲中國
戲劇改革範本的決心。

　　値得考究的倒是，在胡適 1915 年開列的那麼些戲劇大師名單中，爲什麼
到了 1918 年，他提倡戲劇改良時，會將易卜生作爲重要的甚至是惟一的資源
呢？而且，他的這一主張，還能得到羅家倫、陶履恭、吳若男、袁振英等的
支持，以致「迅速地成爲奇兵」，向「舊劇的城」進攻？胡適和隊伍中的其他
人，爲何偏要選出 Ibsen 呢？

　　青木正兒的解釋是因爲要建設西洋式的新劇，要高揚戲劇到眞的文學底
地位，要以白話來興散文劇，還有，因爲事已亟矣，便只好先以實例來刺戟
天下讀書人的直感〔註7〕，魯迅認爲，這些「自然都確當的」。但他說，「也還
因爲 Ibsen 敢於攻擊社會，敢於獨戰多數」，因爲，魯迅從胡適等的紹介中，
感覺到了悲涼：「那時的紹介者，恐怕是頗有以孤軍而被包圍於舊壘中之感的
罷，現在細看墓碣，還可以覺到悲涼，然而意氣是壯盛的。」〔註8〕魯迅的理
解，是符合胡適當時的心境的。因爲，在《新青年》4 卷 4 號的第一頁，登載
有這樣的「本社特別啓事」：「易卜生（H. Ibsen）爲歐洲近代第一文豪，其著
作久已風行世界，獨吾國尚無譯本。本社現擬以六月份之《新青年》爲『易

〔註6〕　〔日〕青木正兒《將胡適漩在中心的文學革命》，引自魯迅《〈奔流〉編校後
　　　　記》，《魯迅全集》第 7 卷，人民文學出版社，2005 年，第 171 頁。
〔註7〕　魯迅《〈奔流〉編校後記》，《魯迅全集》第 7 卷，前引書，第 171 頁。
〔註8〕　魯迅《〈奔流〉編校後記》，《魯迅全集》第 7 卷，前引書，第 171 頁。

卜生號』，其中材料，專以易卜生（Ibsen）爲主體。除擬登載易卜生所著名劇《娜拉》（*A Doll's House*）全本，及《易卜生傳》之外，尚擬徵集關於易卜生之著作，以爲介紹易卜生入中國之紀念。海內外學者如有此項著述，望於五月十五日以前寄至北京東安門內，北池子，箭杆胡同，九號，本雜誌編輯部，爲禱。」〔註 9〕這則啓事的登載，不排除有爲「易卜生號」打廣告之嫌，但我以爲，《新青年》社或者說胡適，此時更重要的目的是想徵集更多的人的著述，以壯大這期專號的陣勢。但對比這則啓事所列出的內容和「易卜生號」所登載的著述名，我們發現，除了已經有的《娜拉》全本、《易卜生傳》之外，新添的也就是胡適自己所寫的《易卜生主義》、陶履恭的《國民之敵》和吳弱男的《小愛友夫》（各第一幕）三篇。我們知道，陶履恭本就是《新青年》的作者之一，吳若男則是新文化運動的積極參與者，可見，《新青年》社的這則啓事在新文化陣營之外，並未引發什麼反響。尤其值得關注的是，胡適的《易卜生主義》一文之末所標的文字是「民國七年五月十六日作於北京」，從此處的時間與啓事的截止日期之間的差距可以知道，胡適該文是在啓事的截止日期之後，在沒有更合適的稿件的情況下，才自己執筆來寫作那非常難寫的《易卜生主義》，以作「引子」。這從一個側面證明，易卜生進入中國時，並不如後來的言說者所說的那麼高調，而其引起的反響，也並非那麼明顯〔註 10〕。

此外，魯迅對胡適提倡易卜生主義的原因的理解，較之青木正兒，無疑更符合「五四」時代精神的規定性。事實上，易卜生正是在個人主義的意義上，作爲攻擊社會、反叛社會、敢於獨戰多數的精神偶像，被引入中國的。

「易卜生專號」的出現，標誌著易卜生進入中國，其帶給中國思想界、文學界的意義是豐富的。但是，易卜生這種進入的意義，在當時並未被彰顯，雖然受此影響，陶履恭等繼續在舊戲改革的路途上辛勤耕耘。

〔註 9〕 《本社特別啓事》，《新青年》4 卷 4 號，1918 年 4 月 15 日。
〔註 10〕 聶紺弩曾回憶説：「在《新青年》上寫文章的人，最使我愛好的是吳又陵先生。他的文章，雖然也不全懂，但每篇都好好地讀過，後來買《吳虞文錄》就買過三四次。爲什麼獨喜歡他呢？大概因爲他談的都是中國的玩意兒，比較什麼德先生，賽先生，易卜生等等都容易懂些。一直到現在，我對於吳又陵先生的印象還是很好。」（聶紺弩《讀〈在酒樓上〉的時候》，《聶紺弩全集》第4 卷，武漢出版社，2004 年，第 150 頁）感覺到的易卜生的不容易懂，可能是易卜生初入中國時反響不大的原因之一。

（二）《終身大事》：汲易卜生之流

「五四」先驅們在戲劇方面的耕耘，更多地在理論方面而非創作方面，如當時的傅斯年就有著和胡適同中有異的相關意見。但毫無疑問的是，「這一時期，理論非常豐富，創作卻十分貧乏」〔註 11〕的現狀，需要實績來證明，需要先驅者們來「嘗試」，正如中國現代新詩需要「嘗試」，以拿出實績證明白話可以寫出新詩一樣。《終身大事》就是胡適在戲劇方面的嘗試之作，所以他坦誠說「這是我第一次弄這一類的玩意兒，列位朋友莫要見笑。」〔註12〕

胡適的第一次嘗試背後，自然有著母版存在。而這個母版，毫無疑問就是《娜拉》。對於《終身大事》和《娜拉》存在的密切關聯，前者之於後者的模倣關係，早就有學人指出，甚至有些人認爲，這是一種拙劣的模倣。在我看來，與其說這是胡適在刻意模倣易卜生的《娜拉》，不如說胡適繼續了他對易卜生戲劇成就的思考，而又在「五四」的時代語境中，進行了獨特的改寫，它是胡適「汲 Ibsen 之流」〔註13〕而寫出的一出劇作，故而，儘管它與《娜拉》有著共同的基因，但畢竟也具有了自己的一點形貌。

在「易卜生專號」刊登的《娜拉》中，胡適翻譯的是第三幕，即娜拉洞見愛情的眞相，發現了自我，從丈夫家出走的那一幕。這種翻譯對象的選擇，對胡適的創作存在一定影響。胡適在獨幕劇《終身大事》中，幾乎就直接呈現了那個出走的高潮，所以在既往的解讀中，我們常常重視劇中女主角田亞梅的「娜拉」性，即出走性這一面，但不可忽略的是，《終身大事》和《娜拉》兩劇，各爲自己的女主角設定了不同的出走背景和出走方式：田亞梅是因爲愛情受到來自父母、習俗的壓制，在象徵著西方價值觀的戀人〔註 14〕的拯救之下，「暫時」〔註15〕向其父母再見的，她的告別父母，是作別父權，但她出走是以陳先生的愛爲動力的，其歸宿也是她和陳先生用愛構建起來的家，她的決斷過程如此短而快，大半是因了陳先生的意志而非她自己的眞正覺醒，所以她的歸宿，將是新的夫權統治下的家，而她，說不定會回去，因爲她自己就說自己是向父母「暫時」告別；而娜拉是因爲婚姻中的性別歧見，眞正得到了自我覺醒而走出家庭的，她有自己的決斷。由此，《終身大事》是純粹

〔註11〕洪深《中國新文學大系・戲劇集・導言》，前引書，第 22 頁。
〔註12〕胡適《終身大事・序》，《新青年》6 卷 3 號，1919 年 3 月 15 日。
〔註13〕魯迅《〈奔流〉編校後記》，《魯迅全集》第 7 卷，前引書，第 172 頁。
〔註14〕比如，戀愛自由觀念，標誌著現代生活的汽車、鉛筆、電話。
〔註15〕田亞梅出走前留給父母的便條中語。

中國的，五四的，而《娜拉》終究是西方個人主義、性別意識崛起的產物。《終身大事》有著自己的獨立性。

（三）《終身大事》：娜拉的接受史

表面看來，這齣中文劇本的誕生是偶然的：

> 前幾天有幾位美國留學的朋友來說北京的美國大學同學會不久要開一個宴會。中國的會員想在那天晚上演一出短劇。他們限我於一天之內編成一個英文短戲，預備給他們排演。我勉強答應了，明天寫成這齣獨折戲，交與他們。後來他們因為尋不到女角色，不能排演此戲。不料我的朋友卜思先生見了此戲，就拿去給《北京導報》主筆刁德仁先生看，刁先生一定要把這戲登出來，我只得由他。後來因為有一個女學堂要排演這戲，所以我又把他翻成中文。〔註16〕

也就是說，這齣戲經過了從勉強答應朋友之請到 *The Greatest Event in Life* 的誕生，再轉變成《終身大事》的過程，其中「尋不到女角色」是不能排演的關鍵原因，又出於卜思和刁德仁，這齣戲終於面世，而且由於發表之後引起了一個女學堂的注意，她們想要排演，故而胡適又鼓起信心，將其譯為中文。

然而，胡適的希望終於落空了：

> 這齣戲本是因為幾個女學生要排演，我才把他譯成中文的。後來因為這戲裏的田女士人跟人跑了，這幾位女學生竟沒有人敢扮演田女士，況且女學堂似乎不便演這種不道德的戲！所以這稿子又回來了。我想這一層狠是我這齣戲的大缺點。我們常說要提倡寫實主義，如今我這齣戲竟沒有人敢演，可見得一定不是寫實的了。這種不合寫實主義的戲，本來沒有什麼價值，只好送給我們的朋友高一涵去填《新青年》的空白罷。〔註17〕

胡適自寫的這段跋語，充滿了罅隙。胡適的失望、反省和自嘲，在這短短的言語間表現無遺：失望於他將之翻譯成了中文，卻沒有女學生排演；反省自己這齣戲無人演的原因，並「自認」不道德乃是這齣戲的「大缺點」；自嘲說自己這齣戲不符合寫實主義精神，因而無價值，因而只能送給《新青年》去補空白，而事實上，《新青年》是主張寫實主義的，他的《終身大事》能刊登

〔註16〕胡適《終身大事・序》，《新青年》6 卷 3 號，1919 年 3 月 15 日。
〔註17〕胡適《終身大事・跋》，《新青年》6 卷 3 號，1919 年 3 月 15 日。

出來，這本身就證明了它的寫實主義特徵和價值所在，而其最大的價值乃就在它在世俗眼中的「不道德」！胡適的整個跋語，斷裂的言詞背後正是他因曲高和寡而感到的魯迅所言的「悲涼」。

胡適的序以「幾天前」起頭，到他所以譯出該戲時止，而跋交代了這齣戲翻譯成中文之後的命運，以及自己由此而生的悲涼之慨，合起來讀之，看似寫於不同時間的序和跋，其實是胡適精心結構的關於這齣戲的曲折命運的「故事」。在序和跋間面世的劇本，因此而被陌生化了，而這，導致了它的意義、主題被更多地思考，反抗舊道德的眞價值就由此凸顯。

然而，「五四」運動的爆發，加快了《終身大事》尤其是娜拉被國人尤其是女性接受的進程。僅僅三個月之後，《終身大事》就在第一舞臺演出了，觀看的人中，有《新青年》派的重要代表魯迅和周作人〔註18〕，此後，北京、山東等地不斷上演這齣戲劇，以及其母版《娜拉》，田亞梅和娜拉成爲那一時期最有光彩的新女性形象，「出走」因此成爲那一時期女性心中最具有魅力的時代姿態〔註19〕。

有意味的是，這一時期，不再愁找不到女性來扮演田女士了，所有的以新青年自命的女性，都爭著扮演這個角色。那時愁的，卻是找不到女性願意扮演《孔雀東南飛》中的焦母〔註20〕。時代風氣的逆轉，由此可見一斑。

〔註18〕 魯迅日記 1919 年 6 月 19 日記載：「晚與二弟同至第一舞臺觀學生演劇，計《終身大事》一幕，胡適之作……」（《魯迅全集》第 15 卷，人民文學出版社，2005 年，第 371 頁）。

〔註19〕 湖南趙五貞自殺事件之後，向《大公報》（長沙）投稿的毓瑩提出解決父母代定的「未婚男」問題的方法之一，就是「走爲上」，「如胡適之先生的終身大事劇內理想的田女士，和南門外實行的常女士，都是痛快的人物，如果沒有相當的人，也可以出謀獨立生活。」見毓瑩《一個問題》，《大公報》（長沙），1919 年 11 月 22 日。

〔註20〕 「五四」運動後，北京女高師開始自己排演話劇。其中，有馮沅君、盧隱、蘇雪林、程俊英、孫桂丹參與的《孔雀東南飛》是其較早排演的話劇。馮沅君、盧隱、蘇雪林等創作了一個三幕五場的悲劇，之後，李大釗擔任導演，後請陳大悲先生幫助排演，而在角色的選取上，劉蘭芝、焦仲卿、小姑子都輕鬆地找到了人，而沒有人願意扮演封建家長的代表焦母。最後實在無人擔綱，馮沅君才自告奮勇，扮演焦母角色。見嚴蓉仙《馮沅君傳》，前引書，第 24～29 頁。而對馮沅君扮演的焦母形象，朔水曾作了這樣的評價：「飾仲卿母的，在首幕責蘭芝時，神情還好；第三幕蘭芝下堂時，將一個昏悖和冷酷的個性，還算能夠表現得出；惟滿口土音，說話很令人難懂。」（朔水《看了二十五晚〈孔雀東南飛〉以後》，《晨報副鐫》1922 年 3 月 3 日，第 3 版）許地山則認爲：「扮焦母底，沒有儘量地把詩中『阿母得聞之，搥床便大怒……』

　　胡適創作《終身大事》的「饒有興味」﹝註 21﹞的實驗，和他的理論主張一起，在中國掀起了易卜生的熱潮，「對於後來中國話劇的發展，影響是非常廣大的。易卜生的戲劇，很快地有許多被譯成中文；而在創作方面，有若干的作家，不僅是把易卜生劇中的思想，甚而連故事講出來的形式，一齊都摹仿了。」﹝註 22﹞其實，何止是對戲劇的翻譯和創作才有巨大的影響呢，《終身大事》和《娜拉》作爲原型，不僅成爲人們談論婚姻改制問題、家庭革命問題時的重要參照，甚至在語言的表述方面，也可見後者對前者的挪用﹝註 23﹞。而且，在青年一代的愛情、婚姻生活中無異於投入了一顆重磅炸彈，一時間，幾乎所有的已訂婚的女青年，都有了解除婚約的要求，而幾乎所有的已有妻室的男性，也都有了與原配妻子離婚，以與從家庭中衝出來的娜拉們自由戀愛並結婚的熱望，傳統的婚姻、愛情觀遭遇了分崩離析的命運，「夫爲妻綱」的兩性倫理搖搖欲墜──在接受了新思想的時刻揣著出走想法的新青年那裡，甚至已經到達了墜毀的邊緣。於是，在新文化先驅者尤其是男性啓蒙者們的努力下，戀愛神聖、戀愛至上、離婚自由等成爲 1920 年代初期最爲魅惑人心的話題﹝註 24﹞。

那般狠潑的性地形容出來，烘托不出劉氏底苦憐。」（許地山《我對於〈孔雀東南飛〉底提議》，《晨報副鐫》1922 年 3 月 5 日，第 1 版）

﹝註 21﹞ 焦菊隱《今日之中國戲劇》，杜澄夫、蔣瑞、張帆編《焦菊隱戲劇散論》，中國戲劇出版社，1985 年，第 323 頁。

﹝註 22﹞ 洪深《中國新文學大系・戲劇集・導言》，前引書，第 20 頁。

﹝註 23﹞ 如長沙趙五貞自殺之後《大公報》的討論中，就頻頻出現婚姻是「終身大事」的提法。如柏榮在《我對於趙女士自殺後的意見》（《大公報》1919 年 11 月 22 日）中指出，趙五貞之死是由於親權家庭制和婚姻制的罪惡，而超拔的方法就是打破這二者。他希望做父母的看了趙女士的慘劇後，「也應該有一點覺悟，應該曉得婚姻是子女的終身大事，再不可拿從前那種專制帝王的手段，來干涉子女的自由意志，……婚姻是子女的事，讓子女自己去辦，你們切不可爲他們代庖。」這裏面的邏輯，甚至表述語言，都與《終身大事》中的相通。

﹝註 24﹞ 以俞平伯爲例。1919 年 5 月 1 日，俞平伯發表論文《我的道德談》（《新潮》1 卷 5 期）。此文是作者看了魯迅發表的《新青年》上的《我之節烈觀》後作。他批評「舊道德全是宗法時代的遺傳，和現代的生活每每矛盾。非特不能達到人生向上的目的，而且使人墮落在九淵之下，感受許多痛苦。」他認爲根本推翻虛僞的舊道德，「去建設自由的、活潑的、理性的、適應的真道德」，是刻不容緩的事情（孫玉蓉編纂《俞平伯年譜》，天津人民出版社，2001 年，第 20 頁）。1920 年 11 月 16 日，俞平伯作《現行婚制底片面批評》，發表在 1921 年 10 月 1 日《新潮》月刊 3 卷 1 期，署名平伯。文章批評以「男統」爲中心的

我們知道，《新青年》從第一卷開始就關注女子問題，有意識地引導人們，尤其是女性參與到女子問題的討論中來，但是，「女子問題」並未在《新青年》上獲得充分的討論，「女子問題」欄目時有時無。1918 年 5 月，周作人翻譯的與謝野晶子的《貞操論》在《新青年》發表時，《新青年》前此雖曾因刊登了半年徵集關於女子問題的議論的廣告，而獲得過幾篇回應文字，但是，「近幾月來，卻寂然無聲了」，所以周作人認爲在中國討論女性問題有一個比較悲觀的前途，當時的中國「還未見這新問題發生的萌芽」〔註 25〕。隨後，雖然有胡適、魯迅分別發表《貞操問題》〔註 26〕、《我之節烈觀》〔註 27〕和《美國的婦人》〔註 28〕，但該刊物上討論女性問題的文章數量以及討論角度還是非常有限的。但到了「五四」運動之後，隨著大學開女禁，一批得風氣之先的女子衝破層層阻礙，來到學校，享受與男子一樣的受教育權〔註 29〕，新思潮激蕩著這一批弄潮兒，戀愛成爲她們課餘的重要主題，在這種生存境遇中，她們以自身的才情、故事參與到女性問題的討論中，使原來並不被看好的女性問題討論，突然有了一個輝煌的開始。到處可見女子問題的討論，婚姻的討論，到處可見出走了的娜拉、準備出走的娜拉，到處可見女性的娜拉、男性的娜拉。

二、《傷逝》：別樣的「娜拉」言說

當《娜拉》在中國各地熱演，當「娜拉」成爲「新青年」們的偶像，一大批青年隨時準備瀟灑地關上性別歧見或者封建家庭的門出走的時候，魯迅的深邃使他看到了這裡面的危險。所以，在 1923 年 12 月 26 日晚，魯迅應邀赴女高師這個娜拉的集中「出產地」做演講時，他演說的題目卻是《娜拉走後怎樣》，「給沈浸在『出走』浪漫激情中的女大學生當頭棒喝」〔註 30〕。

封建名教，針對當時不合理的婚姻制度，主張「用戀愛來代替單純的性欲，完全發展人性來救偏枯的弊病」，並提出了五條具體辦法。他認爲實行的手段「只有改造社會制度和變更經濟組織底狀況。但根本底根本是多數人們眞心底覺悟！萬萬人想望著的事，自然總有一天會實現的。」（前引書，第 30 頁）

〔註 25〕 周作人《貞操論・譯序》，《新青年》4 卷 5 號，1918 年 5 月 15 日。

〔註 26〕 胡適《貞操問題》，《新青年》5 卷 1 號，1918 年 7 月 15 日。

〔註 27〕 唐俟（魯迅）《我之節烈觀》，《新青年》5 卷 2 號，1918 年 8 月 15 日。

〔註 28〕 胡適《美國的婦人》，《新青年》5 卷 3 號，1918 年 9 月 15 日。

〔註 29〕 儘管所開設的課程還與男子的有別，有著較濃厚的賢妻良母主義的影響，見程俊英、馮沅君的回憶文。

〔註 30〕 楊聯芬《新倫理與舊角色：五四新女性身份認同的困境》，《中國社會科學》

在這份演講辭中，魯迅以易卜生自己不通世故來說明他是在做詩，在易卜生那裡，他「不是爲社會提出問題而且代爲解答。」他祇是因爲自己要寫就寫、要如黃鶯般的唱就唱，而並不將其客觀上對他人是否有益、有趣作爲創作的重要標準。正是由於易卜生是在作詩，所以，他並不正視，或者根本不會考慮娜拉出走之後會怎樣的問題。在魯迅看來，「人生最苦痛的是夢醒了無路可以走。」〔註31〕娜拉對愛情、婚姻的幻夢是醒了，她不再容易睡著，而她前面，卻並無什麼光明的路可以走，所以，她或者墮落，或者回來。「她除了覺醒的心以外，還帶了什麼去？儻只有一條像諸君一樣的紫紅的絨繩的圍巾，那可是無論寬到二尺或三尺，也完全是不中用。她還須更富有，提包裏有準備，直白地說，就是要有錢。」〔註32〕因爲，「自由固不是錢所能買到的，但能夠爲錢而賣掉。」〔註33〕爲此，必須要求女子經濟權的獨立，不要去做那些黃金般的美夢，爲了經濟權，需要做韌性的戰鬥。尤爲可貴的是，魯迅在演講中，明顯表達了對新文化啓蒙論者的某種警告，他說：假使娜拉「很特別，自己情願闖出去做犧牲，那就又另是一回事。我們無權去勸誘人做犧牲，也無權去阻止人做犧牲」〔註34〕。也就是說，啓蒙者們對娜拉的盡力宣傳，形塑女青年爲娜拉的目的，是不盡合適的。而且，魯迅還以他特有的洞察力，告誡那些盲目地做著出走好夢的準娜拉們說，「群眾，——尤其是中國的，——永遠是戲劇的看客。犧牲上場，如果顯得慷慨，他們就看了悲壯劇；如果顯得觳觫，他們就看了滑稽劇。」〔註35〕對這些群眾來說，並無什麼益處，甚至他們「走不幾步，他們並這一點愉快也就忘卻了」，這正如北京羊肉鋪前張著嘴看剝羊的看客一樣，羊犧牲了自己，卻什麼也沒換得，所以不能犧牲自己，不如換作深沈的韌性的戰鬥。

魯迅的這次演說，是對啓蒙者們將易卜生及其《娜拉》傳入中國的初衷的糾偏。但饒有意味的是，這篇文章最初發表於 1924 年北京女高師《文藝會刊》第 6 期，同年 8 月 1 日，上海《婦女雜誌》10 卷 8 號雖轉載了該篇，但也是因爲「新近我們（指《婦女雜誌》的編者，引者注）向先生討文章」的

2010 年第 5 期，第 212 頁。
〔註31〕 魯迅《墳‧娜拉走後怎樣》，《魯迅全集》第 1 卷，前引書，第 166 頁。
〔註32〕 魯迅《墳‧娜拉走後怎樣》，《魯迅全集》第 1 卷，前引書，第 167 頁。
〔註33〕 魯迅《墳‧娜拉走後怎樣》，《魯迅全集》第 1 卷，前引書，第 168 頁。
〔註34〕 魯迅《墳‧娜拉走後怎樣》，《魯迅全集》第 1 卷，前引書，第 170 頁。
〔註35〕 魯迅《墳‧娜拉走後怎樣》，《魯迅全集》第 1 卷，前引書，第 170 頁。

原因，魯迅才將這篇文章「重加訂正」，給他們發表的。也就是說，發表在《婦女雜誌》上，是魯迅促成的，並非《婦女雜誌》編者本身對這篇文章感興趣，意識到了它的深刻或者其他原因。事實上，這篇文章雖然兩次露面，在隨後的幾年裏，「來自新文化陣營的對娜拉出走的質疑與討論仍付闕如」。「這從另一方面顯示，整個 1920 年代的新文化主流敘述都被浪漫的『出走』幻象籠罩；魯迅式的懷疑沒有引起共鳴。」〔註36〕直到 1925 年，魯迅寫作《傷逝》時，這種局面依然沒有改觀。而且，我們有必要關注到，《傷逝》完成於 1925 年 10 月 21 日，在 1926 年 8 月收入由北新書局出版的《彷徨》時，未曾在任何報刊上發表過。這是否也表明，魯迅意識到自己的懷疑之於正做將來的美夢的新青年們的無益、無趣呢？

然而魯迅承接著《娜拉走後怎樣》而作的《傷逝》，體現了他在易卜生熱潮中特有的清醒。他對子君出走後的遭遇的想像性描繪，來自於他對社會現實睿智的洞察。這從另一個非常重要的向度上，豐富了「五四」時期對娜拉的言說。

事實是，魯迅的思考和言說並非多餘。在 1933 年，魯迅發現，女子們獲得了「做女子的便宜的地方」，如有些太太們，可以和闊男人並肩而立，在碼頭或會場上照一個相；或者當汽船飛機開始行動之前，到前面去敲碎一個酒瓶；或者獲得廠主們一邊將其稱爲「花瓶」，一邊卻打「一切招待，全用女子」的虛僞的廣告的待遇，這些在魯迅眼裏，都「是五四運動後，提倡了婦女解放以來的成績」。但這些所謂的成績背後，卻是「職業婦女的痛苦的呻吟，評論家的對於新式女子的玩笑。」〔註37〕她們如娜拉般從閨閣走出，到了社會上，「其實是又成爲給大家開玩笑，發議論的新資料了。」〔註38〕之所以如此，是因爲，她們並沒有擺脫被別人「養」的命運。由此，他感慨說：「這並未改革的社會裏，一切單獨的新花樣，都不過一塊招牌，實際上和先前並無兩樣。拿一匹小鳥關在籠中，或給站在竿子上，地位好像改變了，其實還衹是一樣的在給別人做玩意，一飲一啄，都聽命於別人。俗語說：『受人一飯，

〔註36〕 楊聯芬《新倫理與舊角色：五四新女性身份認同的困境》，《中國社會科學》2010 年第 5 期，第 212 頁。

〔註37〕 魯迅《南腔北調集・關於婦女解放》，《魯迅全集》第 4 卷，前引書，第 614〜615 頁。

〔註38〕 魯迅《南腔北調集・關於婦女解放》，《魯迅全集》第 4 卷，前引書，第 615 頁。

聽人使喚。』就是這。所以一切女子，儻不得到和男子同等的經濟權，我以爲所有好名目，就都是空話。自然，在生理和心理上，男女是有差別的；即在同性中，彼此也都不免有些差別，然而地位卻應該同等。必須地位同等之後，才會有眞的男人和女人，才會消失了歎息和痛苦。」〔註39〕而爭取男女平等地位的途徑：「在眞的解放之前，是戰鬥。」「應該不自苟安於目前暫時的位置，而不斷的爲解放思想，經濟等等而戰鬥。解放了社會，也就解放了自己。但自然，單爲了現存的惟婦女所獨有的桎梏而鬥爭，也還是必要的。」〔註40〕

　　魯迅深刻的思考，到這一時期，在一些作家那裡獲得了回應，比如曹禺《日出》中的陳白露，老舍《月牙兒》中最後墮落爲暗娼的年輕女子，不就正展現了出走後的娜拉的多種可能嗎？而她們的墮落，卻正是因爲「經濟權」的不能掌握，她們依然未從被養的地位中解脫出來，而她們在出走之前，的確有著如田亞梅、娜拉般的勇敢的，對未來的確是做著黃金般的美夢的。

第二節　言說中的「自殺」：趙五貞事件

　　自殺這種身體抗議行爲，是一種社會現象，從歷代流傳下來的典籍文獻到近代以來的各樣媒體，都對自殺現象有不少關注。祇是那些典籍文獻中所記載的，「主要是官員和烈女。這些記載賦予了忠臣節義、節婦烈女的社會意義，符合封建王朝維護其統治所倡導的價值觀。」〔註41〕但更多的日常自殺事件，或許因爲其死亡原因與統治者的正統觀念相悖，或者因爲其「蘊含的社會意義與價值有限」〔註42〕，而湮沒在歷史的地表之下，我們根本無從得知。近代文化轉型之後，各樣、各級媒體的大量出現，各級各類人的自殺有可能在媒體的關注之下成爲一些對歷史發生重要影響的「事件」〔註43〕，當

〔註39〕魯迅《南腔北調集·關於婦女解放》，《魯迅全集》第 4 卷，前引書，第 615 頁。

〔註40〕魯迅《南腔北調集·關於婦女解放》，《魯迅全集》第 4 卷，前引書，第 615 頁。

〔註41〕劉長林《媒體建構：自殺社會意義的賦予──以中國 1919～1928 年社會運動中自殺事件報道爲例》，《社會》2010 年第 3 期，第 195 頁。

〔註42〕劉長林《媒體建構：自殺社會意義的賦予──以中國 1919～1928 年社會運動中自殺事件報導爲例》，《社會》2010 年第 3 期，第 195 頁。

〔註43〕當然，由於自殺者的地位、自殺原因等千差萬別，更多的平民自殺可能只能

然，不同立場、理念的媒體對同一起自殺事件，其觀照的角度可能是恰好相反的，而同一媒體在報導、關注同一起自殺事件的過程中，也可能會存在前後觀點的流變過程。考察這些媒體以怎樣的方式關注某個自殺事件，甚至在其關注過程中的思想流變，其實就是關注他們在以怎樣的方式建構這個自殺事件的社會意義，從而能窺測到「特定社會條件下的價值觀與社會主導性的觀念」〔註44〕，以及媒體對公眾有意識引導和塑造的努力。

近代以來的中國社會長期處於動盪之中，各種思潮在相互激盪中此生彼滅，此消彼長。從戊戌到「五四」這史家常謂的「過渡時代」〔註45〕，從「五四」開始的所謂的「迴旋時代」〔註46〕、混沌時代〔註47〕，更是思想急劇變

居於爲報紙填報尾的地位，或者僅僅成爲普通百姓茶餘飯後的談資，他們自殺的材料，即便有人特意收集，也極可能默默無聞地躺在檔案館裏。參見周錦章《角色危機與社會緊張：民國時期北平平民自殺樣本研究》（《北京社會科學》2009 年第 4 期）。另外，即便有報刊刊發了自殺的大量的報道，但是，對這些自殺情況的研究也很缺少，如李書源、楊曉軍以 1912～1921 年《盛京時報》刊載的 578 例女性自殺案例爲中心進行的解讀，就是頗爲珍貴的研究成果。見李書源、楊曉軍《民國初年東北地區女性自殺現象解讀──以 1912～1921 年間〈盛京時報〉刊載的 578 例女性自殺案例爲中心》，《吉林大學社會科學學報》2009 年第 5 期。

〔註44〕劉長林《媒體建構：自殺社會意義的賦予──以中國 1919～1928 年社會運動中自殺事件報道爲例》，《社會》2010 年第 3 期，第 195 頁。

〔註45〕梁啓超、蔣夢麟、張灝等均有此說，但這一名詞在他們視域中的內涵並不完全相同。梁啓超在其 1901 年所寫的《過渡時代論》中說，從狹義而言，人世間有停頓與過渡這兩個時代，「於停頓時代，而膨脹力之現象顯焉；於過渡時代，而發生力之現象顯焉。……中國自數千年以來，皆停頓時代也，而今則過渡時代也。」並且，他認爲過渡時代是「希望之湧泉」，禮贊道：「美哉過渡時代乎！」（張品興主編《梁啓超全集》第 1 冊，前引書，第 464 頁）蔣夢麟則不那麼樂觀，他認爲：「過渡時代，終有許多困難和失望的事，這是一定要經過的。」（夢麟（蔣夢麟）《北大學生林德揚的自殺》，《晨報副鐫》，1919 年 11 月 21 日）而張灝視野中的「過渡時代」更多時候亦名「轉型時代」，而其具體時限則因言說語境而異。大體說來，具體時限有三種：1895～1920 年初（〔美〕張灝《轉型時代在中國近代思想史與文化史上的重要性》，見其《張灝自選集》，上海教育出版社，2002 年，第 109 頁）；1895～1925 年前後（〔美〕張灝《中國近代轉型時期的民主觀念》，前引書，第 281 頁）；19 世紀 90 年代到 20 世紀初（〔美〕張灝《梁啓超與中國思想的過渡（1890～1907）》，崔志海、葛夫平譯，江蘇人民出版社，1995 年 1 月第 1 版，2005 年 7 月第 3 次印刷，第 1 頁）。

〔註46〕志希（羅家倫）《是青年自殺還是社會殺青年？》，《晨報》1919 年 11 月 19 日。

〔註47〕「混沌時代」出現於好些人對「五四」時期的描述中，如張溥泉《什麼是新

遷之時，「自殺」更是成爲一個醒目的社會現象〔註48〕。例如，據上海《民國日報》上「本埠新聞」欄的報導，1919 年自殺的人數爲 21 人，1920 年爲 47人，1921 年爲 66 人。北平《晨報》從 1921 年 3 月底開闢「社會咫聞」一欄，在 4 月至 12 月的九個月裏，報導的自殺人數達 103 人。自殺事件的頻繁發生甚至引起統治當局的關注。1920 年 10 月，長沙地方檢查廳檢查長曾爲此專門發佈《勸誡自殺文》:「查近日以來，省垣內外男婦自縊身死之案，屢見不鮮……爲此布告各式人等知悉，爾等果有冤屈，盡可赴廳請求訴追，必有伸理之日，幸勿輕身自縊」云云，這雖然祇是無關痛癢的官樣文章，但足以表明當時自殺問題的嚴重性〔註49〕。而「據一篇回憶文章記述，鄧穎超當時辦過一份《婦女日報》，在一個月裏摘錄各地婦女自殺的達 27 人之多，可見此問題之嚴重性。」〔註50〕據統計，民國前後幾年北京自殺的人數有持續增長的趨勢，「五四時期，雖然沒有更精確的數位統計，但從當時各大報刊對於自殺現象的探討來看，自殺已經成了一個突出的社會現象，到了需要加以干涉的地步了。」〔註51〕

　　這一時期的自殺案例，由於常常被公諸媒體，所以產生了較之以往更廣泛的社會影響力。對自殺社會意義的賦予過程和特殊方式，已有劉長林等學者進行過卓有成效的研究〔註52〕。事實上，僅就「五四」一代思想家而言，

道德》，《大公報》（長沙）1919 年 11 月 6 日，第 6 版。
〔註48〕杜威曾在 1919 年 11 月 18 日對蔣夢麟說:「中國思想改變的時候，必演成青年自殺的現象。」見志希（羅家倫）《是青年自殺還是社會殺青年？》，《晨報》1919 年 11 月 19 日。
〔註49〕齊衛平《五四時期中國社會轉型與自殺現象》，《民國春秋》1998 年第 3 期，第 49 頁。
〔註50〕齊衛平《五四時期中國社會轉型與自殺現象》，《民國春秋》1998 年第 3 期，第 50 頁。
〔註51〕劉長林、錢錦晶《論五四思想家對自殺現象的研究》，《史學月刊》2003 年第 6 期，第 60 頁。
〔註52〕涉足這一領域的有齊衛平《五四時期中國社會轉型與自殺現象》（《民國春秋》1998 年第 3 期）；張光芒《民初思界的自殺風潮》（《粵海風》2000 年第 5 期）；林毓生《論梁巨川先生的自殺》（《中國傳統的創造性轉化》，生活·讀書·新知三聯書店，1988 年）；劉長林的《媒體建構：自殺社會意義的賦予——以中國 1919～1928 年社會運動中自殺事件報道爲例》（《社會》2010 年第 3 期）、《論五四思想家對自殺現象的研究》（《史學月刊》2003 年第 6 期）、《林德揚自殺的意義》（《武漢理工大學學報》（社會科學版）2008 年第 4 期；侯豔興《20 世紀二三十年代上海女性自殺探析》（《婦女研究叢刊》2006 年第 7 期）；趙英蘭，何楠《民國女性自殺現象淺析》（李長莉，左玉河編《近代中

早在陳天華、楊篤生蹈海自盡之後，他們對自殺社會意義的解讀就已經開始，而我們不能忘記的是，陳獨秀在《甲寅》月刊 1 卷 4 號上發表《愛國心與自覺心》之後，李大釗的回應之文《厭世心與自覺心》〔註53〕中就談及了自殺。他認爲陳之文會導致厭世之風的盛行，而國中日多的自殺並不是一種好現象，當代作者應該愼重於描寫死之樂趣。章士釗則在以記者身份作出的回覆中，花了大量篇幅來爲自殺做出辯護。

到了「五四」時期，有三例自殺事件迅即進入了公眾視野：梁濟、林德揚、趙五貞的自殺。如果說，梁濟 1918 年的自殺和易白沙 1921 年的自殺、王國維 1927 年的自殺同屬於社會名流的自殺，林德揚 1919 年的自殺屬於有爲青年的自殺〔註54〕，那麼，趙五貞 1919 年的自殺則常被人與北京女高師學生李超之死放在一起，作爲女性爭自由、婚姻自主而自殺的典型案例。前此我們從家庭制度的角度探討過新文化先驅者們對李超之死的意義的挖掘過程，此處我們將討論重點放在趙五貞自殺事件上，看在這一起涉及到女性婚姻問題的公共事件中，「趙女士自殺」這個意義符號經歷了怎樣的建構過程。

一、趙五貞：「輿論」中「自刎」的「新娘」

趙五貞自殺事件發生於 1919 年 11 月 14 日。從 15 日開始至 19 日，長沙《大公報》連續發表了內容詳實的四篇報導：《新娘輿中自刎之慘聞》（11 月 15 日「膡聞」欄）、《新娘自刎案前因後果》（11 月 16 日「膡聞」欄）、《新娘自刎案之餘聞》（11 月 17 日「膡聞」欄）、《趙五貞自刎案之眞相》（11 月 19 日「膡聞」欄）。從其內容來看，長沙《大公報》是本著報導事實、查明眞相的思路在運作這一條線索。在他們眼中，這是一條比較重大的本地社會新聞，和 11 月 18 日的《又一婚姻奇案》、12 月 7 日《又一個不肯出轎的新

國社會與民間文化》，社會科學文獻出版社，2007 年）；邵曉芙，池子華《20世紀二三十年代上海女性自殺現象解讀》（《徐州師範大學學報（哲社版）》2006 年第 2 期）；王合群《20 世紀二三十年代上海自殺問題的社會透視》（《史學月刊》2005 年第 2 期）等。

〔註53〕刊於《甲寅》月刊 1 卷 8 號，與秋桐之文同號。

〔註54〕羅志希在《出世》（《新潮》1 卷 4 號）中說，「我們這班青年，第一應當奮鬥……若是奮鬥得筋疲力盡、智絕謀窮，再不能有一絲一毫的動作了，而於此世仍無一絲一毫的補助，然後自殺……」這正可見當時一般青年對奮鬥精神的執著和對自殺的態度。

娘》屬於同一個系列，所以它們所在欄目都是「臠聞」欄，而且出現的位置都幾乎相同。此外，新娘趙五貞輿中自殺在這一系列報導中具有原型意義：由於它的奇，所以在報導常家二女違背母命，自去許配的左家成婚，後終於成功的新聞時，記者用了正題「又一婚姻奇案」、副題「新婦自往男家」進行報導；由於它的怪，即趙五貞未曾出轎，所以才在報導陳姓之子娶親、新娘不出轎時，使用「又一個不肯出轎的新娘」這個說法。但較之後二者，趙五貞事件很明顯具有更多的新聞性，而這新聞性，很大程度上來自她死因的複雜。

《新娘輿中自刎之慘聞》在報導上突出了新聞的一個「慘」字。由於它實際上囊括了三種角度的報導，所以形成了一個明顯的對話、補充關係。

作為重點推出的第一條新聞中，敘述了一些基本的事實：南陽街趙姓眼鏡店之二十二歲的女兒，被父母之命、媒妁之言，許於柑子園吳家之子為室，但在喜期之日，趙女從南門外其姐姐家乘轎出嫁，攜轎者在快到柑子園時發現轎內有鮮血滴出，後媒人查看，發現她「仰面而臥，頸項割有刀痕，寬約寸餘，血如泉湧，奄奄一息。」後在轎內搜出剃頭刀一把，已送往湘雅醫院救治。在其具體的描述中，存在一系列的裂縫。第一，他對趙家女了的描述是「年二十二歲，曾在某學校畢業，工刺繡，善縫紉……在家工作不停，頗為家人所稱許。」後由於父母之命，擇配柑子園一條巷的吳姓之子為室，「當定親之始，男女兩家均屬願意，即該女子亦無怨言。」第二，喜期將近時，「女家暗派女眷往柑子園吳家調查情形」，結果得到的是其他都好，「惟新郎頗不雅觀」的結論，趙家女子聽聞後就以她哥哥還未歸為由，請求其母令吳家改期。「母以擇吉已定，萬不能更改。」於是該女子憂心如焚，捨一切針線而不做，並向鄰居女眷私語曰：「我實在捨不得你們。我只想見我哥哥一面，都不能夠。」也就是說，新娘後來舉動的原因首先是聽聞新郎長得不好，其次她的哥哥未歸，再次她請求改期而被母親拒絕，最後，她捨不得「鄰居女眷」。第三，趙家女子出嫁前說自己家中房屋太窄，喜事可借南門外的姐姐家去辦，父母答應了。所以該女出親是從南門外她姐姐家。第四，喜轎從南門起程，快到吳家時，「攜喜轎者忽見新娘轎內滴出鮮血，牽絲不斷，為之駭然。」趕到新郎家前，吳家令媒人去看，「但見新娘仰面而臥，頸項割有刀痕，寬約寸餘，血如泉湧，奄奄一息。為之大駭，隨在轎中尋到剃頭刀一把，早已鮮血模糊。」後送到湘雅醫院診治。最後結局是「轎行正向吳宅索賠鳳蟒，大起

交涉。酒席館酒席預備齊全，客均引去，無人來吃。眞慘聞也。」從該報導結尾於「送到湘雅醫院診治」來看，記者發出時並未獲知新娘的最終狀況。所以，他的描述雖勾勒了這一事件的輪廓，但前述的每一個階段都有疑問存在，這從後續報導中的補充、修正處可以看出。該報導的第二則是一個有益的補充，報導中提及不同的這幾點資訊：吳家本是娶趙家之女做塡房；轎子擡到吳家時，女賓攙引新娘出轎，而新婦不出，擎燭照時才發現「血滿衣襟，昏倚轎側，轎底現新剃刀一柄；賓客奔赴紅十字會請來醫生急救，後才擡送醫院；新郎名吳鳳林，年三十一歲，以古董爲業。該則報導中也說不知趙家女子能更生否。第三則報導了新娘已死於醫院，「聞此女自刎原因，係因前曾許配某姓，旋父母因婿貧寒悔婚，改適吳氏，女甚不願」，所以才演此慘劇。這是對新娘死因的另一種說法。記者對新娘死因存疑，他說「此說與前稿微有不同，姑並誌之。」

從這三則報導來看，每則報導都提供了一種死因。或許正是由於趙家女子死得「慘」，死得不明不白，所以記者在隨後的幾日進行了追蹤報導。

第一則是《新娘自刎案前因後果》。與前一則報導相比，此則報導中涵括了四則小報導，既有對 15 日新聞的呼應，更有對該事件的多向拓展。第一則中，出現了做媒的佘四婆婆、趙家女子之兄、吳鳳林之母三人以及吳鳳林、趙五貞之兄去漢皋做生意，吳鳳林遲遲未歸這一事實。報導稱，趙五貞之父母與吳鳳林素識，但趙五貞之兄因吳之母「惡聲傳播」，曾表示不願之意，後來因佘四婆婆的撮合，於 7 月定下了婚事。後來趙五貞之兄與吳鳳林先後去漢皋做生意，但吳鳳林拖延了婚期，有謠言說吳鳳林在漢皋因犯事而坐班房，故不能脫身就婚，爲此趙五貞「居家短歎長吁，頓改從前歡豫之色」，後要求對方改婚期，「吳之兄嫂拒卻」，趙五貞萌生死志，私藏了家中新剃刀，父母搜尋未果。在 21 日（農曆），趙五貞「得吳回湘信而伊兄未歸，……神經改常，口中亂語，勸之不聽」。遂有趙五貞 22 日的死亡。第二則小報導補充了吳鳳林的家世，尤其是吳鳳林之母「頗有惡名」的相關事實；第三則小報導則沿著 15 日所言趙五貞曾許配於人的線索，進行了補充。報導稱趙五貞曾許配某氏，未嫁而夫亡，經佘四娘介紹給吳家後，她「累次表示不願之意。」曾有悔婚之舉措，對其娘說「前夫託夢，叫我守節，立意不願再嫁。」並曾自縊一次，趙家因此而悔婚，但吳家不肯，且經佘四娘說合，事情乃止。第四則小報導則突出了新郎新娘之間年齡的差距，而且其父母強迫她嫁給吳鳳

林：「其原因因新娘年只二十而新郎年已四十有餘，新娘不願意這種婚事，而父母聞得男家聘禮甚多，強迫其女嫁與某君。新娘有種種表示，男女兩家均置不理。是日新娘早晨不肯起床裝扮，他的父親還賞以耳巴兩個。新娘無法，勉強上轎，自傷命苦。」後乃自刎。

第二則報導《新娘自刎案之餘聞》專門針對致死原因而寫。記者調查後說，趙五貞許配吳氏之初，並未有不願意之表示，後由於吳鳳林在漢皋未歸，吳母又與人發生糾葛，故改了婚期，新娘聽後「憂心如搗」，遂託人調查吳姓根柢，有人說新郎年大貌醜，因騙人財物被拘押，有人說新郎之母異常兇惡，去年她的次媳就被凌磨而死……趙五貞遂不願意，其父母「始則好言勸慰，囑其勿聽浮言，繼復拘執成法，施以打罵。」所以趙五貞死志已定，才有了自刎之說。值得注意的是，這僅僅是記者綜合各方面消息而做出的總結，僅僅是各種可能的原因之一，因為，他隨後就發表了一篇「編者附誌」。其中說，到男女兩家訪問，都得不到真相，採訪鄰居親戚，又各執一說。他自責道：「此事發生已經三日，本報不能把他的真象確查出來，實在抱愧得很。但是本報卻不敢就據定那說為是，既正竭力搜求第二第三兩種事實的確證，候訪到了可靠消息，即當據實宣佈。」

第三則報導刊於 11 月 19 日，即趙海樓所述的事件的來龍去脈，報導以《趙五貞自刎案之真象》為正題，表明他相信趙五貞之父趙海樓所述最逼近事實真相。在這則報導中，第一次出現了「趙五貞」這個名字。趙海樓所述真相如下：

趙五貞，年二十三歲，頗知書識字，自幼不食肉，惟愛吃香乾辣椒，縫紉、烹調、檢點什物等均料理得法，尤其可愛的是善體諒父母之心。因此趙五貞之父母「愛若掌珠，不曾輕易擇配」，以至選到今年。後佘四娘為之做媒，給吳鳳林作繼室，「當時小女即不願填房」，後趙海樓夫婦幾經勸慰，「以後並無異言」。擇定婚期後，因趙五貞不便成婚，請求改期，吳鳳林「慨然允諾」。吳鳳林此後就去漢皋收賬，在下一次議定的婚期前，吳鳳林還未歸來，於是謠言四起，「有謂吳五（指吳鳳林，引者注）因賣假珍珠，致囚於漢口獄中不能回家者，有謂吳五之母於去年與某姓婦人口角，……惡聲四播，盡人皆知者，有謂吳五年逾五十，其貌不揚者」，於是趙五貞「驟改常態，置半成之針線於不顧，口口聲聲要改期等哥哥回有話說，……至吳五由漢口於 21 日趕回家，又有謠言說吳五此次出獄，係由外國人擔保七日，辦過喜事，仍要繼續

入獄」等。趙五貞聽後，改原來的怒容爲和氣，並要求從姐姐家出親。出親之日就出現了前此報導的慘劇。吳五自願領葬於四川公山，趙海樓因家貧無錢買地，只好由他。

趙海樓感到遺憾的是「棺木上檢查官貼一封條，上書吳趙氏，余因官示未敢取下。此未體得小女之意，深爲抱恨耳。」此外，「此次小女之死，只怪余夫婦爲禮法所拘，有以致此，而小女不願適吳之精誠，至今日方豁然大悟。」並在文末澄清那些所謂的趙五貞曾許配於人，趙海樓強迫其嫁吳鳳林等皆係謠傳。

至此，趙五貞自殺的眞相算是大白於長沙市民眼皮底下了。

值得注意的是，在這幾則連續的新聞報導中，《大公報》記者均秉持客觀、公正的立場，試圖客觀報導趙五貞自刎案的來龍去脈，並儘量儘早還原趙五貞之死的眞相。這是記者從追蹤新聞的角度作出的選擇，此其一；在這幾則報導中，我們毫不費力地發現，眾說一詞中的輿論對趙五貞形象進行了不同的塑造，但不管在輿論所言的哪一個向度上，我們都會發現，這是一起並不太特殊的新娘自刎案，趙五貞的所作所爲，即便有反封建意義，這意義也是有限的，此其二；第三，在這四則報導中，前三則都使用「新娘」「新婦」「趙家之女」這樣的稱謂，唯有第四則，在其父親趙海樓的表述之下，她的名字「五貞」才出現，所以報導的題目也順勢變成了「趙五貞自刎案之眞象」，此外，趙五貞還被官方強行封了一個稱謂，那就是「吳趙氏」。如果說，「新娘」、「新婦」說明了趙五貞在此事件中的特殊身份，有助於突出「慘案」之「慘」；「趙家之女」則是另一個對她的指稱，這裡依然沒有她作爲個體的地位；「五貞」的出現，固然標示了趙五貞的本名，較之前此的報導凸顯了她的存在，但很明顯，這「五貞」也僅止於標示她的存在，裏面沒有太多的感情色彩；而「吳趙氏」，是檢查廳封在趙五貞棺木上的，對這個稱謂，趙海樓雖認爲「此未體得小女之意」，但終究還是「因官示未敢取下」，也就是說，趙五貞終將以「吳趙氏」塵封於泥土，而「吳趙氏」，正體現了趙五貞自殺這個身體抗議的失效，她終究還是被恥辱蒙上了身。

二、趙五貞：「研究」中「自殺」的「趙女士」

下面是這一時期《大公報》（長沙）所發文章的統計表：

表五

署　名	文　章　名	發表時間	所在欄目	備　　註
天　籟	舊式婚姻之流毒	1919 年 11 月 15 日	隨意錄	
兼　公	改革婚制之犧牲者	1919 年 11 月 15 日	隨意錄	
澤　東	對於趙女士自殺的批評	1919 年 11 月 16 日	研　究	
兼　公	我對於趙女士自殺的雜感	1919 年 11 月 17 日	研　究	
澤　東	趙女士的人格問題	1919 年 11 月 18 日	研　究	
兼　公	趙常兩女士的人格	1919 年 11 月 18 日	隨意錄	
盾	我也說說趙女自殺事件	1919 年 11 月 18 日	隨意錄	
殷　柏	對於趙女士「自殺的批評」的批評	1919 年 11 月 19 日	研　究	投稿
汝　霖	我對於趙女士自殺案的主張	1919 年 11 月 19 日	研　究	投稿
澤　東	婚姻問題敬告男女青年	1919 年 11 月 19 日	隨意錄	
澤　東	改革婚制問題	1919 年 11 月 19 日	隨意錄	
緯　文	婚制改造問題	1919 年 11 月 20 日	研　究	
蘇閩波 新　曼 不　平	趙女士自殺案的「輿論」	1919 年 11 月 20 日	研　究	該文係編者從讀者來信中挑選三封出來，組成的一篇文章，前面有「編輯者」的一段話，其中說「本報對於趙五貞自殺案已研究了多日，外間投稿也不下數十通，可見社會對於此案的注意了。祇以篇幅有限，不能通通登載，因摘錄於左，以表示一班〔註 55〕輿論」。
盾	天下幾多沒有價值的事	1919 年 11 月 20 日	隨意錄	
平	一個一個的不同	1919 年 11 月 20 日	隨意錄	
		1919 年 11 月 20 日	來函披露	該信未署名
筠　園	我的改革婚制談	1919 年 11 月 21 日	研　究	

〔註 55〕「班」字原文如此。

澤　東	「社會萬惡」與趙女士	1919 年 11 月 21 日	研　究	
邁　君	我對於趙女士自殺的感想	1919 年 11 月 21 日	研　究	
司	不羞死也要氣死	1919 年 11 月 21 日	隨意錄	
陳子博	那裡來的吳趙氏	1919 年 11 月 21 日	隨意錄	投稿
毓　瑩	一個問題	1919 年 11 月 22 日	研　究	投稿
平　子	我不贊成父母主婚	1919 年 11 月 22 日	研　究	
柏　榮	我對於趙女士自殺後的意見	1919 年 11 月 22 日	研　究	
新　城	革改婚制先決的一個問題	1919 年 11 月 23 日	研　究	投稿
澤　東	非自殺	1919 年 11 月 23 日	研　究	
西　堂	論趙女士自殺事	1919 年 11 月 24 日	研　究	
盾	看「研究」的不要把題目弄錯了	1919 年 11 月 24 日	隨意錄	
澤　東	戀愛問題──少年人與老年人	1919 年 11 月 25 日	研　究	
抱　一	舊式婚姻的罪惡	1919 年 11 月 26 日	研　究	
抱　一	舊式婚姻的罪惡（續）	1919 年 11 月 27 日	研　究	
澤　東	打破媒人制度	1919 年 11 月 27 日	研　究	
澤　東	婚姻上的迷信問題	1919 年 11 月 28 日	研　究	
劉渡黃	我對於婚姻改造的意見	1919 年 11 月 29 日	研　究	投稿
衍　仁	可憐的中國婦女	1919 年 11 月 30 日	研　究	投稿
衍　仁	可憐的中國婦女（續）	1919 年 12 月 1 日	研　究	投稿
蟲　無〔註 56〕初　稿	趙貞女詩	1919 年 12 月 5 日	詩　選	
振　鈞	掠婚	1919 年 12 月 6 日	小　說	該小說連載至 12 月 10 日

〔註 56〕「無」字在原報刊《大公報》上看不太清楚，據其形狀推測爲此字。

從上表可知，此期共發表文章 36 篇〔註57〕，其中澤東（毛澤東）共發表
文章 9 篇，是最活躍者〔註58〕，署名「盾」者發佈文章 3 篇，署名「兼公」
者發表文章 3 篇，也是在這一事件中主宰輿論導向的人物。在這 36 篇中，標
明「投稿」字樣的文章有 10 篇，如果算上《趙女士自殺案的「輿論」》中編
輯者所說的「外間投稿也不下數十通」，那麼，因趙五貞自殺事件而寫信給長
沙《大公報》的至少是好幾十封〔註59〕，而且，從表中可見，蟲無初稿爲趙
五貞寫了詩，而該事件成了小說《掠婚》的創作緣起〔註60〕。可以說，這一
事件在長沙的知識份子和市民中產生了非常大的影響。其影響的脈絡，是從
長沙主張新文化運動者毛澤東、兼公、天籟等，至普通讀者如殷柏、汝霖、
新城等，再到詩歌和小說創作者，其影響有一個從研究領域漸次擴大至創作
領域的**趨勢**。此其一。

其次，有必要關注的是，幾乎從開始報導新娘自刎案起，以毛澤東、兼
公等爲代表的新文化精英，就將「贜聞」欄所言的「新娘」、「新婦」，直接
替換成了彰顯人格獨立精神的、頗具「五四」新文化特徵的「趙女士」，在具
體言說中，他們有時也稱「趙五貞」的全名，但幾乎從未正面使用過「新
婦」，尤其是「吳趙氏」這樣的稱謂。我想，僅僅由此，也可窺知毛澤東等對
這一事件的態度，與新聞記者、趙五貞的鄰居親戚以及趙海樓等人，存在非
常大的差異，而且，他們對於這「趙女士」，是存在正面的情感傾向和價值判
斷的。

第三，和新聞報導無一例外都置於「贜聞」欄不同，毛澤東等發表的文

〔註57〕 蘇閩波、新曼、不平三者的來信以《趙女士自殺案的「輿論」》爲名一起發表，
故算一篇，抱一、衍仁二人的文各算一篇。
〔註58〕 加上他在 1919 年 11 月 21 日《女界鐘》特刊第 1 號上發表的一篇長文《女子
自立問題》，毛澤東這十多天裏發表了十篇文章，集中地傳達了他這一時期的
女性解放、婚制改革等思想。
〔註59〕 兼公在《我對於趙女士自殺的雜感》（1919 年 11 月 17 日）中說，「社會上既
有一種趙女士身殉未婚夫的傳聞，本館因此就接到了許多的歌詞挽聯，大概
都不離一些『貞烈可欽』、『流芳百世』、『志行貫日月』『名節重山河』的話，
可見舊學說舊信仰的勢力還是大得很。」由此可知，因趙五貞事件而寫信給
《大公報》報館的人較現在所見刊發出來的要多得多，這也說明長沙社會上
保守勢力對這一事件的意義的重視。但由於《大公報》被兼公等偏向新文化、
新思想的人所掌握，所以他們的那些表彰趙五貞貞節的文字未能發表。從此，
我們也能見出此期《大公報》的新文化立場。
〔註60〕 振鈞《掠婚》，《大公報》（長沙），1919 年 12 月 6 日。

章大多在第六版的「研究」欄和「隨意錄」欄〔註61〕，而《大公報》（長沙）所設的「研究」欄、「隨意錄」欄歷來是新文化陣營傳播新思潮、研究新問題的陣地。翻閱這一時期的「研究」欄、「隨意錄」欄所發文章可以發現，女子問題、新道德問題、婚姻問題是他們關注的重心所在，如趙五貞事件之前「研究」欄就發表有張溥泉的《什麼是新道德》、慎菴的《新國民的新道德》、陳友琴的《女子教育之革新》等等。

第四，這一批人討論趙五貞的死亡時用的詞是「自殺」，這比新聞中所言的「自刎」要泛化，而且，由自殺所暗示的「橫死」的意義，顯然更利於他們展開後續的論述；而他們在論述中，從天籟所發的第一篇文章開始，「舊式婚姻」、「社會萬惡」、「改革婚制」、「婚姻改造」是四個相互聯繫的關鍵字，可見他們是由趙五貞事件來研究婚姻問題。

由趙五貞事件來研究婚姻問題，這也可從他們的諸多表述看出：

> 昨日的事件，是一個很大的事件。這事件背後，是婚姻制度的腐敗，社會制度的黑暗，意想的不能獨立，戀愛不能自由。吾們討論各種學理，應該傍著活事件來討論。……希望有討論熱心的人，對於這一個殉自由殉戀愛的女青年，從各種論點出發，替他呼一聲「冤枉」。〔註62〕

> 自從趙五貞自殺，我們得著一個「有證據有激刺」的好題目，大家便好痛痛快快將婚姻問題研究一番。至於趙五貞本身，不管他死的如何，總是不願且不自由，總是舊式婚姻的罪惡，所以不必再將他死的原因盡地研究。「得清流一段，便可自飲自濯」，這其間盡有許多文章可以做哩。〔註63〕

> 這是人類一個公事件，除開主張極端的個人主義和獨身主義之外，誰都應該注意，應該研究。〔註64〕

> 我們不是替趙女士呼冤，又不是替趙女士標榜，卻是借著這個眼前好題目來研究婚姻問題呢。〔註65〕

〔註61〕有時「研究」欄刊載的文章太長，會延續到第七版，「隨意錄」欄附於「研究」欄之後，所以其情況也隨之變動，或在第六版或在第七版。

〔註62〕澤東《對於趙女士自殺的批評》，《大公報》（長沙），1919 年 11 月 16 日。

〔註63〕抱一《舊式婚姻的罪惡》，《大公報》（長沙），1919 年 11 月 26 日。

〔註64〕澤東《女子自立問題》，《女界鐘》1919 年 11 月 21 日。

〔註65〕盾《看「研究」的不要把題目弄錯了》，《大公報》（長沙）1919 年 11 月

難道我們輿論也像法庭辦法，驗得委係自刎身死，從此就罷休嗎？
〔註66〕

趙姓女兒自殺的事，要是在前幾年，聽著的人恐怕鼻子哼了一哼就過去了，因爲在中國社會上算不得什麼希（原文如此，引者注）罕。平素這樣死的，我曉得的也有幾件。作親戚故舊的也都只一番嗟歎，說某女兒姓（原文如此，引者注）子怎烈，有的更鬼話連篇，說遇煞哪，說碰了替死鬼哪，說命中注定要枉死哪，沒有一個追究這女兒到底怎樣要死，到底是誰的罪過。以外的人更不相干，說一聲可憐罷了。如今這趙姓女兒自殺，社會感情都爲激動，各報紙僅可研究，投稿諸君也破費工夫去湊襯許多材料，就是冬烘先生也要做幾句挽辭獨自憑弔一番，可見社會已有進步，都知道這樣自殺是人格問題，是增長人類的人格價值，不是一種偶然的事件了。〔註67〕

當時長沙周南女校所辦的《女界鐘》雜誌，本來大半內容都在討論「婦女解放」、「婦女勞動」諸問題，所以趙五貞事件一發生，他們就在毛澤東的建議下，特意出了「趙五貞專刊」附於第 4 期之後，陶毅、周世釗等寫了文章，而其主張就是改革父母包辦的封建婚姻制度，代之以婚姻自主、自由戀愛。〔註68〕而和《大公報》歷來互有呼應〔註69〕的《晨報》，在趙五貞事件中，刊發了一則《舊式婚姻的犧牲》，其副題爲「請做父母的人看看！」儘管其描述的內容中有好些失實處，但其描述的立場與《大公報》中新文化派的相同，都認爲趙五貞是舊式婚姻的犧牲品〔註70〕。

---

24 日。

〔註66〕 不平《趙女士自殺的「輿論」》，《大公報》（長沙），1919 年 11 月 20 日。

〔註67〕 盾《我也說說趙女自殺事件》，《大公報》（長沙），1919 年 11 月 18 日。

〔註68〕 周敦祥《女界鐘——「五四」漫憶》，呂芳文主編，湖南省政協文史資料研究委員會編《五四運動在湖南》，嶽麓書社，1997 年，第 245 頁。

〔註69〕 比如，這一時期，李超之死是《晨報》重點報道的一個事件，從 12 月 6 日至 8 日，《大公報》（長沙）全文轉載了胡適所寫《李超傳》（置於「特載」欄）；北京《晨報》上討論「的」字的用法很是熱烈，《大公報》（長沙）12 月 6 日在「研究」欄登了一篇文章《北京之「的」字問題》，對討論的諸觀點進行了總結式論述。從緯文《婚制改造問題》末尾的記者附記中可知，緯文是《大公報》在北京的特派員。而從緯文該文的觀點來看，他傾向於《大公報》（長沙）新文化精英們的立場。由此可以推知，《大公報》和《晨報》在諸多事件方面的互相呼應，不是巧合的。

〔註70〕 值得注意的是，這則文字同樣刊登在「新聞」版，但很明顯，此時記者的觀察更爲宏觀，但相較於《大公報》登在「勝聞」欄裏的那幾篇報道，這裏記

　　事實上，新文化精英們對趙五貞自殺事件意義的挖掘，在 11 月 15 日到 19 日，《大公報》記者正努力客觀地報導事實並澄清眞相的時候就已經開始。他們發表在「研究」和「隨意錄」中的文章，體現出他們早就將這個事件定性爲一個値得「研究」的社會問題——女子婚姻、家庭改造問題——的藍本。

　　天籟、兼公之文與記者對趙五貞自刎案的第一篇報導同時面世，但很明顯，天籟、兼公的思路、立場與記者截然不同。「這兩則短評的立論點相當一致，均是摒除新聞眞相的煩瑣探究，把符合保守貞節觀的說法過濾掉，而逕直將新娘的死因歸罪於舊式婚姻、干涉婚姻」〔註 71〕。天籟在總結了記者從街談巷議所得來的三種死因後，發表了如下議論：「內幕究竟如何，固非局外人所能揣測，總之必有大不願意之處，而又不敢告人，故寧犧牲性命以圖解脫一切現在未來之苦惱，所謂『不自由無寧死』也。嗚呼舊式婚姻，爾乃演此慘劇。文明進化之二十世紀，豈容爾再狓猖，流毒於社會。嗚呼國人，曷不猛醒，曷不竭力驅此惡魔，剷除此人道主義之蟊賊。」〔註 72〕換句話說，眞相究竟如何，在天籟這裡並不是太重要，因爲不管如何，趙五貞的死都正如「不自由無寧死」所言，他希望的是國人從此猛醒，驅逐舊式婚姻這個惡魔。而兼公將趙五貞命名爲「改革婚制之犧牲者」，他說：「吾人日日提倡自由結婚，一班老頑固必要拿些陳古話來反對，於今眼看著趙家一個好好的女兒，被他們逼上了斷頭臺去了。我想中國人不都是些聾子瞎子，必定總有一絲半點兒的良心，就應該有個澈底的覺悟。如果大家從此覺悟，不再去干涉他的兒女婚姻，這個女子還死得値得。因爲他一面雖然做了不自由婚的犧牲者，一面還算做了警勸婚制改革的犧牲者，我們不要辜負他，不要使他白白的送了一條性命。」〔註 73〕可見，兼公認爲，趙五貞之死，正是證明婚制亟宜改革的一個標本，他希望國人能從此受到刺激，有澈底的覺悟，父母不再干涉兒女婚姻的自由。天籟和兼公，均超越了趙五貞的死本身，而將目光聚焦於舊式婚姻、父母包辦婚姻的弊害，而其關注此事，均是希望國人從此覺醒，從此覺悟。

　　　者的立場已經發生變化，由原來的客觀報道事實轉爲同意毛澤東等對趙五貞事件意義的挖掘結果。
〔註 71〕吳潤凱《新娘趙五貞之死》，《書屋》2008 年第 2 期，第 65 頁。
〔註 72〕天籟《舊式婚姻之流毒》，《大公報》（長沙），1919 年 11 月 15 日。
〔註 73〕兼公《改革婚制之犧牲者》，《大公報》（長沙），1919 年 11 月 15 日。

　　毛澤東發表於 11 月 16 日的《對於趙女士自殺的批評》首先認定趙女士的死是自殺，是橫死，是反生理的及反物理的，而她的死，完全是環境所逼：「趙女士的環境是：（一）中國社會，（二）長沙南陽街趙宅一家人，（三）他所不願意的夫家長沙柑子園吳宅一家人。這三件是三面鐵網。可設想作三角的裝置，趙女士在這三角形鐵網當中，無論如何求生，沒有生法。生的對面是死，於是乎趙女士死了。」趙女士的死亡背後，「是婚姻制度的腐敗，社會制度的黑暗，意想的不能獨立，戀愛不能自由。」〔註 74〕也就是說，他希望他們討論婚制改革、社會改造、戀愛自由等等學理問題，就傍著這個「活事件」來討論，以取得更佳效果。

　　在 11 月 17 日發表的《我對於趙女士自殺的雜感》〔註 75〕一文中，兼公回應了「輿論」中關於趙五貞死亡原因的四種說法。針對「趙女士是聽說姑有惡名怕受凌虐死的」這一說，他認為，吳鳳林之母有無惡名是一個問題，最根本的問題在於，姑媳關係本應該非貓與鼠的關係，應該是平等的人類，而且，結婚也祇是一夫一妻之間的關係，「絕對不受夫或妻以外別一個人的束縛」，與姑無關，但在野蠻的中國社會，姑對媳有無上權力，可以凌虐之而不許反抗的，而這「便是就倫理的流毒，也就是大家庭姑媳同居制的惡果」；針對「趙女士是因未婚夫死不願再嫁受父母逼迫死的」這一說，兼公認為，這一說確否尚待調查，但結婚應該主張尊重個人意志自由，如果趙女士真不願再嫁，那麼強迫他再嫁的便是侵犯了他的意志自由，如果死了就是強迫之人殺死的，如果他不死，且過門後夫妻和好了，「這段婚姻也不能算是真正婚姻，只算得強姦。」因為他在結婚時並不具備「自由意志」這一個最不可缺的結婚條件；針對「趙女士是嫌丈夫年老貌醜不願嫁他死的」這一說，兼公認為，如果這屬實，也是不自由婚的大罪過。他由當時聽到一個婦女說「二十歲的新娘子對個四十多歲的老官，也不算什麼奇事，這又何必去尋短路呢？」的話，對其「不算奇事」之說聯想到社會習慣的威權，因為男女在結婚的大禮告成後方可謀面，而這正是舊婚制的弊端；針對社會上所言趙女士是以身殉未婚夫的傳聞，他說如果這屬實，那麼他們佩服他還有點自由意志，還肯把性命去殉自由意志，而決不是佩服他什麼貞節，更不至再拿片面的貞節來做不人道的獎勵品。在文末，兼公談及現代對自殺的觀念，「自殺決不是自殺，

〔註 74〕澤東《對於趙女士自殺的批評》，《大公報》（長沙），1919 年 11 月 16 日。
〔註 75〕兼公《我對於趙女士自殺的雜感》，《大公報》（長沙），1919 年 11 月 17 日。

是環境誘他勸他或逼迫他到求生不能的地步，所以自殺不是個人的罪惡，是環境的罪惡」，故而他們改造環境以讓自殺絕源，而「替趙女士一類自殺的人想個絕源方法，便是改良婚制，實行結婚自由。」而這，是爲「已入或將入黑獄裏的無量數囚徒」想的「超拔的方法」。換句話說，兼公認爲，不管趙五貞之死是什麼原因導致的，她都是舊倫理、舊婚制下的一個犧牲品，他們要做的就是要改變這種舊倫理、舊婚制，實行結婚自由、姑媳分居制、結婚時尊重個人的意志自由等。

由此，新文化精英們不再拘泥於弄清趙五貞自殺的眞相，或者說，他們對趙海樓的敘述有意識地忽略，而從《大公報》（長沙）前此的幾篇報導中發現裂痕，重點圍繞婚制改革的方方面面進行探索。這些探索包括以下幾方面：

第一、人格問題。

這一問題由毛澤東、兼公、盾三人於 11 月 18 日集中提出。他們的觀點也成爲後來討論這個問題的起點。毛澤東認爲趙女士受父母的壓制，沒有自由意志，受到了父母的「間接強姦」而沒有人格。而從趙女士本身來說，「在他二十一年最後的一瞬間，他的人格忽然現在來了。嗚呼，嗚呼！不自由，無寧死。雪一般的刀上面，染了怪紅的鮮血。柑子園塵穢街中被血灑滿，頓化成了莊嚴的天衢。趙女士的人格也隨之湧現出來，頓然光焰萬丈。」〔註76〕既無人格又有人格，這貌似矛盾的論述其實並不矛盾，因爲他的沒人格是由於父母的壓制，而這是外在於趙女士的環境問題，她的沒人格，反而說明了趙女士不得已的悲慘處境，這一「抑」爲他後面的「揚」做好了鋪墊。正是看到這一點，兼公才對毛澤東的觀點表示了贊成。但較之趙女士，兼公更認可 17 日《大公報》所報導的那位常女士，因爲這位常女士能以智力保障他的自由意志，採取了積極有作爲的舉措，故而，常女士是有人格的。「常女士得了個頂完美的結果，趙女士得了個頂慘痛的結果」。〔註77〕而盾則徑直將趙五貞的自殺認爲是人格問題，是增長人類的人格價值〔註78〕。此後，將婚姻與人格問題相聯的所在多有，如蘇閏波希望他們與惡魔宣戰，務必使這萬惡的魔鬼永遠不再現於這光天化日之下。這樣「上可以替我們自今日以前無量數

〔註76〕澤東《趙女士的人格問題》，《大公報》（長沙），1919 年 11 月 18 日。
〔註77〕兼公《趙常兩女士的人格問題》，《大公報》（長沙），1919 年 11 月 18 日。
〔註78〕盾《我也說說趙女自殺事件》，《大公報》（長沙），1919 年 11 月 18 日。

屈死的女界同胞吐一口惡氣，下可以救我們自己的人格」〔註79〕；一個讀者在致《大公報》的信中就表示自己非常崇尚趙女士的人格〔註80〕；劉渡黃所謂「注重將來的婚姻改造」方法的第三種就是在法律方面減輕親權，尊重子女的人格和結婚的自由。〔註81〕

第二、婚制改造問題。

這是絕大多數論者都異常著力之處。首先，在婚制改造的必要性上，新文化精英們達成了共識，但仔細考察他們的論述，可見其立場有溫和和激進兩種。溫和者以緯文、筠園爲代表，激進者以毛澤東、兼公、盾等爲代表。

緯文在文章中，提出了改造婚姻問題的折衷的法子：(1)改定結婚的年齡，認爲早婚的男女未成年，所以懦弱愚鈍，不能自決。應以二十歲左右結婚爲好。(2)兒女自行擇合經父兄鑒定。(3)由父母擇合經兒女的許可〔註82〕。這篇文章本非爲趙五貞事件而寫，但恰值這一事件討論期間，故編者對其作了披露。編者說，「至此問題的關係，十分重大，不是幾句話可以解決，本文所說也未必都有充分的道理。不過提作一個問題，以供大眾的研究。」〔註83〕筠園也傾向於保守。他說「父母主婚的制度，中國相傳已數千年來了，驟然改變，也有些爲難的處所。」所以他主張以解除男女界限爲自由結婚前提〔註84〕。盾在文末附的文字則說：「但據事實上說來，要解除男女界限，男女沒有受過教育也不可能，所以現在的先決問題，還要從教育方面著手。不過社會上種種腐敗思想齷齪習慣，急要設法滌除，才可不至和新機發生牴觸。」對設法滌除種種腐敗思想、齷齪習慣的想法，盾等新文化精英始終是堅持的。

佔據主流的想法無疑出自激進派。他們認爲，趙女士的自殺是被環境、社會所逼。毛澤東提出了「三面鐵網」說，這三面就是趙女士所處的環境：中國社會、長沙南陽街趙宅一家人、他所不願意的夫家柑子園吳宅一家人。這個環境是險惡的，而且這三面鐵網沒有一面是開放的，因此趙女士只有死

〔註79〕蘇閩波《趙女士自殺案的「輿論」》，《大公報》（長沙），1919 年 11 月 20 日。

〔註80〕《來函批露》，《大公報》（長沙），1919 年 11 月 20 日。

〔註81〕劉渡黃《我對於婚姻改造的意見》，《大公報》（長沙），1919 年 11 月 29 日。

〔註82〕緯文《婚制改造問題》，《大公報》（長沙），1919 年 11 月 20 日。

〔註83〕緯文之末，記者所寫文字。

〔註84〕筠園《我的改革婚制談》，《大公報》（長沙），1919 年 11 月 21 日。

〔註 85〕。更進一步，毛澤東考察了「社會萬惡」與趙女士之死的關係，強調他們在批評這件事情時始終不能忽略掉「社會」，是社會逼死了趙五貞〔註 86〕。而在這之中，父母包辦婚姻制度、媒人制度、婚姻迷信、家庭專制等等都是很重要的方面。對毛澤東、兼公等人的這些看法，舒新城、平、邁君、司、平子、西堂、盾、抱一等都表示同意，並從自己的角度進行了補充、論證、研究。汝霖承接了毛澤東的「鐵網」說，但他認爲社會的鐵網較之那三面鐵網更堅牢些〔註 87〕。陳子博則更從「吳趙氏」的命名看出這環境的鬼鬼祟祟：「爲什麼有些人，硬要將吳字加到那清清白白的趙女士身上，來冤枉他誣墮他？他已經死了，還要將他征服做別人的附屬品，這是什麼意思呀！有這麼鬼鬼祟祟的環境，趙女士怎得不死！」〔註 88〕；對包辦婚姻的罪惡，兼公在《舊式婚姻之流毒》首先提出，在繼之的《我對於趙女士自殺的雜感》一文中也重點論及，平子則直截了當地說：「我不贊成父母主婚」〔註 89〕，毛澤東甚至說出了「天下類於趙女士父母的父母都要入獄」〔註 90〕這樣的話；對媒人制度的罪惡，除毛澤東《打破媒人制度》、《「社會萬惡」與趙女士》之外，汝霖的《我對於趙女士自殺案的主張》，毓瑩的《一個問題》都涉及到了這個問題。汝霖說：「我對於趙女士的犧牲，主張父母和媒婆都應受刑事的制裁。」〔註 91〕毓瑩甚至認爲，「中國婚姻關係中最可惡的是第三者（媒人）夾於其間，他不知害了多少人。」「聽說趙女士的媒人受了七十塊大洋，想他們是爲了錢的原故，有些不愛錢的那就簡直是吃了飯沒事做。」他最後送他們這班喜歡做媒的話是「天誅地滅，絕子滅孫」〔註 92〕……

但無論是溫和派還是激進派，畢竟都屬於新文化陣營，因此他們改造婚制、家庭專制制度的立場，並無根本差異，即便是對趙女士之死的遺恨的指出者〔註 93〕，指出趙女士之死是消極的行爲者〔註 94〕，都幾乎同時指出其根

〔註 85〕澤東《對於趙女士自殺的批評》，《大公報》（長沙），1919 年 11 月 16 日。

〔註 86〕澤東《「社會萬惡」與趙女士》，《大公報》（長沙），1919 年 11 月 21 日。

〔註 87〕汝霖《我對於趙女士自殺案的主張》，《大公報》（長沙），1919 年 11 月 19 日。

〔註 88〕陳子博《那裏來的吳趙氏》，《大公報》（長沙），1919 年 11 月 21 日。

〔註 89〕平子《我不贊成父母主婚》，《大公報》（長沙），1919 年 11 月 22 日。

〔註 90〕澤東《趙女士的人格問題》，《大公報》（長沙），1919 年 11 月 18 日。

〔註 91〕汝霖《我對於趙女士自殺案的主張》，《大公報》（長沙），1919 年 11 月 19 日。

〔註 92〕毓瑩《一個問題》，《大公報》（長沙），1919 年 11 月 22 日。

〔註 93〕邁君《我對於趙女士自殺的感想》，《大公報》（長沙），1919 年 11 月 21 日。

〔註 94〕殷柏《對於趙女士「自殺的批評」的批評》，《大公報》（長沙），1919 年 11

源不在趙五貞本身，而在她沒有機會接受完全的教育、自由的教育，她所處的環境如此險惡等等。

不僅如此，在新文化精英們持續二十來天的反覆討論中，「自殺」的「趙女士」的形象得到了較全面的建構，可以說，通過他們的努力，新聞報導中自刎的新娘成了爲爭取自由而奮鬥的時代典型，一個不自由勿寧死的時代精神的體現者。

盾就認爲，趙五貞自殺成功，和常女士的婚姻成功，都表示他們實現了自身的價值〔註95〕。在蘇閩波眼裏，「趙女士是一個有魄力能夠自決的人。……他這種流血，是眞理與惡魔奮鬥的結果，他是求眞理的勇將」，新曼則如此讚賞五貞的自殺：「趙姓姐姐呵，你現在何等灑脫，何等自由，你的力量眞大，你的計劃眞妙。」「趙女士是個不爲環境所屈的鐵漢，同時是個完成自己意志的自動的犧牲者」〔註96〕。贊成趙五貞自殺的還有署名「司」者，他說：「譬如趙女士要是自刎不死，歸了吳家，羞死氣死的痛苦，比自己刎死還要加重呢。噫！天下許多不自重的愚夫愚婦，自己起先不自打點，空落得一場奚落，不羞死也要氣死哩。」可見，他不僅贊成趙五貞的自殺，而且以此爲標準要求所謂的愚夫愚婦〔註97〕。一個讀者在來函中認爲只在紙上稱讚，「對於趙女士的苦衷，還不能夠完全的表現出來，對於那些老頑固家庭，也還是不能完全警醒他們。」所以他建議《大公報》提倡爲趙女士開一個大追悼會。〔註98〕有人觀察到「趙女士自殺之後，有心人哀憤悲悼，有主張由女學生結隊遊街以誓勸世人之耳目者」，「有主張開追悼大會，以表示其勇烈之精神者，有主張樹碑於其墓道，表章其爲要求自由解放之犧牲者」〔註99〕……至於希望通過青年男女的努力奮鬥，使趙五貞不至於枉死，或者表示要爲趙五貞報仇之類的言說，更不鮮見。

新文化精英們對「趙女士」「自殺」意義的挖掘，和對「自殺」的「趙女士」形象的塑造，毫無疑問是成功的。事實上，他們以《大公報》（長沙）和

月 19 日。
〔註95〕盾《天下幾多沒有價值的事》，《大公報》（長沙），1919 年 11 月 20 日。
〔註96〕見《趙女士自殺案的「輿論」》（《大公報》（長沙），1919 年 11 月 20 日）中蘇閩波、新曼所寫的部分。
〔註97〕司《不羞死也要氣死》，《大公報》（長沙），1919 年 11 月 21 日。
〔註98〕1919 年 11 月 20 日《大公報》（長沙）「來函披露」欄。
〔註99〕西堂《論趙女士自殺事》，《大公報》（長沙），1919 年 11 月 24 日。

《女界鐘》爲主要陣地進行的這場「建設輿論」〔註100〕的行爲，和他們正倡言解放、改造，尤其是女子解放密切相關，這在邁君的文章中已經說得比較明白：「當這大家高倡解放論的時候，恰好有趙女士自殺的事情發生，他自殺的方法，又是一種很容易惹人注意的方法，所以大家都被他激動，對於他表極大的同情。」〔註101〕毛澤東也對青年男女如是說：「你們都不是些聾子瞎子，眼見著這麼一件『血灑長沙城』的慘事，就應該驚心動魄，有一個澈底的覺悟。你們自己的婚姻，應由你們自己去辦。父母代辦政策，應該絕對否認。戀愛是神聖的，是絕對不能代辦，不能威迫，不能利誘的！我們不要辜負了他，不要使他白白送了一條性命。」〔註102〕由趙五貞事件，劉渡黃得出的是「建設輿論，就是我們青年的責任，發表輿論，就是報紙的責任了。」爲此，他要求輿論界三點：(1)多攻擊舊式的婚姻，(2)多鼓吹自由的婚姻，(3)研究婚姻的改造。〔註103〕可見，趙女士自殺事件本就是他們「建設」新式婚姻觀中的一環，和前此對國民新道德的涉及以及後此對中國婦女解放問題的持續關注一脈相承。

正是在這個意義上，我們會發現，新文化精英們的努力終於成功。體現在當年趙五貞自殺事件意義建構者之一的周敦祥身上，就是事隔六十年之後，他對趙五貞的回憶性評價是下面的樣子：

> 趙五貞是位年輕姑娘，在五四運動提倡的新思想、新文化的熏陶下，她不滿於封建包辦婚姻，在被迫出嫁時，坐在花轎裏自殺了。當時我們從調查中知道，她在出嫁前曾經對嫂子說過：「女子在家從父，出嫁從夫，夫死從子，做女子的眞是背時呵！」過門那天，她請求花轎要從住在遠一點的姐姐家門口過身。終於，她懷著對婚姻自由的憧憬、對包辦婚姻的反抗，在花轎裏用剃刀自刎而死，用鮮血控訴了孔孟之道的罪惡。〔註104〕

這段回憶裏面，趙五貞對嫂子說過的那句話，很顯然是子虛烏有的，而其描

〔註100〕劉渡黃《我對於婚姻改造的意見》，《大公報》（長沙），1919年11月29日。
〔註101〕邁君《我對於趙女士自殺的感想》，《大公報》（長沙），1919年11月21日。
〔註102〕澤東《婚姻問題敬告男女青年》，《大公報》（長沙），1919年11月19日。
〔註103〕劉渡黃《我對於婚姻改造的意見》，《大公報》（長沙），1919年11月29日。
〔註104〕周敦祥《女界鐘——「五四」漫憶》，呂芳文主編，湖南省政協文史資料研究委員會編《五四運動在湖南》，嶽麓書社，1997年，第245頁。該文原載《湖南日報》1979年5月6日。

述中體現出的價值判斷標準，正是新文化精英們在這一事件中經過相當的努力才確立起來的。

第三節　愛情與性：兩次論爭與兩次討論——以「愛情定則」大討論爲中心

「在『五四』時期顯得異常活躍的『玄學與科學』、『人生觀』等問題的討論中，婚姻愛情問題始終以巨大的吸引力，牽動著青年知識者們的神經。捲入討論的報刊、投稿者之多，也足以證明問題本身的迫切性和它爲當時的人們所感覺到的意義。」〔註105〕事實上，在「玄學與科學」、「人生觀」討論的主陣地——1923 年的《晨報副鐫》上，交錯發生的就是關於婚姻愛情的一場大討論——「愛情定則」大討論〔註106〕。不僅如此，這年八九月間，《婦女雜誌》上還展開了「理想的配偶」（實際上是「擇偶條件」）的討論。這些討論說明，愛情婚姻問題正是當時輿論界極爲關注的一個重要話題。如果說，前此的「婚姻」更多地與隱蔽的性〔註107〕、與傳宗接代有關的話，那麼，這

〔註105〕 趙園《艱難的選擇》，上海文藝出版社，1986 年，第 371 頁。

〔註106〕「愛情定則」大討論的始作俑者張競生於 1923 年 4 月 29 日在《晨報副鐫》發表了文章《愛情的定則與陳淑君女士事的研究》，至 5 月 18 日刊登《愛情定則的討論》這一系列文章之間，1923 年 5 月 2 日，《晨報副鐫》轉載了「科玄論戰」始作俑者張君勱於 1923 年 2 月 14 日在清華學校所作的名爲《人生觀》的演講詞。隨後，1923 年 5 月 3、4、5 日轉載了丁文江《玄學與科學——評張君勱〈人生觀〉》，5 月 6、7、8、9、10、12、13、14 日的《晨報副鐫》則登載了張君勱《再論人生觀與科學並答丁在君》（丁文江的駁論和張君勱的答辯之文原登載於 48～51 期的《努力周報》）。5 月 18 日到 6 月 25 日期間，《晨報副鐫》一直刊登有關「愛情定則的討論」的二十四篇討論文章，關於愛情定則的來信共十一封，並刊登了張競生的《答覆「愛情定則的討論」》上下篇。而這期間，《晨報副鐫》亦刊登了「科玄論戰」的相關論文。如叔永《人生觀的科學與科學的人生觀》（5 月 22 日），適之《孫行者與張君勱》（5 月 22 日），梁啓超《人生觀與科學——對於張丁論戰的批評》（5 月 29 日），林宰平《讀丁在君先生的〈玄學與科學〉》（6 月 2～5 日），丁文江《玄學與科學——答張君勱》（6 月 6～10 日），朱經農《讀張君勱論人生觀與科學的兩篇文章後所發生的疑問》（6 月 18 日），唐鉞《玄學與科學論爭所給的啓示》（6 月 29 日），丁文江《玄學與科學討論的餘興》（6 月 30 日）。可見，這兩個討論是交錯進行的。有論者認爲，張競生提出「美的人生觀」就有對科玄論戰進行回應的意味。（見彭小妍《「性博士」張競生與五四的色慾小說》，葉舒憲主編《性別詩學》，社會科學文獻出版社，1999 年，第 155 頁）

〔註107〕 傳統文化中，「性」是一個不可公開談論的話題，在這個意義上說，具有隱

一時期的婚姻、愛情、性成爲密切相關的三個問題，對這三者中某一要素或者三者之間複雜關係的探討，存在於文人尤其是受新思潮影響的青年知識份子的文學作品中，也存在於「非孝」、「貞操問題」、「愛情定則」、「新性道德」等的繁複討論中。本節選取 1923 年以《晨報副鑴》爲陣地的「愛情定則」大討論作爲論述重點，並順帶論及圍繞著《沈淪》、《蕙的風》的爭論，以及以《婦女雜誌》、《現代評論》、《莽原》爲陣地的「新性道德」討論，從而考察這一時期各種文化立場的人對愛情與性欲的觀點、立場，並試圖探討新文化陣營建構新愛情、新性道德觀的努力及其反響。

一、「愛情」何謂：透視「愛情定則」大討論

（一）

「愛情定則」大討論發生於 1923 年五六月間。其起因是北京大學生物系教授譚熙鴻（仲逵）在妻子陳緯君病逝之後兩個月，即與其妻妹、時爲北大學生的陳淑君相戀結婚，而陳淑君此前與廣東沈原培有過口頭婚約，故沈原培從廣東趕至北京，以散發傳單、撰寫文章訴諸媒體等方式指斥譚陳二人，陳淑君發表文章聲明與沈並無婚約，但輿論卻基本上一邊倒：同情沈原培而指責譚、陳不道德。三人的糾葛以新聞事件的方式曾在《晨報》上連續受到關注。但直到張競生介入之前，譚、陳都處於被輿論斥責爲所謂的「不道德」的尷尬中。

張競生係譚熙鴻留學法國時的朋友，後又同在北大任教，故而，一般人將時爲哲學系教授的張競生在《晨報副鑴》上發表的《愛情的定則與陳淑君女士事的研究》一文，理解爲他是爲譚、陳結合的道德合法性進行辯護。在今日看來，其寫作的目的，從客觀上來說，固然有這個功能，但我們必須注意到，譚、陳之事在張競生這裡，祇是一種用以研究的材料。他在文章一開始就說得很明白：「現時青年男女喜歡講愛情。究竟，實在知道愛情的人甚少；知道了，能去實行主義的人更少。所以我先從愛情的理論方面說一說，然後再取陳女士的事實做爲證助的材料。或者於愛情知與行二面上均有些少的貢獻也未可知」〔註 108〕。可見，他闡釋關於愛情的思想定則，是爲了提高

敵性。
〔註 108〕張競生《愛情的定則與陳淑君女士事的研究》，《晨報副鑴》1923 年 4 月 29 日。

青年愛情方面的「知」，而運用陳淑君的例子，是爲了讓青年知道怎麼「行」
——對陳淑君事的闡釋，屬於他關於愛情定則的理論建構範圍，而絕非如後
來那些青年學子們所言，是爲其朋友、同事譚熙鴻與陳淑君二人作「辯護
士」〔註109〕。此外，在張競生的答覆之文中，他這樣說：

> 關於譚仲逵君事，本來與我題無干，可以不管。現在既有許多人硬
> 挽入內。我也來說一說：

> 我與譚君雖是十餘年前在法國一度同居的朋友，可是未曾做過一回
> 長久的好朋友。爲的是我們二人的意見、性情、行爲，都是相合不
> 來的。但我對他的這回與陳淑君女士結婚事，又極認爲合理，完全
> 與梁國常君及其餘諸人的見解不同。……自陳女士到譚家至結婚
> 時，我未曾一次到譚家，因爲我與譚君爲一件公事上的意見不相合，
> 在此時期，彼此已經數月不相通問。……我的愛情定則，不能因譚
> 是朋友就不敢說的，也不是因譚不是朋友就不要說的。定則自定則，
> 朋友自朋友。主張自主張，仇人自仇人。我愛朋友，我更愛定則！
> 我怕仇人，我愈要主張！凡稍知我是一個思想自由及極有主張的
> 人，就不會懷疑到我受了某人的暗示才能說話的。〔註110〕

這已經說得再明白不過了：譚熙鴻與愛情定則的提出無關，而且張譚的關係
並非如人們想像的那麼密切，更何況，張競生愛譚熙鴻這個朋友，但他更愛
定則。

在引發討論的《愛情的定則與陳淑君女士事的研究》一文中，張競生提
出了「愛情的四項定則」：(1)愛情是有條件的；(2)愛情是可比較的；(3)愛
情是可變遷的；(4)夫妻爲朋友的一種。關於第一條，張競生說他一面承認愛
情神聖不可侵犯，一面又承認它是由許多條件——感情，人格，狀貌，才能，
名譽，財產等項所組成。「凡用愛或被愛的人，都是對於這些條件，或明較，
或暗算，看做一種愛情的交換品。」關於第二條，他說「凡在社交公開及婚
姻自由的社會，男女結合，不獨以純粹的愛情爲主要，並且以組合這個愛情
的條件多少濃薄爲標準。」故而是可以比較的。「由於有比較自然有選擇，有
選擇自然時時有希望善益求善的念頭，所以愛情是變遷的，不是固定的。」

〔註109〕見《愛情定則的討論・十七》（1923年6月3日）中張畏民的觀點，《關於愛
　　　　情定則討論的來信・十》（1923年6月23日）中陳同文的觀點。
〔註110〕張競生《答覆「愛情定則的討論」》（下篇），《晨報副鐫》1923年6月22日。

並且，張競生認為夫妻的關係，自然與朋友的交合有相似的性質，所不同的是，夫妻比密切的朋友更加密切。他認為，「若在夫妻結合無愛情的條件，無比較與無變遷的地方，男女僅是一種性欲的交換品，夫妻不過為一種家庭的不動產。在這樣可憐的惡劣社會和家庭，女的則守『嫁狗隨狗』的訓言，男的則存『得過且過』的觀念，以至為夫的，則想無論如何對待他的婦人，她必不能或不敢琵琶別抱。所以男威日恣，養成家主的虐風。為妻的，則想一失足成千古恨，一夜床已百年恩，所以忍氣吞聲造就婢妾的惡習。」而對於陳淑君在譚沈之間的選擇，張競生的解釋是：「陳女士是一個新式的，喜歡自由的女子，是一個能瞭解愛情，及實行主義的婦人。她的愛情所以變遷，全受條件的支配。」而比較起來，譚的「條件」當然比沈要好得多，所以陳淑君選擇譚而放棄沈，是無可非議的正確選擇，是現代新式愛情觀的體現，陳的選擇也具有了時代女性的特徵。

張競生之文，無疑是投入這一時期社會思想領域內的一塊石頭。1923 年5、6 月間，《晨報副鐫》和《時事新報》上刊發了大量討論、辯駁文章，而以《晨報副鐫》更具有新文化立場〔註 111〕。所以我們重點探討《晨報副鐫》上關於這次討論的觀點以及意義。

5 月 18 日至 6 月 22 日期間，《晨報副鐫》一直刊登有關「愛情定則的討論」，前後共刊發了二十四篇討論文章以及張競生的《答覆「愛情定則的討論」》上下篇；從 6 月 12 日至 25 日，刊發了《關於愛情定則討論的來信》11封；6 月 14 日、6 月 20 日的「雜感」欄刊發了周作人署名「荊生」的兩篇雜文：《「重來」》、《無條件的愛情》，而在 5 月 18 日至 6 月 25 日間，《晨報副鐫》這一時期的主編孫伏園以「記者」身份發表了五次「附答」式的意見。從孫伏園 6 月 20 日的附言中我們知道，未發表的還有三十篇討論文章，以及三四封關於愛情定則的討論的來信。可見，在二個月左右的時間裏，寫文章參與這次討論的就有五十餘人之多，寫信對這次討論發表看法的就有十五人

〔註 111〕6 月 12 日《晨報副鐫》上開始發表《關於愛情定則討論的來信》，第一封是北大學生陳錫疇所寫，他說：「我以為凡事都須平心靜氣的來討論，不澈底瞭解這個問題底人萬不可來作武斷的評判。記者既是第三者底地位，也不當表示傾向某方底意思。」為此，他認為「上海時事新報曾不加批評的將反對張君底論文登出來，我很贊成他們那中立態度。」反過來說，正是《晨報副鐫》並不那麼中立，所以體現了新文化精英尤其是主編孫伏園的文化立場。

左右，加上孫伏園所說給以他口頭建議的人〔註 112〕，那麼，關心、參與這次討論的人數已相當可觀。從媒體運作這個角度來說，以《晨報副鐫》為主陣地發動的這場「中國亙古未見的『愛情定則』的討論」〔註 113〕是成功的。

以文章參與「愛情定則」討論且其文在《晨報副鐫》上發表過的人如下：梁國常（5 月 18 日），陳兆疇、梁國常、張澤熙、陳兆畦（5 月 19 日），世良（5 月 19 日），丁文安（5 月 20 日），馮士造（5 月 21 日），丁勒生（5 月 22 日），子略（5 月 23 日），孫治興（5 月 23 日），鍾冠英（5 月 24 日），維心（即許廣平）（5 月 25 日），彭拔勳（5 月 26 日），章駿錡（5 月 27 日），梁鏡堯（5 月 28～29 日），童過西（5 月 30 日），謝少鳶（5 月 31 日），陳羽徵（6 月 2 日），張畏民（6 月 3 日），譚樹櫗（6 月 4 日），R. R. P（6 月 5 日），黃慎獨（6 月 6 日），馬復（6 月 7～8 日），裴錫豫（6 月 9 日），周庚全（6 月 10 日），王克佐（6 月 13 日）及張競生《答覆「愛情定則的討論」》（6 月 20 日，6 月 22 日）。在這些人中，有些標明了自己的身份，僅據其所標示的，我們可以知道，來自北大的學生有六位：丁文安、馮士造、章駿錡、梁鏡堯、譚樹櫗、裴錫豫；來自礦群學院的有四位：陳兆疇、梁國常、張澤熙、陳兆畦；來自法大的有一位：謝少鳶；來自朝陽大學的有一位：鍾冠英；來自女高師的有一位：維心（許廣平）〔註 114〕；來自中國大學的有一位：王克佐。這十四位標明了所在高校的青年學生，佔據了參與這此討論人數的 1/2 強。然而，包括這十四位在內的參與討論的青年學子中，只有童過西、王克佐兩位對張競生《愛情的定則與陳淑君女士事的研究》中的觀點表示同情之理解與支持。這個比例之小，已經讓現在的我們，對當年京津兩地學子的思想狀況感到吃驚，更何況，童過西的文章寫於 5 月 26 日，王克佐的文章寫於 6 月 6 日，遠在孫伏園開始登出《愛情定則的討論》之後〔註 115〕，這就意味著，5 月 18 日，孫

〔註 112〕6 月 12 日所登《關於愛情定則討論的來信》之末有孫伏園的附答文字，其中提到好些讀者對他進行了口頭的勸告。

〔註 113〕方錫德《佚文〈惆悵〉：冰心唯一一部愛情小說的意義》，《長江學術》2008 年第 3 期，第 6 頁。

〔註 114〕許廣平當年投稿時並未署名自己所在學校，此據《兩地書‧十八》中許廣平所說將她也列入統計數位內。她說：「先前《晨報副刊》討論『愛情定則』時，我曾用了『非心』的名，而編輯先生偏改作『維心』登出，我就知道這些先生們之『細心』，真真非同小可。」見《魯迅全集》第 11 卷，人民文學出版社，2005 年，第 65 頁。

〔註 115〕《愛情定則的討論》從 5 月 18 日開始刊登，此期上欄目名為《愛情原則的討

伏園設置《愛情定則的討論》專欄時，除了我們現在所能見到的五篇反對文章之外〔註 116〕，如果還有沒有選登的文章，其觀點也一定是反對張競生的。由此，我們就應能理解當年孫伏園刊發《愛情定則的討論》時，爲何在按語中這樣說了：

> 本刊登載張競生君《愛情的原則與陳淑君女士事的研究》一文以後，本希望青年讀者出來討論。直至今日爲止，已收到以下這許多篇。不過很使我們失望，裏面有大半是代表舊禮教說話。可見現在青年並不用功讀書，也不用心思想，所憑藉的祇是從街頭巷尾聽來的一般人的傳統見解。中有錯誤及必須解釋的地方，當於登完以後由張競生君擇文答覆。記者。〔註 117〕

事實上，讀《晨報副鐫》上刊發的所有相關文字，可以發現四種觀點：第一種，完全反對張競生觀點的，這以北大梁鏡堯、礦群學院梁國常爲代表。梁鏡堯甚至針鋒相對地提出了他所謂的「愛情的定則」。他說「愛情的定則是：(1)無條件的。(2)非比較的。(3)不變遷的。(4)夫妻非朋友的一種。」〔註 118〕第二種，部分支持張競生愛情可因條件、比較而變遷的觀點，但對這三條進行修正，而對張所提出的第四條定則，則反對者較少。第三種，支持張競生觀點，這以童過西、王克佐爲代表。第四種，對張競生充滿理想主義色彩的愛情四定則持保留意見，但大致認可愛情是可以因條件、比較而變遷的觀點，這以孫伏園、魯迅、周作人爲代表。較之前面三種觀點，最後一種尤其值得我們關注，因爲這一種觀點，體現出新文化運動精英們對這一事件的態度，而且他們的理智、清醒，爲這次討論增加了深度。

（二）

我以爲，這種深度首先來自魯迅、周作人在此次事件中的獨特介入：魯迅的一封書信、周作人的兩篇雜感，在本次討論中具有重要意義。

論》，從第二篇文章的刊發開始，都更名爲「愛情定則的討論」，從史家的描述來看，都取後者，故而此處忽略這種差異，而徑直以「愛情定則的討論」命名此次事件。

〔註 116〕即梁國常之文（發表於 5 月 18 日），陳兆疇、梁國常、張澤熙、陳兆畦之文（發表於 5 月 19 日），世良之文（發表於 5 月 19 日），丁文安之文（發表於 5 月 20 日），馮士造之文（發表於 5 月 21 日）。

〔註 117〕孫伏園《愛情定則的討論》之按語。《晨報副鐫》1923 年 5 月 18 日。

〔註 118〕梁鏡堯《愛情定則的討論·十三》，《晨報副鐫》1923 年 5 月 28 日。

截止 6 月 12 日，《愛情定則的討論》欄已經刊發了二十三篇文章，這裡面來自青年學子的「怪論」頗多，對此，有人開始給記者孫伏園寫信，發表他們對這些討論文章的看法。於是，6 月 12 日，《晨報副鐫》開始刊登《關於愛情定則討論的來信》，至 6 月 25 日，共刊發了十一封。讀這十一封信可知，唯有署名「迅」的來信是寫給孫伏園的私函，而這封信對整個討論的形勢發生了重要影響。此外，周作人在刊登《愛情定則的討論》所在版面內的「雜感」欄，於 6 月 14 日、20 日分別發表的《「重來」》和《無條件的愛情》，實際上表明了他對這次討論的態度、評價。

魯迅的來信作為《關於愛情定則討論的來信》之四發表，這是魯迅在看到 6 月 12 日所登載的陳錫疇、鍾孟公二君的信後所寫，而其信直接針對的是鍾孟公信中所謂停止的「忠告」。他認為，「那封信（指鍾孟公的信，引者注）雖然也不失為言之成理的提議，但在變態的中國，很可以不依，可以變態的辦理的。」那就是不截止，繼續刊登。因為，「先前登過二十來篇文章，誠然是古怪的居多，和愛情定則的討論無甚關係，但在別一方面，卻可作參考，也有意外的價值。這不但可以給改革家看看，略為警醒他們黃金色的好夢，而『足為中國人沒有討論的資格的佐證』，也就是這些文章的價值之所在了。」魯迅說，如果照鍾孟公所言「至期截止」，那就堵塞了諸如「教員就應該格外嚴辦」、「主張愛情可以變遷，要小心你的老婆也會變心不愛你」之類「妙語」的「發展地」，「豈不可惜？」在魯迅看來，「丑」即便從外面遮蓋住了，「裏面依然還是腐爛，倒不如不論好歹，一齊揭開來，大家看看好。」這舉動雖然有如布袋和尚發瘋般的嫌疑，「然而現在卻是大可師法的辦法」。而對於鍾孟公以為揭出怪論來便使青年出醜的看法，魯迅說這是多慮了，因為「甲們以為可醜者，在乙們也許以為可寶」，而在陳錫疇的信中，正體現出了他對那些討論文章所體現出的舊道德的珍惜，這就是魯迅所言的「反證」。

魯迅該文，對鍾孟公信中的言論駁斥得尤為有力，但是，他對這些文章的價值——對於樂觀的改革家來說，「這不但可以給改革家看看，略為警醒他們黃金色的好夢，而『足為中國人沒有討論的資格的佐證』」，使他們的好夢不至於做得那麼圓滿；對於魯迅個人來說，這些白紙上的黑字「實在是不為無益的東西」，比如「教員就應該格外嚴辦」、「主張愛情可以變遷，要小心你的老婆也會變心不愛你」這類，「非常有趣，令人看之茫茫然惘惘然」，而如

果不是討論，這類「名言」是不易聽到的──的肯定，固然彰顯了清醒如魯迅者對此次討論別樣價值的洞見，但這樣的洞見，其實更適合寫給孫伏園一個人看。然而，孫伏園還是將這封「私函」發表了，在他的附言中，他也預見到發表這封信之後討論形勢的逆轉了：「我把這封私函發表以後，恐怕『有價值』的議論難免要日漸減少了。原來照心理測驗的規例，我們決不能以『我們搜集這些是爲做研究的材料用的』這句話向被測驗者說破的」〔註 119〕。事實果眞如他所預測的那樣──沒人願意再做這樣「有價值」的議論了，這就導致了本次討論的迅即終結。

周作人在這次討論期間發表的兩篇雜感均署名「荊生」，對林紓筆下這個「偉丈夫」之名的別樣運用，是這一時期周作人的慣用寫作技巧，而運用這個筆名本身，就體現出他對舊思想的嘲諷態度。

在《「重來」》這篇雜文中，周作人並不是討論易卜生的戲劇《重來》〔註 120〕本身，也不是講古今中外的僵屍故事，而是由這齣戲劇對「遺傳的可怕」如僵屍的重來的表現，談及「中國現社會上『重來』之多」。他說，從譬喻的意義上講，「凡有偶像破壞的精神者都不是『重來』。老人當然是『原來』了，他們的僵屍似的行動雖然也是駭人，總可算是當然的，不必再少見多怪的去說他們，所可怕的便是那青年的『重來』，如阿思華特一樣，那麼這就成了世界的悲劇了。」而在這次討論中，那些參與討論的青年，的確「有許多青年『代表舊禮教說話』」，所以「實在是一樣的可悲的事情。」而且，更可悲的是，中國現在的這般青年還不如阿思華特：「阿思華特知道他自己的不幸，預備病發時吞下瑪琲，而我們的正自忻幸其得爲一個『重來』」！對成爲舊禮教的化身的不自知而欣喜，正與魯迅在致孫伏園信中所言的「反證」相通。

接下來，周作人具體展開了他對現實中青年對譚陳結婚一事的指責的看

─────────────

〔註 119〕孫伏園《關於愛情定則討論的來信·附言》，《晨報副鐫》1923 年 6 月 16 日。

〔註 120〕即通譯爲《群鬼》的那齣戲劇。周作人認爲，劇名「Gengangere」即僵屍，因爲祖先的壞思想壞行爲在子孫身上再現出來，好像是僵屍的出現。他覺得中國古來的「重來」二字雖然指的不是僵屍，但「正與原文相合」，所以他覺得倒是恰好的譯語。在他 1922 年所寫的《文藝上的異物》中，也提及易卜生的這齣戲劇，他說「易卜生的戲劇《群鬼》……篇名本是《重來者》（Gengangere），即指死而復出的僵屍，並非與肉體分離了的鬼魂。」（見周作人著、止庵校訂《自己的園地》，河北教育出版社，2002 年，第 29 頁）

法，他沒指出譚陳二人的結婚，但這正使文章觀點具有了普泛意義：「到了現在至少那些青年總當明白了，結婚純是當事人的事情，此外一切閒人都不配插嘴，不但沒有非難的權利，就是頌揚也大可不必。孰知事有大謬不然者，很平常的一件結婚，卻大驚小怪的發出許多正人心挽頹風的話，看了如聽我的祖父三十年前的教訓，眞是出於『意表之外』，雖然說『青年原是老頭子的兒子』，但畢究（原文如此，似應爲「竟」字，也許是手民之誤，引者注）差了一代，應有多少變化，現在卻是老頭子自己『奪舍』又來的樣子了。」從這文字裏透出的，是周作人對當時青年們思想陳舊的不盡感慨。

更進一步，周作人指出青年們有這種思想，「陷入舊道學家的窠臼」，是因爲「一毫都沒有性教育」，而這「不能不說是中國的不幸罷了」。由此，周作人深刻地指出：「極端的禁欲主義即是變態的放縱，而擁護傳統之戀愛者即同時保守其中的不道德，所以說神聖之戀愛者即表示其耽戀於視爲不潔的性欲，非難解約再婚的人也就決不反對蓄妾買婢」，並表示相信這決不是過分刻毒的話。周作人的這番話，讓我們想起他對《沈淪》和《蕙的風》的辯護。事實上，對性與道德的思考，一直是周作人這一時期的重心所在。在文末，周作人說「人間最大的詛咒是肖子賢孫四個字，現代的中國正被壓在這個詛咒之下。」〔註121〕雖然用的是句號，但誰都能看出，這句話中有他強行壓抑的憤慨。

《「重來」》這篇雜文，實質上是周作人對《晨報副鑴》上所發諸多討論文章的一個評語，其呼應的，正是孫伏園在《愛情定則的討論》中所加的按語「代表舊禮教說話」。也就是說，周作人和孫伏園一樣，對那些舊思想舊道德觀充斥的討論之文，是持批判態度的，這基本可以代表周作人對該次討論文章的總體態度。而《無條件的愛情》這篇雜文，則對這次討論的中心——愛情的定則——發言，他說：「在我們這個禮儀之邦裏，近來很流行什麼無條件的愛情，即使只在口頭紙上，也總是至可慶賀的事。」這是從「無條件的愛情」突破了傳統道德的拘圍，敢於言說「愛情」的角度來作出的肯定。接著，周作人筆鋒一轉，舉了一個筆記上的故事，說「有一個強悍放縱的無賴獨宿在一間空屋裏，夜半見有一個女子出現，他就一把拉住，她變了臉，乃是弔死鬼（！）他卻毫不驚慌，說他仍是愛她。（原本的一句話從略。）」周作人說：「這似乎可以算是無條件的愛情的實（？）例了」，「但總還有一個條

〔註121〕荊生（周作人）《〈重來〉》，《晨報副鑴》1923 年 6 月 14 日。

件，便是異性。——儻若連這個條件也不要，那不免眞是笑話了。」〔註122〕
也就是說，愛情，終究是有條件的，沒有無條件的愛情，「無條件的愛情」祇
是一個笑話。

綜上可見，周氏兄弟從各自角度，對這次討論進行了高屋建瓴的點評。
對張競生所提出的愛情的定則問題，魯迅未置一詞，而周作人則認爲沒有無
條件的愛情，對張競生的核心觀點表示了肯定，但並未做更多的展開，這裡
可見他對張的理想主義主張存在保留意見。對於《晨報副鐫》所刊發的諸多
代表舊禮教說話的文章，二者都表示和孫伏園一樣的失望。較之孫伏園，周
氏兄弟的深刻之處在於，他們各從一個方向擊中這次討論的要害：魯迅說那
些古怪的言論除了證明中國人現在還沒有討論愛情問題的資格之外，毫無價
值，但就是這種沒有價值的價值，讓魯迅深刻意識到了改革的艱難，樂觀的
改革家們所做的「黃金色的好夢」僅祇是好夢而已；周作人則看到了僵屍的
重現，遺傳的可怕，孝子賢孫的大量出現，當時的青年，甚至還不自知於個
中危險，反而忻幸於當上了僵屍，並揮舞著道德大棒，高談闊論於什麼「無
條件的愛情」，這簡直就是笑話。

（三）

上面從周氏兄弟的獨特介入角度來考察這次愛情定則討論的深度何以得
到提升，下面從孫伏園在本次討論中的獨特地位和他的潛在立場，來討論
他如何精心建構了這次討論的積極意義，並且從這次討論中，獲得了悲涼
之慨。

孫伏園是《晨報副鐫》的主編，是這次討論當然的主持者。整個討論呈
現出我們現在所見的複雜面貌，離不開他的編輯才華。

首先，從組織過程來看。譚陳結婚所起的糾葛，在《晨報》上有連續報
導。張競生之文《愛情的定則與陳淑君女士事的研究》一文投往《晨報副鐫》
之後，孫伏園在 4 月 29 日第 4 版的醒目位置加以刊登。然後從 5 月 18 日開
始，特意設置「愛情定則的討論」專欄，爲發表眾多討論文章提供一個園
地。參與者寫於 4 月 29 日至 5 月 18 日期間的文章，其發表與否〔註123〕及發

〔註122〕荊生（周作人）《無條件的愛情》，《晨報副鐫》1923 年 6 月 20 日。
〔註123〕在孫伏園寫於 6 月 13 日的附言中，他說：「我還是打破天窗說亮話罷：在當
　　　　初收到十餘篇討論愛情定則的文字的時候，我的意見也與鍾君差不多」，可
　　　　見，在 5 月 18 日設置這個欄目前，他收到的文章大致是後來實際發表的二

表時間，經過了孫伏園的一番選擇和安排：刊出的首先是「謬論」，而且其謬越多，越容易引起後來者的爭論者，越發在前。例如馮士造的文章贊成張競生愛情定則的第四項，且說「張君所云愛情可以隨條件，比較，而變遷的主張我極力反對」，故而這篇有贊成有反對的文章，雖然寫於 5 月 1 日，就刊發在寫於 5 月 6 日的丁文安之文之後。截止 6 月 12 日，《愛情定則的討論》欄目已發表了二十三篇討論文章，而贊成張競生定則的，僅只一篇，代表舊禮教說話的文章比比皆是，在這種情況下，孫伏園如何扭轉這次討論的方向呢？這就有了《關於愛情定則討論的來信》這個欄目的設置。通過刊發俠君、魯迅、周佩虞等人的來信，既對前此所發的二十餘篇討論文章做了點評，也對是否繼續討論，怎麼討論進行了商討，期間，通過刊發周作人的兩篇雜文和魯迅的私函，以及曹叔芬肯定這次討論價值的來信，微妙地扭轉了整個討論的導向，不僅將那些討論文章的缺陷加以恰當點評，而且將其中暴露的思想問題，作為新文化對舊禮教的革命之艱辛的證明，並提出了對青年進行性教育〔註 124〕、國語教育〔註 125〕的要求。

此外，從孫伏園在整個討論過程中發表的五篇按語或附答類文字來看。

在刊發《愛情定則的討論‧一》之前，孫伏園有這樣一段在隨後討論中被廣為引用的話：

> 本刊登載張競生君《愛情的原則與陳淑君女士事的研究》一文以後，
> 本希望青年讀者出來討論。直至今日為止，已收到以下這許多篇。
> 不過很使我們失望，裏面有大半是代表舊禮教說話。可見現在青年
> 並不用功讀書，也不用心思想，所憑藉的祇是從街頭巷尾聽來的一
> 般人的傳統見解。中有錯誤及必須解釋的地方，當於登完以後由張
> 競生君擇文答覆。記者。

這段話有三層意思。第一層，從登載張文開始，孫伏園就有對青年讀者參與討論的心理期待，並且隨後的確有「許多篇」文字投往副刊，這無疑滿足了他的期待，但也證明，這是一次有意識地發起的討論。第二層，他表達了對「許多篇」文字的評價：「失望」，並對其原因進行了總括性描述：「代表舊禮教說話」而且其所依據的，祇是聽來的「傳統見解」。第三層，他提及將請張

倍。

〔註 124〕見周作人《「重來」》（1923 年 6 月 14 日）及曹叔芬《關於愛情定則討論的來信‧九》（1923 年 6 月 23 日）。

〔註 125〕見曹叔芬《關於愛情定則討論的來信‧九》，《晨報副鐫》1923 年 6 月 23 日。

競生答覆，以廓清這些文章中的「錯誤及必須解釋的地方」。由此可見，這是一次有組織的討論，而孫伏園的立場，明顯不滿於此期已寫文參與討論的青年們，而趨向於認同張競生的觀點。他失望於這些青年的文章，其實預示著他本來希望當時的青年們，至少是大部分青年們，經過「五四」新文化運動的洗禮，已經從舊禮教的拘囿中掙脫了出來，而能夠對愛情定則發出有深度的言論，能夠在現代價值體系中談論愛情：這其實已經顯示出了孫伏園的新文化立場。

孫伏園對「五四」後新青年的期待，及他組織這次討論的目的，在他針對張畏民所做的附答中體現得更爲明顯。張畏民的文章屬於「愛情定則的討論」之十七篇，在該文中，張畏民說自己見了張競生的文章後「很奇怪：竟有人把這件不道德的事情，公然去提倡他，且發表一篇議論」，「現在忍無可忍了」，所以不怕得罪人，發議論了。在他眼裏，張競生是譚陳的「辯護士」。「依我的意思，他既與善良風俗來作對，不配當大學的教授罷？」指斥張競生不道德。「張君偏要爲一二之私，破壞質樸的風俗，還要說什麼『愛情定則』，眞正可歎！」這樣的言論，顯然與孫伏園的預期背道而馳。在該文之末，張畏民有給記者的附言：

> 記者先生：我這篇討論，是隨便說說，毫無統系的，你如以爲可以犧牲點篇幅，就請發表出來，至於有不妥的詞句，也可以刪改！

爲此，孫伏園如此做答：

> 不妥的詞句，倒並沒有，所以不必刪改；不過不妥的意見實在太多了。好在這欄，本刊並不負言責，所以正可藉此機會，用愛情這一個普遍的題目，考一考當世的青年。意見無論優越也罷，無論平庸也罷，無論荒謬也罷，打一百分也好，打五十分也好，打零分也好，這都在乎高明的讀者底公平的批判。

說張畏民「不妥的意見實在太多了」，這表明了孫伏園的態度。但同時他「用愛情這一個普遍的題目，考一考當世的青年」的說明，正好表白了他策劃這一場討論的一個「意外」的目的。之所以說意外，是因爲也許孫伏園最初並沒有想到「當世的青年」的思想狀況是這十七篇文章所顯示出來的那麼糟糕。

6 月 12 日開始刊登「關於愛情定則討論的來信」。第一天刊登的來自陳錫疇、鍾孟公，第二天刊登的來自俠君。這三封信，代表了三種觀點：第一種

呼籲《晨報副鐫》記者保持中立態度，將所有文章不加批評的刊登出來；第二種態度認為不應該繼續討論下去，至少也應設置一個期限，至期截止，而在刊登文章時，記者要「加以別擇」；第三種重點指出討論中無理笑罵的言論之多，指出大多數「中國的新青年」不配參與討論，故而希望記者刊發文章時要選及格者，不及格者要讓他們都「名落孫山」，且將意見淺薄而重複的，一齊割愛。三種觀點，正好形成類似於正——反——合的言說格局。對此，孫伏園說了很長一番話：

> 我還是打破天窗說亮話罷：在當初收到十餘篇討論愛情定則的文字的時候，我的意見也與鍾君差不多，「……編輯人加以別擇，若有太說不過去的話應當沒收不要發表，不但是體惜讀者免得白費精神，也是體惜作者省得獻醜。」後來實在等不到好東西，只得加了幾句按語，就是「……不過很使我們失望，裏面有大半是代表舊禮教說話……所憑藉的祇是從街頭巷尾聽來的一般人的傳統見解……」暫且發表，萬不料這幾句話竟使陳君「難懂」！
>
> 後來我想，有許多投稿的先生每把「公開的言論機關」這頂高帽子替我們戴上，要求登載他們自己的東西，雖然我們沒有這許多冤枉的篇幅讓他們發抒高見，但是暫時開放一次對於本刊似乎也還沒有十分妨礙。我想，只要文法與論理上並無明白的錯誤，意見的差池究竟沒有確切的標準。從前英國許多學者都注意於公開討論的重要，到現在倫敦還有這個風氣。無論是兩個反對黨的意見，盡可以同時在一個地方兩面演說，他們相信意見無論如何荒謬，盡可以讓他們自由發表，聽者一定有抉擇的能力，決不會有人去盲從他們。況且用學校展覽成績，及教育心理測驗的辦法，取科學的態度，則無論一針一筆之微，亦須與長篇大幅的論文受同樣的看待，才當得起稱為確切的材料。
>
> 但是，我不能憑有這個意見，一則使副刊的篇幅犧牲了，二則使讀者的精神白費了，三則使作者的淺薄顯露了。現在概括讀者的勸告（有許多是口頭的勸告），大約可分為三種辦法，一種是間幾日登載一篇，一種是把所有未經發表的作品，製成一表，將作者大名及篇中主要意見摘出來列在表內一日登完，又一種是照鍾俠二君的意見，由記者「加以別擇」，將認為有發表價值的諸作於三五日內登完，

再登出張君的答覆以作結束。第三種似乎較爲可行，不知讀者的意
見怎樣。

這三段話，其實是孫伏園打破天窗，對該討論過程中他的編輯思想和行爲所
說的「亮話」。最初，他想「加以別擇」，挑出好東西發表，但是「實在等不
到好東西」，所以只得加上按語將其中的一些發表，後來他率性讓《晨報副鐫》
在這此討論中充當一回「公開的言論機關」，藉此考考當世的青年們〔註126〕，
於是暫時有些放開，但他終於還是不能這樣做，其個中原因，除了他說出的
「一則使副刊的篇幅犧牲了，二則使讀者的精神白費了，三則使作者的淺薄
顯露了」之外，我以爲，更重要的還在於，從已經刊發的二十三篇文章看來，
當世的青年們在這次思想考試中成績非常不理想，大有僵屍自己重來的迹
象，遑論他收到卻沒有發表的三十篇討論文章哩。所以他趁著鍾俠二君的建
議來到之際，提出了解決這次討論後續問題的意見：挑出有價值的文章儘快
登完，再「登出張君的答覆以作收束」。事實上，在這番話之後，左邊就登載
了《愛情定則的討論‧二十四》，這正是王克佐所作、支持張競生的文章。此
後，就再也不登載討論文章了，這一方面預示著後來沒有有價值的文章，另
一方面也可見，孫伏園的那番回覆，就是在爲結束這番幾乎無正面意義的討
論做一個過渡。

但討論當然不能就這麼結束，所以隨後就刊發了周作人的那兩篇雜文和
魯迅等人的來信，對這次討論已經發表的文章和青年的思想進行評價。在魯
迅等的來信發表之後，孫伏園再次站出來發言。就在這次發言中，他無意間
透露了他們對這次討論「絲毫不動聲色的取著一種研究的態度」，而且預測自
己將魯迅所寫的這封私函發表後，「恐怕『有價值』的議論難免要日漸減少
了」，因爲「照心理測驗的規例，我們決不能以『我們搜集這些是爲做研究的
材料用的』這句話向被測驗者說破的」〔註127〕。這向被測試者搜集材料的「我
們」的立場，正是試圖借愛情這一問題，考一考當世青年們思想狀況的新文
化精英們的立場。由此，「有價值」的文章所指代的意義，已經由原來對「愛

〔註126〕這是有意識的一種操作方式。在他 6 月 22 日附在張競生答覆文末的一長段話
中，他說：「這是記者故意實做一出『公開的言論機關』，使讀者看看，一旦
真的公開了是如此的令人難受」，對「故意」的這言行的描述，和他所言的「用
愛情這一個普遍的題目，考一考當世的青年」相通。
〔註127〕孫伏園《關於愛情定則討論的來信‧八》之附言，《晨報副鐫》1923 年 6 月
16 日。

情定則的討論」有正面參考價值，悄然變成了對研究青年的思想狀況有價值，而後者，是本次討論「意外」收穫的一個價值。當然，對這個「意外」價值的發現，是新文化精英們不願意的，但也無法，因爲改革家所做的「黃金色的美夢」，在現實面前是如此不堪一擊。

孫伏園的最後一次附言，出現在張競生的答覆文章（上篇）刊完的 1923 年 6 月 20 日。和張競生的文章是對前此發表的文章的總答覆一樣，孫伏園也在此對本次討論提前做了一個總結。孫伏園說，還有三四封關於愛情定則討論的來信未曾發表，因爲有許多話已經重複，唯有叔華君所言「這個愛情定則的討論是我們青年人現在不可少的研究，……」是前幾封信裏沒人說過的，其實這意在強調研究愛情定則之於青年人的必要性。另外，未刊登的還有三十篇討論文章。對這些文章如何處理，他說：「這三十篇文章，記者無論如何總保存在這裡，意見的好壞不必問，文筆的通澀不必問，我想將來總要設法使他們有與讀者見面的機會。照來信八的意見，登了這類文章便把他的報費百分之一白花了。那麼記者總要竭盡能身，把每天登載這類文章的地位縮到非常小，使要看的人們只要有耐性便可以每天繼續看下去，不要看的人們便是割去了少許篇幅也還不至可惜而有白花報費之憾。（但這自然是下不爲例的；來信八說記者『黃袍加身』，其實這是記者故意實做一出『公開的言論機關』，使讀者看看，一旦眞的公開了是如此的令人難受。）」這段話固然體現了作爲主編的孫伏園對讀者，對傳媒性質的尊重，但他「下不爲例」的申明，表明他對主編營構公共話語空間的作用的清醒認知，而他所言「故意實做一出『公開的言論機關』，使讀者看看，一旦眞的公開了是如此的令人難受」，既是對前此刊出那些文章的說明，而且表明了自己對那些文章發表後感覺「難受」，他還希望讀者能有相同的這種認識。

可見，在孫伏園的編輯下，在魯迅、周作人、王克佐等支持張競生的人的參與下，新文化派對性與道德，對愛情婚姻的觀點得到一定意義的凸顯。這種聲音，在龐雜的批判譚陳結婚、批判張競生的愛情定則的聲浪中固然顯得微細，但在一定意義上我們可以說，這正是給予當年那些樂觀的改革家們的當頭棒喝，讓他們知道，建立新的愛情觀、性道德觀，還任重而道遠。

二、「愛情定則」大討論：在性與道德的論爭中

「愛情定則」大討論發生於 1923 年，此前此後，都有關於性與道德的論

爭。比如，1921、1922 年的中國文壇上，先後有關於《沈淪》與《蕙的風》的激烈討論，到了 1925 年，還有一場著名的「新性道德」討論。這三者與「愛情定則」大討論形成了建構現代愛情觀、性道德觀的一個系列，而且是一個複雜的，行進得異常艱難的系列。

（一）

《沈淪》與《蕙的風》分別佔據了各自體裁領域中的第一：1921 年 10 月 15 日出版的《沈淪》，是中國現代第一部小說集，而 1922 年出版的《蕙的風》是中國現代專心致志寫情詩的代表汪靜之的第一部詩集。更有意味的是，這兩部集子面世之後，都遭遇了被批駁的命運，其被批駁的原因，都關乎性與道德，而爲其解圍的人中，又都有以周作人、魯迅爲代表的新文化精英們。

《沈淪》出版前，郁達夫甚至沒有得到他的朋友們的支持，這從郁達夫多年以後還清晰記得的一件事可以看出：「記得《沈淪》那一篇東西寫好之後，曾給幾位當時在東京的朋友看過，他們讀了，非但沒有什麼感想，並且背後頭還在笑我說：『這一種東西，將來是不是可以印行的？中國那裡有這一種體裁？』」〔註128〕這讓我們禁不住想起胡適在美國初次嘗試白話詩寫作時遭遇的來自朋友如梅光迪等的嗤笑。儘管在出版之前，郁達夫也許同樣認識到了「當時的中國，思想實在還混亂得很，適之他們的《新青年》，在北京也不過博得一小部分的學生的同情而已」〔註129〕這個背景對於《沈淪》將要面臨的命運的限制性，但「郁先生自身，似乎有十分的決意」〔註130〕，勇敢的他在 1921 年秋天終將自己的小說「嘗試」品端到了中國讀者面前。毫無疑問，這正是當年道學家們眼中的的確確的「一種畸形的新書」〔註131〕，其特色正如趙園先生所言：「兩性關係方面的舊道德，於《沈淪》問世之前，在文學中還不曾遇到過如此直接而無所顧忌的挑戰」〔註132〕，但《沈淪》及郁達夫本人在當

〔註128〕郁達夫《五六年來創作生活的回顧》，王自立、陳子善編《郁達夫研究資料》上，天津人民出版社，1982 年，第 201～202 頁。
〔註129〕王自立、陳子善編《郁達夫研究資料》上，前引書，第 202 頁。
〔註130〕黃得時《郁達夫先生評傳》，王自立、陳子善編《郁達夫研究資料》上，前引書，第 422 頁。
〔註131〕郁達夫《〈雞肋集〉題辭》，王自立、陳子善編《郁達夫研究資料》上，前引書，第 196 頁。
〔註132〕趙園《艱難的選擇》，前引書，第 380 頁。

時遭受批評、駁斥乃至辱罵，乃正是當然的命運：《沈淪》出版一個多月後，《時事新報・學燈》上發表了種因的《讀〈沈淪〉小說集》，此後在上海，有諸多對於《沈淪》的批評甚至批判意見發表，罵郁達夫誨淫、造作等等的言論，不一而足，甚至到了1934年，蘇雪林還狠狠地批駁《沈淪》〔註133〕，並回憶說「郁達夫在1921年發表小說集《沈淪》，引起上海文藝界劇烈的攻擊」〔註134〕，可見，郁達夫所言「所受的譏評嘲罵，也不知有幾十百次」〔註135〕確非虛言。

《沈淪》在1921年的出版及因其對封建倫理的大膽挑戰而導致的眾聲喧嘩，既使《沈淪》在廣大讀者尤其是年輕讀者群中不脛而走，又使得《沈淪》在讚譽與批駁交織的話語空間中，成為一個著名的文學文化事件。這一事件的高潮，我們幾乎都認為是周作人《沈淪》一文的發表。所謂「當時握批評界最高權威的周作人曾特作論文為他辯護，不但從此風平浪靜，而且《沈淪》居然成為一本『受戒的文學』，郁氏亦因此知名」〔註136〕，正是這類思路的典型表述方式之一。其正確性，在郁達夫自己的言說中可以得到印證：「後來周作人先生，在北京的《晨報副刊》上寫了一篇為我申辯的文章，一般罵我誨淫，罵我造作的文壇壯士，才稍稍收斂了他們痛罵的雄詞。」〔註137〕而這一事件的收束，是《沈淪》在隨後幾年內的熱銷：「過後兩三年，《沈淪》竟受了一班青年病者的熱愛，銷行到了貳萬餘冊。」不僅如此，在郁達夫看來，1927年的中國文壇，已經有新異的現象出現，而這足以說明《沈淪》非誨淫之作：「到現在潮流逆轉，有幾個市儈，且在摹聲繪影，造作奇形怪狀的書畫，劫奪青年的嗜好，這《沈淪》的誨淫冤罪，大約是可以免去了」〔註138〕，所以，此時的郁達夫，得以重編其作品，並且能夠「不知不覺的想

〔註133〕蘇雪林《郁達夫論》，王自立、陳子善編《郁達夫研究資料》上，前引書。蘇文原來發於1934年9月1日《文藝月刊》6卷3期。

〔註134〕蘇雪林《郁達夫論》，王自立、陳子善編《郁達夫研究資料》上，前引書，第382頁。

〔註135〕郁達夫《〈雞肋集〉題辭》，王自立、陳子善編《郁達夫研究資料》上，前引書，第196頁。

〔註136〕蘇雪林《郁達夫論》，王自立、陳子善編《郁達夫研究資料》上，前引書，第382頁。

〔註137〕郁達夫《〈雞肋集〉題辭》，王自立、陳子善編《郁達夫研究資料》上，前引書，第196頁。

〔註138〕王自立、陳子善編《郁達夫研究資料》上，前引書，第196頁。

向那些維持風化的批評家，發放半臉微笑的嘲譏。」〔註139〕可見，從 1921 年到 1927 年，中國的社會經受了多次震蕩，而思想界經歷的，何止是一次兩次的變遷。

《蕙的風》出版於 1922 年 8 月，此前的中國新詩壇上已經出版了六部詩集：《嘗試集》（1920 年 3 月）、《女神》（1921 年 8 月）、《草兒》（1922 年 3 月）、《冬夜》（1922 年 3 月）、《湖畔》（1922 年 4 月）以及《雪朝》（1922 年 6 月）。而無論是其中哪部詩集的面世，都曾引起詩壇乃至文壇相應的震動。例如，《嘗試集》剛問世即有胡懷琛的改詩之舉，由此引發劉大白、朱執信、朱僑、劉伯棠等參與的，以《神州日報》、《時事新報》、《星期評論》等爲陣地的，歷時半年有餘的一場討論；《女神》出版之後，既有「對新文學所知不多的聶紺弩，面對《女神》大呼『這是詩麼？』『豈有此理』」〔註140〕，也有閱讀了《三葉集》的馮至由此知道了「什麼是詩」，而聞一多則寫出了《女神的時代精神》《女神的地方色彩》這兩篇重要文章，並將《女神》作爲自己創作詩歌的主要模倣對象，胡適對「眞正打破」自己所設定的「整體性框架，嘗試另外發明的」的異軍突起的《女神》，則表示了含混的態度〔註141〕……這諸多不同的閱讀體驗，折射出當時人們感悟《女神》的多個向度；《草兒》、《冬夜》這兩部姊妹詩集問世之後，很顯然，胡適和聞一多、梁實秋等各有自己的閱讀角度〔註142〕，這些同與異裏面，一方面可以見出胡適等各自的詩學理想，而另一方面則正可看出它們面世後被眾說的遭遇，等等。有人說，「足以引起反對派底張目與口實的實在要以詩歌爲最」〔註143〕，這是的確的，新詩的發生較之其他體裁，有著更爲蕪雜而意味深長的一些細節。

《蕙的風》與《湖畔》如一對姊妹。《湖畔》問世之後，遭遇了《文學旬刊》上 C. P.先生、西諦先生的不點名批評〔註144〕，而朱自清等人對湖畔四詩

〔註139〕王自立、陳子善編《郁達夫研究資料》上，前引書，第 197 頁。

〔註140〕薑濤《「新詩集」與中國新詩的發生》，北京大學出版社，2005 年，第 115 頁。

〔註141〕參見姜濤《「新詩集」與中國新詩的發生》，前引書，第六章第三節、第四章第二節的相關論述。

〔註142〕參見姜濤在《「新詩集」與中國新詩的發生》（前引書）第六章第一、二節的具體論述。

〔註143〕孫俍工《最近的中國詩歌》，文學研究會編《星海》，商務印書館，1924 年，第 129 頁。

〔註144〕C. P.在《文學旬刊》第 37 期（1922 年 5 月 11 日）上發表的《對於新詩的諍

人的評價也存在不小的差異，但這種討論並沒有擴大化，所起的影響也有限。《蕙的風》出版之後所引發的論爭則不同。與《湖畔》遭遇的討論相比，《蕙的風》的論爭不是在新文學陣營內部展開，而是因其關乎文學與道德問題，而成為新／舊道德的論爭，在這一時期新／舊陣營間展開。從王訓昭所編《湖畔詩社評論資料選》〔註145〕收集的十一篇論爭文章，以及未收入的《新文化的悲哀》（鐵民、家斌）、《詩中的道德——給胡夢華的一封信》（養真）等文來看，「這場論爭的焦點不在文學而在道德問題上；或者說，這場論爭是以新舊兩種文學觀念的碰撞表現的新舊兩種道德，特別是性道德觀念的碰撞。周作人和魯迅當年仗義執言保衛的不僅僅是汪靜之這本詩集，而是合乎社會前進要求的新道德，他們不僅參與了文學論爭，更是在從事一項社會、文化批評。」〔註146〕事實上，在我們現行的文學史敘述中，這場論爭就是被作為新舊文化衝突的標誌而加以反覆描述的，而其目的，就是「說明『新道德』對『舊道德』的勝利」〔註147〕。

　　已有學者提醒我們有必要注意到這場著名舊案的運行軌跡：論爭的始作俑者胡夢華在其《讀了〈蕙的風〉以後》一文中，的確將筆鋒指向輕薄、墮落的道德層面，「但細讀此文，會發現道德的斥責，其實是與詩藝上的挑剔結合在一起的。」〔註148〕這兩種評價尺度「始終纏夾在一起，最後導致一個含混的結論：《蕙的風》是『不道德』的，而它的失敗則是由於『未有良好的訓練與模倣』。技巧的欠缺，導致了道德的敗壞，這其中的邏輯多少有些不通。」〔註149〕後來，只有周作人對胡夢華的這種纏繞的批評提出了駁斥意見：「儻若是因為欠含蓄，那麼這是技術上的問題，決不能牽扯到道德上去。」〔註150〕

言》中，對新詩中「流連風景，無病而呻吟之詩」與「為作詩而做的詩」提出批評意見，並將《湖畔》中汪靜之的詩當成標靶，譏諷「不過堆了幾個花字，風字，雨字罷了」，對這一文章，應修人在給周作人、潘漠華的信中都提到該文，憤憤不平於 C. P.的批評。而西諦在第 38 期《文學旬刊》上發表的《讀了一種小詩集以後》，也沒明說小詩集為何，但敏感的人還是指出這似乎是說《湖畔》的。參見姜濤《「新詩集」與中國新詩的發生》，前引書，第 197～198 頁。
〔註145〕王訓昭編《湖畔詩社評論資料選》，華東師範大學出版社，1986 年。
〔註146〕賀聖謨《論湖畔詩社》，杭州大學出版社，1998 年，第 56 頁。
〔註147〕姜濤《「新詩集」與中國新詩的發生》，前引書，第 192 頁。
〔註148〕姜濤《「新詩集」與中國新詩的發生》，前引書，第 193 頁。
〔註149〕姜濤《「新詩集」與中國新詩的發生》，前引書，第 193 頁。
〔註150〕周作人《什麼是不道德的文學》，《晨報副鎸》1922 年 11 月 1 日。

而從反駁胡夢華對《蕙的風》的批判的章衣萍到隨後的周作人、魯迅，都重點在辯護《蕙的風》是否是「不道德」的問題，對此，胡夢華的答辯也明確了方向，連續幾篇文章都以「道德」問題為中心，而魯迅反感的就不是對道德與詩藝兩方面進行批評的《讀了〈蕙的風〉以後》，而是胡夢華後來以「道德」為中心的答辯〔註151〕。對運行軌迹的考察，有助於我們明白這次論爭如何慢慢形成了自己的焦點，但毫無疑問，這次論爭的關鍵點最終的確就確立在性道德問題上。

因《沈淪》與《蕙的風》的出版而引發的討論雙方，實質上，均是在新的時代語境下對文學與道德之關係作出發言。《沈淪》和《蕙的風》被人指責之處，恰恰就在其以徹底的真實性、坦白性，書寫了那一時代青年的真實心理狀態，尤其是性與愛情這兩種對於青年來說最為重要的領域中的狀態。郁達夫、汪靜之這種真實而坦率地直面「人」的性與欲望的書寫，儘管在他們本人看來，可能並沒有明確的反封建、反禮教之類的意識〔註152〕，但事實上，中國文學中對健康的「人」的描寫，長期以來是缺失的，所以他們的這種寫作本身，就是對「人」的健康情欲的發現，在當時就具有了反禮教、反封建的客觀意義。在這個意義上，我們就能理解，為什麼是寫出了《人的文學》的周作人、注重「立人」的魯迅、參與了中國新文化的建構的胡適、朱自清、劉延陵等人分別為《沈淪》和《蕙的風》保駕護航。在思想變遷異常迅速的這一時期，《沈淪》、《蕙的風》均在較短時間內被主流文壇所接受，並且都取得了發行二萬餘冊這樣的「佳績」，這與周作人、魯迅、胡適等人的言說關係甚大，但我們應該注意，周作人等的言說，其實服從於他們對新文化中新道德尤其是新性道德的建設的總體思考，而不是出於意氣之爭，或者出於老鄉情誼〔註153〕。

但是，站在對立面參與《沈淪》與《蕙的風》討論的，並不都是些老而又老的「道學家」，卻常常是青年，甚至是對新文化有著關注的青年，例如胡夢華發表批評《蕙的風》的文章時，就在東南大學讀書，他對汪靜之的關注，

〔註151〕參見姜濤《「新詩集」與中國新詩的發生》，前引書，第193～194頁。
〔註152〕如汪靜之在《蕙的風》出版數十年後就有這樣的表白：「我寫詩時根本沒有想到反封建問題，我只是情動於中而形於言，完全是盲目的，不自覺的。」見汪靜之《回憶湖畔詩社》，《詩刊》1979年第7期。
〔註153〕例如郁達夫與魯迅、周作人的老鄉關係，胡適與汪靜之的老鄉關係，朱自清、葉聖陶與汪靜之的師生關係，魯迅為汪靜之改稿的情誼等等。

並不比參與討論的其他人少。胡夢華此時的批評，我們固然可以將其看成是他受《學衡》派的影響的結果，但事實上，誠如前面考察「愛情定則」大討論時已發現的那樣，年輕的、魯迅等本寄予熱切期望的學子們，其思想狀況是非常不容樂觀的：孫伏園的「失望」；周作人對「重來」的感慨；魯迅對討論的「意外的價值」的警醒，都提醒我們，在當時的中國討論性與道德問題從而建構新性道德倫理的艱難。

（二）

在中國討論性道德，時機還未成熟。但以周作人、周建人、章錫琛為代表的一批人，依然在努力地譯介與野謝晶子、靄理斯、羅素、愛倫凱等人關於性學的研究成果，並且在這個背景下，由於章錫琛以福萊爾的《性的問題》中的意思為主幹寫就《新性道德是什麼》一文之後，因「排成後篇尾沒有餘地，便省略了」〔註154〕相關的說明，從而部分導致了 1925 年「新性道德」討論這場當時鬧得沸沸揚揚的「糾紛」〔註155〕。

圍繞著 11 卷 1 期推出了「新性道德專號」的《婦女雜誌》以及《現代評論》、《莽原》，論爭主要在章錫琛、周建人與陳大齊間展開，周作人、魯迅以獨特的方式介入了這場論爭。這次論爭，在人事上，直接促成了章錫琛離開商務印務館，隨後乃有開明書店的創辦，周建人被調至《自然界》雜誌做編輯，命運也因此而發生轉折〔註156〕，陳大齊本屬於新文化陣營，這次論爭體

〔註154〕章錫琛《新性道德討論集・序》，章錫琛編《新性道德討論集》增補版，開明書店，1926 年，第 9 頁。

〔註155〕章錫琛在《新性道德討論集・序》中說，這可能是引發糾紛的一因。

〔註156〕章錫琛在說明印行《新性道德討論集》的原因時說：「因為我自己的生活——周先生也是這樣——曾因了這幾篇文字而起一番變化，藉此想留一個小小的紀念」，見章錫琛《新性道德討論集・序》，章錫琛編《新性道德討論集》，前引書，第 9～10 頁。另在杜耿孫所寫《杜亞泉：商務印書館初創時期的自然科學編輯》一文中，有這樣的說法：章錫琛發表那些文章之後，「亞泉和編輯所內一部分老年同事，都對此表示驚訝，館內幾位領導人也不贊成，認為章在提倡不良風氣，幾次勸告他停播這些觀點。於是，調章錫琛去整編古典文學。由亞泉推薦就田任《婦女》主編。但錫琛仍在館外寫他所持論點的文章，並糾集同道者，創刊《新女性》登載之，銷路不錯。這樣，遭到館方的不滿意。章就辭館，同他胞弟錫珊創設開明書店於閘北寶山路某一里弄內。《一般》雜誌也接著創刊，由夏丏尊主編。可以說，沒有這場爭論，錫琛不會出商務印書館，也就不會創辦開明書店。」見許紀霖、田建業編《一溪集：杜亞泉的生平與思想》，前引書，第 34 頁。

現了這個陣營已經不再統一；從其在中國性道德建構史上的地位來看，這次論爭具有重要地位：它是經由《沈淪》《蕙的風》所引發的文學與道德關係問題的討論，以及「愛情定則」大討論之後，直接思考、建構新性道德的一次卓絕的努力。但這次討論的結果並不樂觀。魯迅在論爭之中就發表了這樣的看法：「可是我總以爲章周兩先生在中國將這些議論發得太早，──雖然外國已經說舊了，但外國是外國。」〔註157〕而周作人則別出心裁地寫了一篇雜感《與友人論性道德書》，與「雨村」論《婦人雜誌》的編輯事宜（這其實就是寫給章錫琛及其《婦女雜誌》〔註158〕的），傳達了他對新性道德討論的看法。他勸章錫琛說，「我們發表些關於兩性倫理的意見也祇是自己要說，難道這就希冀能夠於最近的或最遠的將來發生什麼效力！……我並非絕對不信進步之說，但不相信能夠急速而且完全地進步；……我們的高遠的理想境到底祇是我們心中獨自娛樂的影片。爲了這種理想，我也願出力，但是現在還不想拼命。……我所能夠勸你的祇是不要太熱心，以致被道學家們所烤。」在文末，總結道「總之，我勸你少發在中國是尚早的性道德論」〔註159〕，並說「青年黃年之誤會或利用那都是不成問題。」並舉陳獨秀《青年之誤會》爲例，闡釋青年是如何容易誤會新文化先驅們的倡導。

　　這正顯示了新文化先驅們建構新性道德時遭遇的悲劇性處境。

〔註157〕魯迅《編完寫起》，章錫琛編《新性道德討論集》增補版，前引書，第98頁。

〔註158〕章錫琛，字雪村，發起新性道德討論時，是商務印書館旗下《婦女雜誌》的主編，因爲發表關於新性道德的討論，章錫琛受到了來自商務印書館老闆王雲五的壓力，後來被調離《婦女雜誌》，再後，章錫琛自己辭職。「雨村」顯然係對「雪村」之別有意味的化用，《婦人雜誌》則指的是《婦女雜誌》。

〔註159〕周作人《與友人論性道德書》，周作人著、止庵校訂《雨天的書》，前引書，第106頁。

第六章　「打孔家店」與「打倒孔家店」

第一節　「打孔家店」與「豔體詩」事件

　　質疑新文化運動全盤反傳統者，忽略了一個基本的事實，那就是：新文化運動是個具有複雜面相的多面體，其中思想的牴牾、衝突與思想的暫時統一、調和共存。正視這種複雜性，有利於促使我們對當年「打孔家店」的紛紜場景進行更細緻的打量，從而獲得更切合其實際的認知。

　　事實上，對於「打孔家店」運動中各人表現的差異，從當事人到後來的論者，都有明確的認識。

　　魯迅當年曾在《憶劉半農君》中將陳獨秀、胡適與劉半農做了一個饒有意味的對比。他說：「假如將韜略比作一間倉庫罷，獨秀先生的是外面豎一面大旗，大書道：『內皆武器，來者小心！』但那門卻開著的，裏面有幾支槍，幾把刀，一目了然，用不著提防。適之先生的是緊緊的關著門，門上粘一條小紙條道：『內無武器，請勿疑慮。』這自然可以是真的，但有些人——至少是我這樣的人——有時總不免要側著頭想一想。半農卻是令人不覺其有『武庫』的一個人，所以我佩服陳胡，卻親近半農。」〔註1〕這鮮明地體現出魯迅先生對陳、胡與劉不同個性的感知，也告訴我們他們這些當年同一陣營中的先驅，其實有著各自不同的性格、氣質與姿態。1918 年，錢玄同曾在回應朱經農、任鴻雋來信中對其廢除漢字的反對意見時，順便談及《新青年》同仁

〔註 1〕魯迅《憶劉半農君》，《魯迅全集》第 6 卷，人民文學出版社，2005 年，第 74 頁。

的差異及其原因：「同人做《新青年》的文章，不過是各本其良心見解，說幾句革新鏟舊的話；但是各人的大目的雖然相同，而各人所想的手段方法，當然不能一致，所以彼此議論，時有異同，絕不足奇。」﹝註2﹞而對於錢玄同廢除漢字的主張，陳獨秀將之指認爲「用石條壓駝背」的方法，並說，「本志同人多半是不大贊成的」﹝註3﹞……類似的論述很多，此不贅引。

後來的論者中，闡釋他們反孔的差異的人也不少。如「那三個反對禮教的勁將（指陳獨秀、吳虞、魯迅，引者注），代表三種作風。陳仲甫是五四文化運動的主帥，《新青年》的編者。他以熱烈的感情，雄勁的筆調，卓越的思惟（宜爲『維』，引者注），來抨擊孔教的非人道性，指證孔教不合現代生活。他的議論是富於獨創，富於活氣。吳虞，胡適之先生叫他做『四川省隻手打倒孔家店的老英雄』。他的文筆很質樸，思想很謹嚴，意志很堅強。他以淵博的知識，嚴肅的理知，平淡的筆法，來描出儒教的虛僞，揭破舊思想的遺毒。魯迅是一個文學家，終生也是一個文學家。他以尖刻、古樸、諷刺的筆調，眞實地、形象地、具體地控告吃人的禮教，控告虛僞的道德，控告惑人的傳統。」﹝註4﹞「易白沙的這篇文章意在揭示統治者強制人們尊孔的原因，他並沒有像在這篇文章發表之後陳獨秀、吳虞、魯迅（以一種不同的方式）等人後來對孔教所作的強有力的和影響深遠的批判那樣，把孔教作爲一種哲學和倫理體系加以集中的批判，指出爲什麼在現時代不應接受孔教。」﹝註5﹞「陳獨秀毫不隱諱地對孔教進行了批判，但是眞正的反孔鬥士是曾在東京研究過法律和政治科學的學者吳虞。吳對孔教的批判，不僅是把它作爲一種抽象的哲學和倫理體系，而且還涉及它在『禮教』、法律、制度和對歷史事件評價等方面的應用。」﹝註6﹞王汎森將《新青年》比喻爲「一部急駛的列車，不斷地有人上車，也不斷地有乘客下車，能共乘前一段路的，不一定能共乘後一段路。」﹝註7﹞周昌龍則將新文化陣營的分化與其成員間固有的差異聯繫起來考察：「在陳獨秀、胡適等人的主導下，《新青年》反禮教的言論，主

﹝註2﹞錢玄同答朱經農、任鴻雋文，《新青年》5卷2號「通信」欄。
﹝註3﹞陳獨秀《本誌罪案之答辯書》，《新青年》6卷1號，1919年1月15日。
﹝註4﹞何干之《近代中國啓蒙運動史》，生活書店，1937年，第122～123頁。
﹝註5﹞﹝美﹞周策縱《五四運動：現代中國的思想革命》，周子平等譯，江蘇人民出版社，前引書，第305～306頁。
﹝註6﹞﹝美﹞周策縱《五四運動：現代中國的思想革命》，周子平等譯，江蘇人民出版社，前引書，第307頁。
﹝註7﹞王汎森《中國近代思想與學術的系譜》，前引書，第224頁。

要都還是集中在制度與社會現象的層次，如反孔教、反家族制度、反傳統的婦女行為模式等；而不是將禮當做一個歷史與文化問題在探討。陳獨秀後來成為馬克思主義者，《新青年》隨之變成宣傳共產主義的機關刊物。自由派的胡適另創《努力周報》，提倡『好人政府』和科學精神。周作人則與林語堂等合辦《語絲》，繼續鼓吹『生活之藝術』。這些分化，其實都是早有根苗的。」〔註8〕

在《〈新青年〉「反傳統」的歷史語境》〔註9〕中，何玲華關注到了《新青年》同人雖「大同於『借思想解決問題』之『傳統』，然而在具體實踐上又存在著『同而不同』的特徵」，並從「相關立說方面」、「相關道德體認方面」和「相關背景方面」做出闡釋。在「相關立說方面」，論者指出了「傾向趨同，論域不一」、「論域一同，持論不一」、「持論一同，態度不一」等幾個方面。在最後的「相關背景方面」，涉及到他們的生存狀態，即他們不同的生存體驗。這一點對我們關注並體悟新文化運動先驅者們的差異具有非常重要的意義。因為，「『五四』文化批判經常不是從某種理論邏輯出發，而是和個人的獨特經驗相關，對於對象的分析是在獨特的而深切的個人經驗中形成的。」〔註10〕可以說，陳獨秀、胡適、吳虞、錢玄同、李大釗、魯迅等等人物，正是在深切地體會到封建傳統對人性的戕害之後，才走上了反孔非儒的道路，但是，由於他們的個人體驗各各不同，他們反孔非儒的姿態亦因而各具特色。

新文化先驅們的差異，預示著他們分化的必然。考察這種分化，我們固然可以從陳獨秀、魯迅對錢玄同的廢棄漢字之說的不同反應看出，可以從胡適、魯迅對雙簧信事件的不同態度看出，也可以從前述「新性道德」討論中，陳大齊與章錫琛、周建人的分歧中看出，但我以為，在對新文化陣營反孔聲音的分歧的觀照中，吳虞的「豔體詩」事件是一個更為重要的標本。

一、「豔體詩」事件

「『四川省隻手打孔家店』的老英雄」吳虞，因為家庭苦趣而走上反孔非儒的道路，並因此付出了巨大的代價，用他自己的話來說，就是「受重大之

〔註8〕 周昌龍《新思潮與傳統——五四思想史論集》，前引書，第 245 頁。
〔註9〕 何玲華《〈新青年〉「反傳統」的歷史語境》，《探索與爭鳴》2006 年第 3 期。
〔註10〕 汪暉《中國現代歷史中的「五四」啟蒙運動》，汪暉《汪暉自選集》，廣西師範大學出版社，1997 年，第 317 頁。

犧牲」〔註 11〕，而並不後悔，成爲終身的反孔派。其實，這種生存體驗，不僅包括反孔前他的家庭苦趣，而且包括他反孔非儒觀點提出後遭受的「迫害和打擊」，也包括他因反孔非儒而名噪一時的時代際遇，還包括他遭遇的「豔體詩」事件，以及後來回川之後鬱鬱不得志的晚年遭際。如果說，反孔前他的家庭苦趣導致了他反孔非儒思想的形成，那麼，在遭受「迫害和打擊」的境況下，吳虞以他持久的堅持和時代風氣的逆轉而成爲「蜀中名宿」，譽滿海內外，而「豔體詩」事件則使他走上了事業的下坡路，並開啓了他晚年悲涼遭際的門。因此，「豔體詩」事件成爲考察吳虞這個當年的反孔鬥士的一個重要關捩。

但總體來說，在對關係吳虞晚年生活與思想甚深的「豔體詩」事件的研究方面，學界還做得很不夠。目前爲止，專門論及此的文章只有抱朴所寫《吳虞「豔體詩」的風波》〔註 12〕以及舒蕪所寫《關於〈吳虞「豔體詩」的風波〉》〔註 13〕，而聶紺弩所寫《從〈吳虞文錄〉說到〈花月痕〉》〔註 14〕，趙清、鄭城所寫《論吳虞》〔註 15〕和《吳虞集·前言》〔註 16〕以及《吳虞思想研究》〔註 17〕等中，有對豔體詩事件的點滴評論。然而可以發現的是，就在這些有限的讀解中，不可忽視的誤讀依然存在。

（一）事發因緣

吳虞在北京狎妓始於何時？《吳虞思想研究》中說：「據《吳虞日記》記載，最早發生在 1923 年 5 月。先是與妓女嬌玉、雪琴、嬋娟等相往，而自 1924 年 1 月，就主要與妓女嬌玉一人相交。」〔註 18〕

〔註 11〕 1927 年 3 月 7 日吳虞日記，見中國革命博物館整理、榮孟源審校《吳虞日記》（下），前引書，第 347 頁。值得注意的是，這裏的 3 月 7 日，指的是陽曆。

〔註 12〕 抱朴《吳虞「豔體詩」的風波》，《博覽群書》1998 年第 2 期。

〔註 13〕 舒蕪《關於〈吳虞「豔體詩」的風波〉》，《博覽群書》1998 年第 4 期。

〔註 14〕 聶紺弩《從〈吳虞文錄〉說到〈花月痕〉》，《讀書》1983 年第 9 期。

〔註 15〕 趙清、鄭城《論吳虞》，《社會科學研究》1979 年第 2 期。

〔註 16〕 趙清、鄭城《吳虞集·前言》，趙清、鄭城編《吳虞集》，四川人民出版社，1985 年。值得關注的是，《吳虞集·前言》與《論吳虞》的絕大部分內容相同，可見，前者在後者的基礎上做出了修改。其中，《論吳虞》中所有的「打倒孔家店」字樣，在《吳虞集·前言》中均相應地換成了「打孔家店」。

〔註 17〕 鄧星盈、黃開國、唐永進、李知恕《吳虞思想研究》，四川教育出版社，1996 年。

〔註 18〕 鄧星盈、黃開國、唐永進、李知恕《吳虞思想研究》，前引書，第 63 頁。

查吳虞1923年5月的日記，並無狎妓的隻言片語，反而看到了引吳虞去逛胡同的關鍵性人物孫少荊的一些關鍵資訊：

1923年5月23日日記中有「孫少荊自德來信，並像片一，言四月十五日離德，二十二日由法歸國，擬至京一行。」〔註19〕

1923年5月28日，吳虞日記中說「孫少荊來快信，已於五月二十五日晨八時抵上海……少荊決計遊京，擬從予撥川資。予即覆書，可撥借一百五十元至二百元，歸成都再還。」〔註20〕

續看吳虞同年6月的日記可知孫少荊的到來及吳虞嫖妓開始階段的情形：

1923年6月3日，吳虞日記中說「孫少荊自蘇州新蘇臺旅社來信……言即當料理北上。」〔註21〕

6月19日，「孫少荊來……」〔註22〕

6月21日吳虞和孫少荊去溫泉療養院，22日回。26日，吳虞同孫少荊、吳且雄就同往胡同，開始了狎邪之行。對吳虞而言，這也開啟了他花一百元來尋歡的暑期消遣生活。在這次活動中，孫少荊選的是楚娟，吳且雄選的是美弟，吳虞選了雪琴卻「未得見，誤選其妹」，以致吳虞在「去銀貳元」之後在日記中說自己「殊不滿意也。」〔註23〕自此一直到吳虞離開北京前的1925年8月6日，吳虞多有逛胡同的記載。在他搭長安船到宜昌後，世奎和他還各叫一妓，他說「予為茶房誤叫一妓名雪妹，平平，賞錢五百文。」〔註24〕

可見，從1923年6月26日至他離京返里這兩年多時間裏，狎妓成為吳虞個人生活中很重要的一個內容。考察這段時間的日記可見兩點：

首先，吳虞在北京狎妓始於1923年6月26日，而非5月。研究者說5月的由來，可能是因為吳虞日記常常以西曆和農曆兩種方式記時間，在整理本《吳虞日記》中，1923年6月26日後面就寫著「星期二　五月十三日」字樣。至於吳虞與嬌玉認識的時間，應當是農曆5月，即吳虞與孫少荊開始遊八大胡同之後不久，但也許是由於整理者「除少數外，一般不予選錄」〔註25〕

〔註19〕中國革命博物館整理、榮孟源審校《吳虞日記》（下），四川人民出版社，1986年，第116頁。

〔註20〕中國革命博物館整理、榮孟源審校《吳虞日記》（下），前引書，第118頁。

〔註21〕中國革命博物館整理、榮孟源審校《吳虞日記》（下），前引書，第120頁。

〔註22〕中國革命博物館整理、榮孟源審校《吳虞日記》（下），前引書，第121頁。

〔註23〕中國革命博物館整理、榮孟源審校《吳虞日記》（下），前引書，第123頁。

〔註24〕中國革命博物館整理、榮孟源審校《吳虞日記》（下），前引書，第277頁。

〔註25〕中國革命博物館整理、榮孟源審校《吳虞日記》（下），前引書，第123頁。

的處理方式，或許是吳虞對他初遇嬌玉之事本無記錄，總之，我們現在看不到相關資訊。現在可見的最早提及嬌玉二字的是其 7 月 24 日的日記，其中說「九時半訪嬌玉，客多不能盡歡，賞銀貳元。」〔註26〕而在 1924 年 1 月 24 日日記中，吳虞說「予自今年夏曆五月，認識嬌玉，截至今日，僅用銀八十元耳。計盤子二十六個，牌飯一次，包廂二次。共用銀八十元。」〔註27〕

此外，查吳虞日記可知，吳虞最初接觸的不是嬌玉，其早期矚目的也不是嬌玉，而是嬋娟，因爲，他在 8 月 19 日日記中開列了 1923 年暑假因少荊「來同遊消遣」的花費明細，在九十貳元三角五仙這個總數的構成情況如下：「嬋娟處用銀六十八元三角五仙。嬌玉處用銀十六元。素琴、雪琴、朱桂卿、呂寶紅共用銀八元。」可知，花在嬋娟身上的錢是最多的，嬌玉身上的花費僅占其 1/4。此外，8 月 15 日日記中吳虞記載，「《順天時報》將予憶嬋娟贈嬌玉詩登出，同《小春秋》論小花喬者一併封寄嬌玉。」此處先說的是嬋娟而非嬌玉，可見後者稍遜於前者，但很明顯，嬋娟和嬌玉對詩詞的感悟能力不同，因此吳虞將所登出之詩「封寄嬌玉」而非「封寄嬋娟」。在 9 月 21 日的日記中，吳虞說：

> 嬋娟處今日又未去，中心眷眷不安。徐思吾以中年後人，讀書多年，尚情不能已，少年迷戀更何足怪。無怪因墮情網而生命、財產、名譽受損害者，指不能屈也。益見少荊同遊，損多益少，青年遇之，尤其危險矣。打量久之，嬋娟處始毅然決然不去。〔註28〕

這則日記告訴我們的至少有以下資訊：一，吳虞此期最爲眷念的是嬋娟而非嬌玉；二，吳虞自己對逛胡同之害並非沒有認識，這和他開始狎邪之行後就進行的反思相通〔註29〕，也和他與嬌玉等交往日多之後的自責相

整理者在吳虞 1923 年 6 月 26 日的日記中作注釋說：「自此起，直到 1925 年 8 月 6 日離開北京止，吳虞在京時經常逛胡同嫖妓，並寫了許多贈嬌玉等的豔詩發表在北京《順天時報》等報上，引起人們的非議。所有這些，在其日記中都有詳細記載，除少數外，一般不予選錄。」

〔註26〕中國革命博物館整理、榮孟源審校《吳虞日記》（下），前引書，第 125 頁。

〔註27〕中國革命博物館整理、榮孟源審校《吳虞日記》（下），前引書，第 154～155 頁。

〔註28〕吳虞 1923 年 9 月 21 日日記，中國革命博物館整理、榮孟源審校《吳虞日記》（下），前引書，第 134 頁。

〔註29〕吳虞在 1923 年 7 月 24 日日記中，在記載了他與孫少荊同遊後的經歷及由此總結的經驗後說，「但予之遊玩，至此當作一收束。曠時廢日，有荒正課一也。勞民傷財，有關經濟二也。因此而衣服交遊皆格外增費，而取樂之時少，吃

呼應〔註30〕；三，吳虞這次能夠控制住自己，「毅然決然不去」，但他終究還是沒有斬斷這種念頭，從而數次踏進狎邪的河流，並終於引發了我們所謂的「豔體詩」事件。

事實上，從1924年2月20日之後，吳虞日記所記與嬌玉關聯之資訊占絕對優先的地位。從其記錄來看，他在嬌玉身上花錢如流水，據3月24日日記記載，嬌玉處僅「去臘結帳後用款」就「用洋二百二十九元也。」為此，吳虞感慨道「往來十閱月，時間甚久，花錢亦多，真不易也。如再不頑既無能力，花錢亦辦不到，回川更無論矣。」〔註31〕可見，吳虞對在嬌玉身上花錢並不後悔，反而覺得應該趁他當時還有能力好好玩一玩。此時，吳虞在嬌玉和嬋娟身上總共花錢三百三十九元零七角，在嬌玉處住，在嬋娟處不住，並且分析說「據此賬觀之，財力分散，所得效果頗不經濟，此後專注一處為妙也。」〔註32〕

但是，吳虞寫贈詩的對象，此期則幾乎只限於嬌玉。而其大量寫贈詩，開始於1924年2月14日〔註33〕。在隨後的20日（農曆正月十六日），吳虞並未去嬌玉處，卻發了詩情，「夜作新年贈嬌玉詩八首。」〔註34〕次日即抄了兩份分寄《小民聲報》和《順天時報》的「聽花」欄目。見到它們被髮表之後，就「持以示嬌玉」。隨後的2月25日，吳虞「作續贈嬌玉詩四首，錄寄《順天時報》、《小民聲報》」，並且，見到2月29日《順天時報》登出之卻刪掉注的情況時，他說「可笑」。〔註35〕但是，在他為捧嬌玉而寫的豔詩先後發表於《順天時報》等之後，吳虞並未得到嬌玉所許諾的「好處」，為此吳虞感

苦之時多三也。」（前引書，第125頁）

〔註30〕吳虞在1924年3月4日日記中，記載了他為嬌玉寫詩，登於《順天時報》等，然而「往嬌玉處，對付尚好，而所謂給好處與我者，仍誑語騙人耳。」隨之，吳虞感慨「予至是益證明窰姐之不可講情理。」並自警道，「自二月一日起，當專心讀書，預備講義，有錢留作自己享用，斬斷葛藤，不再逛胡同矣。凡逛胡同，有二大敝病：一使人老……一使人小……予等逛胡同徒自貶人格，同於小人而已。其荒廢學業，消耗金錢，更不待言。」（《吳虞日記》（下），前引書，第166頁）

〔註31〕中國革命博物館整理、榮孟源審校《吳虞日記》（下），前引書，第171頁。

〔註32〕中國革命博物館整理、榮孟源審校《吳虞日記》（下），前引書，第171頁。

〔註33〕在整理本《吳虞日記》（下）中，1923年2月14日並無日記，但據《晨報副鎸》刊載的吳虞詩作可知，2月14日夜，吳虞寫了贈嬌玉詩十四首。

〔註34〕中國革命博物館整理、榮孟源審校《吳虞日記》（下），前引書，第163頁。

〔註35〕中國革命博物館整理、榮孟源審校《吳虞日記》（下），前引書，第165頁。

到憤怒：「所謂給好處與我者，仍誑語騙人耳。」隨之，吳虞感慨「予至是益證明窯姐之不可講情理。」並自警道，「自二月一日起，當專心讀書，預備講義，有錢留作自己享用，斬斷葛藤，不再逛胡同矣。凡逛胡同，有二大敝病：一使人老，歐美人五六十歲，絕不言老，而窯姐惟喜少年，對於予等，每言其老，於是衰老之念，每影響於精神心理，而減去壯往之氛是也。一使人小，窯姐皆無知識，雖非常之人，彼亦以浮浪少年相待遇，惟利是觀，無高下之分。予等逛胡同徒自貶人格，同於小人而已。其荒廢學業，消耗金錢，更不待言。正月既完，胡同趣味，不過如此，就此收束，不但少累而心太平，其有關經濟生活正匪淺也。」末了吳虞特意寫上「師今室主人特記」〔註 36〕，可見，吳虞此時是想下狠心斬斷遊胡同之葛藤的。然而 12 日之後，吳虞就「寄柳亞子贈嬌玉詩十二首」〔註37〕，在其原配香祖夫人生日的 3 月 18 日，吳虞還在嬌玉處「住局」，並且「夜作贈嬌玉詩六首，並書寄《順天時報》『聽花』」〔註38〕。到了 3 月 20 日，吳虞已經共得贈詩二十餘首矣。

　　至此開始，吳虞一方面繼續爲嬌玉作詩並投往《順天時報》和《小民聲報》，另一方面則緊鑼密鼓地開始印行詩單的工作。也許此前吳虞已經有印發詩單的想法吧，在 3 月 20 日日記中，吳虞說「過術白，囑將二月贈嬌玉詩八首補寫好，以便明日交去付印五百張散佈。」〔註39〕3 月 22 日，吳虞「晚飯後做贈嬌玉詩四首，補述前詩未及者，錄送術白，加入付印。」〔註 40〕第二天，術白就令人交來樣稿，並言及價格，吳虞「即將底稿校好，加入一首，與術白送去，囑照辦印五百張，將錯字校好，幸勿誤脫爲要。」〔註 41〕此時，擬印的詩單中收錄的詩歌已經達至二十五首了。到了 3 月 26 日，吳虞和術白一起去取得了書單，並「與嬌玉送去」，嬌玉取詩單一百張。吳虞當晚還特意囑咐嬌玉「擇送議員、官僚、政客之通文墨者，勿送學生，勿亂送人。」〔註 42〕

　　第二日，吳虞就開始向他的友人贈送詩單，對柳亞子、袁琴南、吳仲漁

〔註36〕吳虞 1924 年 3 月 4 日日記，前引書，第 166 頁。
〔註37〕吳虞 1924 年 3 月 16 日日記，前引書，第 169 頁。
〔註38〕吳虞 1924 年 3 月 19 日日記，前引書，第 170 頁。
〔註39〕吳虞 1924 年 3 月 20 日日記，前引書，第 170 頁。
〔註40〕前引書，第 170 頁。
〔註41〕前引書，第 170 頁。
〔註42〕吳虞 1924 年 3 月 26 日日記，前引書，第 171 頁。

等送兩張，而送給高虞卿、余嘯風、陳朝華等一張，就在該日，吳虞說「北大請假未去」，也不知是否是因爲忙於錄寄詩單。「在以後一段時期的《日記》中，常有寄贈詩單的記載」〔註43〕。也就是說，吳虞爲了這詩單的印行和推廣而費盡心思，而其目的，可能是一在展示自己的詩才，一在向嬌玉示好。因爲，就在3月31日日記中，吳虞記載了嬌玉處的盛況——「連日以來，盤子大增，一日至十餘邦（原文如此，引者注）客人，嬌玉同跟媽，樓上樓下，忙得不了。掌班特爲嬌玉置銀盤四個捧之」——以及嬌玉的感慨——「現有吳老爺捧我，我要紅了。」——之後，吳虞坦言「蓋詩單收效也」〔註44〕，而在4月2日的日記中，吳虞記載了龔龍瞻所講他和一些朋友因吳虞詩單而「欲一睹嬌玉」，且「見嬌玉皆稱好」，後來還專門到嬌玉處推牌九，以「替吳先生捧場」的故事之後，他說：「嬌玉以詩單分送諸客，當知予詩之力不小矣。」

就在吳虞爲此沾沾自喜之時，一場與他關係甚密的「事件」悄悄拉開了帷幕。

（二）「豔體詩」事件

這次事件交戰的主要陣地是《晨報副鐫》。

1924年的《晨報》，已經成爲新文化運動的核心陣地之一，以此，《晨報》在廣告中才可以如此宣傳自己：「時代思潮之先驅！！中國報界之明星！！要知道怎麼打破舊社會底人必讀！要知道怎麼建設新社會底人必讀！」〔註45〕而《晨報》的副刊則成爲了當時中國新文壇的四大副刊之一。在孫伏園離職〔註46〕前，《晨報副鐫》眞可謂是新文化運動的喉舌，辦得有聲有色。

1. 第一回合

4月9日，《晨報副鐫》第四版雜感欄裏，刊登了兩篇文章：署名LT的《〈胡適論〉》和署名又辰的《介紹「隻手打孔家店的老英雄」底近著》。在又辰之文中，又辰說：「……一張綠色的印得極精緻的詩箋，引起我愛文藝的嗜

〔註43〕整理者在1924年3月28日吳虞日記中的注釋。
〔註44〕前引書，第172～173頁。
〔註45〕該廣告刊於當時的許多雜誌上，此據《太平洋》2卷6號上引出。
〔註46〕1924年10月，孫伏園因魯迅之《我的失戀》被晨報代理總編輯劉勉無理抽去，以及周作人連載的《徐文長的故事》遭「腰斬」，憤而辭職。11月2日，孫伏園與魯迅、周作人等商量另辦《語絲》。（見張菊香、張鐵榮編著《周作人年譜（1885～1967）》，天津人民出版社，1999年，第268頁）

好，便欣然點頭朗詠一過；細嚼其味，似還比《自由魂》高出十倍！」隨後，又辰不忍與「這種偉大的著作家」「交臂失之」，所以向他的同鄉問詢「吳吾」的來歷，最終知道了這吳吾就是「隻手打孔家店的老英雄」吳虞。又辰說「他老先生是我平日最佩服的人；他的文集早已風行海內了，他的詩卻很少有人讀過；我不讓少數人獨享這『黃絹少婦』的藝術，所以把她介紹到晨報副刊上來，給朋友們一個無量地愉快！」〔註47〕這就是《晨報副鐫》刊載的七律《贈嬌寓》以及《新年贈嬌寓十二首》《二月十四日夜贈嬌寓十四首》，一共二十七首詩。

對又辰在文中盡數抄錄吳虞所寫「贈嬌玉詩單」，《晨報副鐫》「全行登錄」的舉措，吳虞的反應是欣悅的：「自此予贈嬌玉詩，學界盡知之矣，其名將益大，其客將益多，眞要紅矣。」〔註48〕他根本沒有考慮到又辰這篇文章是和LT 的《〈胡適論〉》這篇攻擊反對新文化運動者的文章放在一起的，而《晨報副鐫》一向支持新文化運動的立場以及這一版的表述語境本身，就預示著又辰對他詩作的態度不可能眞如其言辭所說，而是一種暗諷。正是由於沒有意識到這一層，4 月 10 日，吳虞在接到北大發欠薪的通知後，還「甚高興，同術白過嬌玉，交新印詩單二百張。」可見，吳虞此時還在樂滋滋地試圖將詩單進行更大範圍的傳播呢。

未曾料想，4 月 12 日《晨報副鐫》的「編餘閒話」欄裏，刊載了「記者」的《淺陋的讀者》一文，記者說自己知道「在忠厚的中國人的面前說話，處處要防發生誤解」，但他本以爲 9 日所登兩篇文章不至於發生誤解，「而事實竟不然：竟有許多讀者頻來責難，說本刊不應該提倡此類淫靡的舊詩」，爲此，記者提請誤解的讀者注意兩點，一是他們平時連規矩的古詩也不登，爲什麼會突然登起淫靡的古詩來了，二是他們應該注意到提倡與攻擊的形式是有分別的，提倡不應用「此種含譏帶諷的口氣出之。」記者說，「《〈胡適論〉》一類的諷刺是明顯的，淺薄的，拙陋的。常用這種諷刺，必定感到單調與乏味。」因此記者才登載了又辰那篇暗刺的文章。最後，記者聲明道：「……兩篇雜感都是諷刺。第一篇是明刺，第二篇是暗刺，一樣的都是諷刺，並沒有什麼提倡的嫌疑。換句話說，對於胡適論式的荒謬古文，與對於吳吾贈嬌寓式的淫

〔註47〕又辰《介紹「隻手打孔家店的老英雄」底近著》，《晨報副鐫》1924 年 4 月 9 日，第 4 版。

〔註48〕中國革命博物館整理、榮孟源審校《吳虞日記》（下），前引書，第 174 頁。

靡古詩，本刊都不以爲然，都放在必攻之列」。

吳虞看到了該文之後，反應卻是「予乃擬一函，欲致該報記者。」但由於去北大上課時，將信給單不廠看了，「不廠言，可置之不理，以免紛擾。」吳虞覺得他的建議很有見地，「遂不復過問」〔註49〕。由此，第二日，吳虞繼續寫作贈嬌玉詩，並錄寄《順天時報》的「聽花」欄目，祇是將常用的署名「吳吾」換成了「又玄」。到了 4 月 15 日，吳虞又作贈嬌玉詩一首，並且決定「此後有贈嬌玉詩，不再登報，留待重版時印之可也。」由開始的刻意印行並四處錄寄到此時決定「不再登報」，這體現了因爲 4 月 12 日記者之文而導致的思想上的緊張。但吳虞並未有所行動，因爲 17 日張怡生來，「言詩單事，但言不知，不必多辨別，亦不必承認，吳吾自吳吾，與我無關也。」〔註50〕這正體現了周作人所說的「別號的用處」〔註51〕，也正是吳虞後來在覆信中採取的策略。同時，吳虞並未捨去與嬌玉的交往，因爲 4 月 29 日的日記中，吳虞還說，「十七日至二十六日十天，嬌玉處賬目：十天共用洋十八元五角。」〔註52〕

吳虞對嬌玉態度的進一步改變，是因了 4 月 29 日《晨報副鐫》上署名 XY 的文章《孔家店裏的老夥計》。在該文中，吳虞一向非常重視的稱號「打孔家店的老英雄」受到了最爲根本的質疑。XY 徑稱吳虞是思想不清楚的人，根本不配成爲打孔家店的打手；其文錄，則是「汗漫支離，極無條理；若與胡適，陳獨秀，吳敬恒諸人『打孔家店』的議論相較，大有天淵之別。」認爲其文錄是用孔丘殺少正卯的手段來殺孔丘的；認爲「狎娼，狎優，本是孔家店裏的夥計們最愛做的『風流韻事』」，而《贈嬌寓》和《朝華詞》中的詩行正體現了孔家店中的貨色，質疑說「什麼『打孔家店的老英雄！』簡直是孔家店裏的老夥計！」〔註53〕

就在當天的日記裏，吳虞記下了他的閱讀感受：「今日《晨報》，又有一

〔註49〕1924 年 4 月 12 日吳虞日記，前引書，第 175 頁。

〔註50〕1924 年 4 月 17 日日記，前引書，第 176 頁。

〔註51〕1924 年 5 月，周作人以陶然之名發表《別號的用處》一文，文中說自己寫雜文用別號，意在「省麻煩」，如果遇到麻煩，「援『吳吾自有吳吾負責』之例也就可以推脫過去」。（周作人《別號的用處》，周作人著、止庵校訂《周作人自編文集‧談虎集》，河北教育出版社，2002 年，第 83 頁）

〔註52〕1924 年 4 月 29 日日記，中國革命博物館整理、榮孟源審校《吳虞日記》（下），前引書，第 178 頁。

〔註53〕XY《孔家店裏的老夥計》，《晨報副鐫》1924 年 4 月 29 日，第四版。

篇,由詩單而攻及《文錄》與《朝華詞》,語多詆誣輕薄,而實不學無術之狂吠也。因書八條覆之,示周作人、馬夷初、沈士遠,作人、士遠言可答覆一次,以後即當置之不理,不然終無說清之一日;夷初則以爲此等少年,可以不理。予用作人、士遠之說,將八條寄孫伏園,並聲明不再答覆。」〔註 54〕第二天,正是 4 月最末一天,吳虞日記中說「《晨報》今日滿,即令停送,此後只看《順天時報》一種。」此外,他還確定了去嬌玉那裡的方式:「嬌玉處皆一人去最好,不再約人同往。」〔註 55〕

然而吳虞終究還是氣憤難平。5 月 1 日,「飯後草一《致晨報副鐫書》凡十三紙。」並因謝紹敏之約而去遊公園,在那裡,「晤君毅、白鵬飛、郁達夫諸人」,「達夫言《晨報》稿係玄同之作,未知確否」。「君毅言予稿勿用,當代予另撰投報館,予即將稿毀去……對於嬌玉處亦須收斂,勿再動筆墨辯論,予皆贊許。今日見君毅、達夫,心中了然,方有把握……嬌玉處今日未去,因放假人多,且予倦也。此後無論對於何人,皆勿再言嬌玉,即唐少坡、術白亦勿言」〔註 56〕。可見,吳虞此時心裏已決定今後極其收斂,但是,吳虞並未放棄與嬌玉交往的可能。

5 月 2 日,吳虞寫給孫伏園的信在《晨報副鐫》的「來件」欄以《吳虞先生的來信》之名刊出,也就是吳虞所說的「八條」,吳虞看後感覺「尚無大謬」〔註 57〕,可見他依然是站在自己的角度來考量這件事情,且以自己爲是,以攻擊者爲謾罵且爲不學無術者也。但是,吳虞的回信並不高明,而且我們現在對其回信存在誤讀。

吳虞的回信雖有八條,但其重點無疑在第一、六、七、八諸條。其中,又以第一條爲最重要。第一條要回應的是《孔家店裏的老夥計》一文中所說他的文錄是汗漫支離,淺陋昏亂之說。他的回應文字如下:

　　(一)我的文錄。皆民國已來的筆記。略加刪削。不過隨便發表意
　　　　見。非敢言文。本一無系統之作。來京時友人爲錄成一冊。胡適之

〔註 54〕1924 年 4 月 29 日日記,中國革命博物館整理、榮孟源審校《吳虞日記》
　　　　(下),前引書,第 178 頁。
〔註 55〕1924 年 4 月 30 日日記,中國革命博物館整理、榮孟源審校《吳虞日記》
　　　　(下),前引書,第 178 頁。
〔註 56〕1924 年 5 月 1 日日記,中國革命博物館整理、榮孟源審校《吳虞日記》
　　　　(下),前引書,第 178～179 頁。
〔註 57〕1924 年 5 月 2 日日記,中國革命博物館整理、榮孟源審校《吳虞日記》
　　　　(下),前引書,第 179 頁。

先生爲撰序。介紹付印。時適之先生方閱水滸。故有打孔家店之戲
言。其實我並未嘗自居於打孔家店者。淺陋昏亂。我原不必辭。不
過蔡子民陳獨秀胡適之吳稚暉他們稱許我皆謬矣。

在吳虞研究史上，有好些人認可吳虞此處所說的「我並未嘗自居於打孔
家店者」，「淺陋昏亂。我原不必辭。」從而認爲吳虞承認了自己文錄的「淺
陋昏亂」，以爲他自己並不認可胡適送予的稱號。如「就是吳虞，連胡適稱他
爲『隻手打孔家店的老英雄』這一說法也並不贊成。他在 1924 年答《晨報》
記者問時說：『我的《文錄》，皆民國以來的筆記，略加刪削，不過隨便發表
意見，非敢言文，本一無系統之作。來京時友人爲錄成一冊，胡適之先生爲
撰序，介紹付印。時適之先生方閱《水滸》，故有打孔家店之戲言。其實，我
並未嘗自居於打孔家店者，淺陋昏亂，我原不必辭。不過，蔡子民、陳獨秀、
胡適之、吳稚暉他們稱許我皆謬矣。』吳虞在這裡一則稱胡適『打孔家店』
之語爲讀《水滸》後的『戲言』；二則稱自己『淺陋昏亂』，未嘗以胡適的評
價自居；三則說胡適諸人稱許他反孔之論『皆謬矣』。足見吳虞並不以胡適的
評說爲妥。」〔註58〕又如，有人說：「在 1924 年 5 月 2 日《晨報》副刊上，
吳虞本人已經澄清了事實，否定了這個說法，認爲這不過是胡適研讀《水滸》
而引發的一句『戲言』而已，不能代表自己的思想與五四精神。」〔註59〕這
種闡釋方法還見諸其他文章，如李玉剛編《五四風雲人物文萃·吳虞 易白
沙》〔註60〕中，《吳虞先生的來信》被更名爲《爲「隻手打孔家店者」聲辯》，
似乎編者也贊同吳虞在正文中的推辭之語，以爲吳虞並不贊成胡適送予的這
個稱號。

其實這些解讀，是誤會了吳虞的意思的。

讀《〈吳虞文錄〉序》可以知道，胡適在這篇序言中送給吳虞兩個稱謂，
一個是「『四川省隻手打孔家店』的老英雄」，另一個則是「中國思想界之清
道夫」。前者更著重吳虞的反孔非儒在四川省的獨樹一幟，後者則是對吳虞因
反孔非儒的貢獻而在中國思想界據有的地位的評價。一般而言，後者因其地
域指涉更廣，而顯得更爲崇高。事實上，當年的吳虞根本沒有管「打孔家店」

〔註58〕 李殿元《「打（倒）孔家店」的歷史誤會》，《中華文化論壇》2006 年第 3 期，
第 151 頁。

〔註59〕 納雪沙《關於「五四」精神諸問題的新闡釋——北京大學王東教授答問錄》，
《北京日報》2009 年 6 月 29 日。

〔註60〕 李玉剛編《五四風雲人物文萃·吳虞 易白沙》，前引書。

是否是胡適的戲言，他更看重的是「中國思想界之清道夫」這個稱號。因爲在胡適送來序言當天，吳虞的日記是這樣記錄的：「十一時，胡適之來，交還予《文錄》一本，爲予作《〈吳虞文錄〉序》一首，謂予爲中國思想界之清道夫」。〔註61〕但有意思的是，隨著胡適的這篇序言依次發表於《晨報副刊》、《民國日報》、《時事新報‧學燈》、《四川日刊》〔註62〕上，以及《吳虞文錄》的印行和廣爲流佈，「中國思想界之清道夫」往往成爲佐證，甚或被忽略，而「孔家店」、「打孔家店」以及「四川省『雙手打孔家店』的老英雄」這些說法卻很快在知識界流傳開來：早在《吳虞文錄》出版後的第二月，日本學者青木正兒就在致吳虞的信中稱許胡適之讚譽吳虞的「雙手打孔家店的老英雄」一語「說得好」〔註63〕，這是最早拈取胡適對吳虞的這個評價，並作出正面贊許的文字。事實上，此後吳虞的日記裏面，但凡有人對其文錄有正面評價，他都會一一記錄在案，如「辻武雄來信，於予《文錄》有『革新世界急先鋒』之評。」〔註64〕「今日上海《時事新報‧學燈》，登亞東圖書館廣告云：『改造國民思想，討論婦女問題，改革倫理觀念，提倡文學革命、文化運動的先鋒：《胡適文存》（五版），《獨秀文存》（四版），《吳虞文錄》（三版）」〔註65〕，等等，而其中記錄最多的，無疑是人家對他打孔家店的稱許的文字。可見，吳虞不是不承認、不在乎「雙手打孔家店的老英雄」這個稱號，而是非常在意。在這個意義上我們也就能理解，爲何《淺陋的讀者》發表後他雖然憤怒，但還是能控制住自己不給晨報記者寫信，而《孔家店裏的老夥計》一出，他就寫了「八條」，寄送孫伏園，而且僅僅一天之後，他還「飯後草一《致晨報副鐫書》凡十三紙」，衹是因爲吳君毅的勸阻才「將稿毀去」。

其實，前引吳虞對文錄及「打孔家店」的辯解之詞，是一段與 XY《孔家店裏的老夥計》針鋒相對的文字。它試圖回應的是後者所提出的三個問題：《吳虞文錄》是「汗漫支離，極無條理」的；吳虞靠這類「汗漫支離，極無條理」

〔註61〕 中國革命博物館整理、榮孟源審校《吳虞日記》（上），前引書，第607頁。

〔註62〕 參見吳虞1921年6月21日、6月27日、8月2日、8月4日日記，中國革命博物館整理、榮孟源審校《吳虞日記》（下），前引書。

〔註63〕 〔日〕青木正兒《青木正兒致吳虞》，趙清、鄭城編《吳虞集》，前引書，第395頁。

〔註64〕 吳虞1923年10月10日日記，中國革命博物館整理、榮孟源審校《吳虞日記》（下），前引書，第137頁。

〔註65〕 吳虞1924年1月12日日記，中國革命博物館整理、榮孟源審校《吳虞日記》（下），前引書，第153頁。

的話，獲得了「打孔家店的老英雄」的稱號，其實其言論較之胡適，陳獨秀，吳敬恒諸人的，大有天淵之別；《吳虞文錄》是淺陋昏亂的，他站在「李家店或韓家店等地位來打孔家店」，實在不配。

事實上，吳虞該段中「我的文錄。皆民國已來的筆記。略加刪削。不過隨便發表意見。非敢言文。本一無系統之作。來京時友人爲錄成一冊。胡適之先生爲撰序。介紹付印。」就是回應的第一個問題。表面上看，吳虞是承認了自己的文錄汗漫支離，極無條理，實質上，他採用了以退爲進的策略。首先，他說自己的文錄本係略加刪削的筆記而已，本身就不追求系統；其次，「來京時友人爲錄成一冊」，這裡預示著，他的那些筆記也許並非無全無價值；此外，他攜文錄來京後，「胡適之先生爲撰序」並且「『介紹』付印」。這裡潛在的邏輯是：如果對手承認胡適的地位，那麼，胡適所欣賞的文錄就不是 XY 眼中的「汗漫支離，極無條理」者，而是有其眞價值在。

「時適之先生方閱水滸。故有打孔家店之戲言。其實我並未嘗自居於打孔家店者。」承接胡適爲其文錄做序言而來，但意在回答胡適送給他的稱號是否合適的問題。表面上看，吳虞謙遜地說自己未自居於打孔家店者，其實這裡隱含著一個邏輯：他不自居於打孔家店者，對手所舉最優秀的「打孔家店」者之一的胡適卻將其引爲同道，那麼，如果對手承認他在《孔家店裏的老夥計》所說胡適是著名打手之一，就必得承認胡適給予吳虞的那個稱號的合理性，否則，就推翻了自己的立論標準。

「淺陋昏亂。我原不必辭。不過蔡子民陳獨秀胡適之吳稚暉他們稱許我皆謬矣。」和前面兩小段的論述方式一樣，這句話中依然分成兩個語義群，後面一個是對前面一個的修正與顛覆。也就是說，如果 XY 承認蔡子民、陳獨秀、胡適之、吳稚暉等是思想清楚者，那麼，他們皆稱許的對象《吳虞文錄》就不是淺陋昏亂的，吳虞也非淺陋昏亂者。只有這樣理解，我們才能明白 XY 在《〈吳虞先生的來信〉的讀後感》中針對吳虞這段話而加的按語：「蔡，陳，胡，吳諸君固然是新思想的先覺，但他們也未必全無『謬』論。吳先生的議論是『淺陋昏亂』還是值得『稱許』，應該看他的自身而定；他固然不因 XY 不『稱許』他而受辱，卻也未必因蔡、陳、胡、吳諸君『稱許』他而加榮阿！」XY 對吳虞的論辯策略是看清楚了的。但後來者卻沒有看清楚，誤讀了吳虞以爲「尙無大謬」的這段論辯文字。

吳虞在《吳虞先生的來信》中，使用一些名人爲自己「保駕護航」的策

略還有體現，如他說「猶之西瀅之文。自有西瀅負責。不必牽扯陳源也。」「梁○○之王凌波。蔡松坡之小鳳仙。固彰彰在人耳目。陳獨秀黃季剛諸先生之遺韻正多。足下亦能一一舉而正之乎。」「此啓曾示周作人馬敍倫諸先生思想清楚者」，等等。對此，XY 在隨後發表的《〈吳虞先生的來信〉的讀後感》中就指出過好幾處，薛玲在《吳虞先生休矣！》中徑直稱「吳先生是一位好拿大人物嚇人（？）的一個人！」〔註66〕

吳虞自己對其「八條」還是比較滿意的。所以在其發表的次日，吳虞「九時半過北大，晤幼漁、子庚，以八條示之」，後來又將它給郁達夫看，得到「不糟，此後勿自答」的答覆〔註67〕。

上述爲「豔體詩事件」的第一個回合。在這個回合中，吳虞終於應戰，但回應的水平衹是郁達夫所言的「不糟」。

2.第二回合

在接下來的一個時段中，吳虞果眞沒有直接爲文寄送《晨報副鐫》，而是任由 XY、薛玲、王基、浿生的文章發表。這些文章及其相關資訊如下：

表六

作 者	文 章 名	發表時間	發表刊物
XY	《〈吳虞先生的來信〉的讀後感》	1924 年 5 月 6 日	《晨報副鐫》
薛玲	《吳虞先生休矣！》	1924 年 5 月 10 日	《晨報副鐫》
王基	《答 XY 先生的疑問》	1924 年 5 月 12 日	《晨報副鐫》
浿生	《淺陋的話》	1924 年 5 月 20 日	《晨報副鐫》
XY	《答浿生君》	1924 年 5 月 20 日	《晨報副鐫》

仔細分析這些文章可見，其實這裡面還可以細分爲兩個階段，即 5 月 12 日及以前爲一階段，5 月 20 日發表的兩篇文章爲第二階段。

XY、薛玲、王基的文章，在一定意義上說，都是針對吳虞的「八條」而寫，其作用在從各自的角度反駁吳虞，將對吳虞的豔體詩的反思推向深入。

《〈吳虞先生的來信〉的讀後感》中，XY 採用了類似「雙簧信」事件中劉半農回應「王敬軒」的方式，逐段逐段地對吳虞來信中的「八條」加以批

〔註66〕薛玲《吳虞先生休矣！》，《晨報副鐫》1924 年 5 月 10 日。
〔註67〕吳虞 1924 年 5 月 3 日日記，中國革命博物館整理、榮孟源審校《吳虞日記》（下），前引書，第 179～180 頁。

駁，而又自有側重點。首先，XY 繼續堅持自己中國古代的思想、「歐洲古代的思想和印度思想，一律都是昏亂思想」的觀點，認為吳虞在回信中所舉那些文字所自出的中國古書，「只有兩種處置法：一是送給思想清楚的人們做『中國昏亂思想史』的史料；一是照吳稚暉先生的辦法，把牠們扔到毛廁裏去。」這是對他上一篇文章的承續；其次，XY 抓住吳虞來信中說為文與學說不同，不必有信仰的說法，大加駁斥，最後得出「『為文』與『主張信仰』不符，正是孔家店裏的夥計們的態度」的結論，這進一步坐實了吳虞與「孔家店裏的老夥計」之間的關聯；再次，XY 從人道主義角度質疑吳虞的言論，其一，他質疑吳虞所說年紀甚大之男人為排遣而狎優的合理性：「優伶也是『不聊生』的『人』」？他『於憂患之中』若要想『排遣』，可以用什麼來『藉資』？——阿！我又錯了！拿優伶和『年七十』與『年六十餘』的『諸老先生』相比，本是孔家店中的人所不許的阿！」其二，他質疑吳虞「尋芳」、「買美人憐」並寫「綺豔之詞」的背後，存在忽視「芳」與「美人」的人權的實質；再次，XY 針對吳虞「今我無兒子。人又言我剝奪兒子的自由。豈非怪事。此等事似未可信筆書寫。至陰護禮教。果何所據而言。」進行駁斥，指出自己所言的「兒子」本兼及男女，而「這種講法，又必非孔家店裏的夥計所許可」，並指出了「陰護禮教」的含義，其言說指向的是吳虞與其女兒的緊張關係以及吳虞的處理方式。

如果說 XY 的文章重在進一步密切吳虞的回應文字及言行與「孔家店裏的老夥計」這一身份之間的關聯，王基的文章《回答 XY 先生的疑問》通過回答 XY 拋出的兩個問題，而將「各行其所非」作為「孔家店裏的夥計們的態度」的「簡括的宣言」，是對 XY 觀點的有力呼應，那麼，薛玲的《吳虞先生可以休矣！》一文，則重在指出吳虞「好拿大人物嚇人」的特徵，他說「吳先生！一人出醜就出吧，別引出許多人來陪你！」

這篇文章中，值得關注的是薛玲的這個問題：「別人作淫詞沒人管，先生寫幾句詩就挨罵：其中底因果，先生何不想想？」這實際上開啟了一扇窗，通過對這個問題的思考與回答，可以讓我們窺知到吳虞遭遇「豔體詩」事件的真實原因，以及新文化陣營此期的思想狀況。

渻生的《淺陋的話》和 XY 的回答可以作為「豔體詩事件」的第三階段來考察。

渻生在文中說，「我決不是為昏亂如吳吾的辯護，更不敢到孔家店裏去學

徒，作些《贈嬌寓》之類的詩，祇是對於 XY 君的科學的科學思想有所疑問罷了。」對科學思想的懷疑，其實表徵著他對 XY 批駁四千年文化，以孔子思想爲中國昏亂思想的大本營的反感，他認爲打倒「中國昏亂思想的大本營」孔老夫子的思想的說法「未免失之過火」，而「迷信『全盤受西方化』的也未必是聰明人」，最後認爲 XY 的文章在思想方面一如《〈胡適論〉》，「都是『千該打，萬該打的（疑脫了『東』字，引者注）西。』」

和前此薛玲、王基對 XY 的呼應不同，這篇文章對 XY 的觀點進行了駁斥。其駁斥從兩個層面展開，一是指出 XY 的觀點太過火、偏激，二是認爲不能全盤受西方化，而應該將四千年的文化進行從新估價，沙裏淘金。這種反思，已經超出了吳虞「豔體詩」事件的範疇，而歸屬於質疑新文化運動先驅者對中國古代文化、西方文化的態度是否合理的問題，而且這種評論，顯出了後來否定新文化運動者的觀點的端倪，所以尤其值得重視。

XY 的回應，也恰好是針對這兩個方面做出的。他的技巧是引用浬生文中的話，而全然換成自己的邏輯。首先，他表明斥從前的著作爲毫不足取，是應該的，毫不太過，而過去四千年的文化恰恰是碎紙；對其進行重新估價，雖應當，但如何沙裏煉金，是個問題。其立足點，均在於強調「現在」、「此一時，彼一時」，意即強調古代文化已不適應現代生活，故而必須對他們進行批判。XY 的回應文字簡短而有力，反映的正是新文化先驅者一貫主張的現代生活大於一切，重視現代的「人」的獨立生存的觀點。

二、「XY」與錢玄同：「豔體詩」事件與「打孔家店」

與「魯迅」、「沫若」、「巴金」、「老舍」等等一樣，「XY」也是一個筆名，與「魯迅」之於周樹人、「沫若」之於郭開貞、「巴金」之於李堯棠、「老舍」之於舒慶春不同，「XY」是誰的筆名，我們現在仍不能確定。但我們知道，現代作家們發表自己的作品時所用的筆名，常常關聯著他們彼時彼地的境遇、心情或者觀點，因此，當我們要試圖全面深入地揭開吳虞「豔體詩」事件的特質時，弄清「XY」到底是誰的筆名，就顯得不無必要。

（一）

如前所述，1924 年 4 月 9 日至 5 月 20 日，在北平的《晨報副鎸》上，發動了一場對「隻手打孔家店的老英雄」〔註 68〕吳虞的批評。此次事件中，以

〔註 68〕胡適《〈吳虞文錄〉序》，吳虞《吳虞文錄》，亞東圖書館，1921 年。

XY 為主力的批評一方〔註69〕，共發表文章八篇，其中「XY」所寫的有三篇：《孔家店裏的老夥計》〔註70〕《〈吳虞先生的來信〉的「讀後感」》〔註71〕以及《答湜生君》〔註72〕。如果我們去細讀這前後的文章就可以知道，「XY」正是對吳虞 1924 年所寫豔體詩進行最透徹的批駁的人。那麼，「XY」究竟是誰呢？

署名「XY」的文章《孔家店裏的老夥計》發表於 4 月 29 日。當天，吳虞看到這篇文章後反應強烈，當即寫了「八條」作答，而且 5 月 1 日還在「飯後草一《致晨報副鐫書》凡十三紙」。就在 5 月 1 日這天，吳虞因為謝紹敏的邀請，去公園遊玩，碰見了吳君毅、白鵬飛、郁達夫諸人，期間，郁達夫告訴他「《晨報》稿係玄同之作」，吳虞在日記中緊接著寫到「未知確否」。隨後的 5 月 3 日，吳虞與其弟君毅和郁達夫同往中央公園，後來謝紹敏又來，「言內幕有暗潮」，由於謝「閃爍其詞」，吳虞因而「甚惡之」，郁達夫則表示說如果有內幕，他會代為探察，如果再有文字出現，他「當站出來罵之」〔註73〕。在吳虞後來的日記中，並未記錄有確定 XY 就是錢玄同的文字。但是，吳虞在 5 月 5 日的日記裏鄭重地記下了他的其他朋友、同事與錢玄同的衝突：「昨夷乘言，幼漁、公鐸、兼士皆與玄同衝突過。公鐸罵其卑鄙，陳介石罵其曲學阿世，孟壽椿言其出身微賤，傅斯年言其音韻學最使人頭痛，潘力山言其前諂事黃侃，後痛詆黃侃，又諂事陳獨秀、胡適之。玄同常到蔡子民處，當時人譏之曰：又到蔡先生處去阿一下，其人格尚可言哉！」最後，吳虞甚至懷疑起錢玄同的人格來了。不止如此，就在這天，他去北大上課，在課堂上，他「嚮學生陳述事實，約一點半鐘，並痛罵錢玄同，不欲示弱也。」〔註74〕可以推知，吳虞在聽說 XY 即錢玄同之後，以他「裝不得話，遇事耐不得」〔註75〕的性格，一定在同事、朋友間有過一番議論，並因此獲

〔註69〕還包括又辰、薛玲、王基、記者孫伏園、湜生幾位。

〔註70〕XY《孔家店裏的老夥計》，《晨報副鐫》1924 年 4 月 29 日。

〔註71〕XY《〈吳虞先生的來信〉的「讀後感」》，《晨報副鐫》1924 年 5 月 6 日。

〔註72〕XY《答湜生君》，《晨報副鐫》1924 年 5 月 20 日。

〔註73〕吳虞 1924 年 5 月 3 日日記，中國革命博物館整理、榮孟源審校《吳虞日記》（下），前引書，第 179～180 頁。

〔註74〕吳虞 1924 年 5 月 5 日日記，中國革命博物館整理、榮孟源審校《吳虞日記》（下），前引書，第 180 頁。

〔註75〕吳虞 1924 年 5 月 2 日日記，中國革命博物館整理、榮孟源審校《吳虞日記》（下），前引書，第 179 頁。

得了如公鐸、幼漁等的同情，所以吳虞將其引爲知己，在日記中詳細記錄下了他們對錢玄同的指斥。而他在課堂上對學生的廣而告之，並且終至於大罵，意在表明他的不欲示弱，但也說明吳虞此時基本已確定來自郁達夫和謝紹敏的消息〔註76〕的眞實性。並且，在第二天即5月6日，《晨報副鐫》再登XY的文章時，他接受了馬夷初、郁達夫的建議，不答覆，並且不再讀《晨報》，「以省事清心也。」而在當天的講堂上，他絕口不提錢玄同事，爲的是表示「靜鎭」。

有了那班朋友的支持，吳虞自以爲在理，所以在後來的一個多月裏，他依然去嬌玉那裡，並且一度想納嬌玉爲妾，並託人籌款。從日記來看，他未再看《晨報》，也未再指斥錢玄同。直到6月11日，吳虞日記中才有一條關於錢玄同的記錄，他說「玄同今日向予點首」，而其評價則是「小人可笑也」〔註77〕。到了1939年，吳虞在1月22日日記中只記下了這麼一句話：「錢玄同在北平患腦充血逝世」〔註78〕。既無前言，也無後語。個中感情或許只有吳虞才知道。

XY即錢玄同的說法，在關於錢玄同的傳記、年譜中均有記載。在《錢玄同年譜》中，曹述敬認爲，「作者署名『X.Y.』發表在《晨報副鐫》上的《孔家店裏的老夥計》（四月二十九日），《「吳虞先生的來信」的「讀後感」》（五月六日）和《答浬生君》（五月二十日），也都是錢玄同的手筆。」〔註79〕《錢玄同學術行年簡表》中「1924年」條目下，有「批評吳虞並不身體力行反禮教，是孔家店裏的老夥計」的說法〔註80〕，而在《錢玄同評傳》一書的正文中，作者較爲詳細地梳理了X.Y.在「豔體詩」事件中的言論。仔細考察這些論述，都站在尊崇錢玄同而貶斥吳虞的立場上。另外，《錢玄同文集》第二卷

〔註76〕 冉雲飛在其《吳虞和他生活的民國時代》中多次提到XY與錢玄同，但對二者的關係，他說「據說《晨報》上所發表的對他的批評是錢玄同所寫（還是郁達夫私底下告知他的，但我查了一番並沒有完全確定）」。見該書363頁。我認爲，儘管吳虞沒在日記中明確說XY即是錢玄同，但其聽郁達夫之言後的反應，坐實了郁達夫之言的眞實性。

〔註77〕 吳虞1924年6月11日日記，中國革命博物館整理、榮孟源審校《吳虞日記》（下），前引書，第189頁。

〔註78〕 吳虞1939年1月22日日記，中國革命博物館整理、榮孟源審校《吳虞日記》（下），前引書，第793頁。

〔註79〕 曹述敬《錢玄同年譜》，齊魯書社，1986年，第79頁。

〔註80〕 吳銳《錢玄同評傳》，百花洲文藝出版社，1996年，第325頁。

中收錄了《孔家店裏的老夥計》等三篇文章。

有意思的是，在吳虞的研究成果中，卻從未有「XY 即錢玄同」的論斷，這固然是因爲吳虞的研究本就薄弱，但或者也是因爲「XY 即錢玄同」並不能從《吳虞日記》直接得出，也不能從《錢玄同日記》中看到錢玄同關於寫作這些文章的記錄。

其實「XY 即錢玄同」的說法，目前可見的最早的說法來自魏建功。1961年第 9 期的《中國語文》上，魏建功發表了文章《〈錢玄同先生與黎錦熙先生論「古無舌上、輕唇聲紐」問題書〉讀後記》，其中有這樣一條注釋：「錢先生用筆名在《晨報副刊》發表過許多隨感錄，例如用 X. Y.署名批評吳虞思想落後的生活表現」﹝註 81﹞。此後，曹述敬在其《錢玄同年譜》中首先肯定了這一說法，認爲「這些文章（指前引的三篇，引者注）寫得鋒利潑辣，痛快淋漓，完全是『五四』時期錢玄同的議論文的風格……魏建功在《〈錢玄同先生與黎錦熙先生論「古無舌上、輕唇聲紐」問題書〉讀後記》（見《中國語文》1961 年 9 月號）中已說過 X. Y.是錢玄同的筆名，是很正確的。」﹝註 82﹞再後，吳銳、周維強都將 XY 當成是錢玄同的筆名，並對其駁斥吳虞的過程進行了較詳細的闡釋，李可亭在其所著的《錢玄同傳》中再次引用﹝註 83﹞，而張耀傑徑直將「XY」作爲吳虞《新青年》時代的舊同人錢玄同的署名﹝註 84﹞，認爲XY 對吳虞的批駁就是錢玄同對舊日同人吳虞的倒算賬。

（二）

但很顯然，對 XY 就是錢玄同的論斷，既往的研究還缺乏更有力的論證。一個很明顯的問題在於：我們在錢玄同、周作人、魯迅、吳虞等等的日

﹝註 81﹞ 魏建功《〈錢玄同先生與黎錦熙先生論「古無舌上、輕唇聲紐」問題書〉讀後記》，《中國語文》1961 年 9 月號，第 35 頁。這條注釋中，魏建功第一個將「XY」的每個字母之後加上了小圓點，變成了「XY」，此後遵此說者較多。

﹝註 82﹞ 曹述敬《錢玄同年譜》，前引書，第 81 頁。查《中國語文》1961 年第 9 期可見，X. Y.是錢玄同筆名的說法來自魏建功在該文中所作的一條注釋，該條注釋全文是：「錢先生用筆名在《晨報副刊》發表過許多隨感錄，例如用 X. Y. 署名批評吳虞思想落後的生活表現。」魏建功先生引這條注釋意在說明，1933年他在與黎錦熙討論「古無舌上、輕唇聲紐」問題時，錢玄同「已非當年（1919年前後）寫《新青年》或《晨報副刊》隨感錄的情境，不能痛快淋漓地批評」。（見《中國語文》1961 年 9 月號，第 35 頁）

﹝註 83﹞ 李可亭《錢玄同傳》，河南大學出版社，2002 年，第 113 頁。

﹝註 84﹞ 張耀傑《歷史背後：政學兩界的人和事》，廣西師範大學出版社，2006 年，第54 頁。

記、通信或者雜文裏，都找不到相關證明文字，如果我們僅僅依據魏建功的說法，或者依據《吳虞日記》中並不確定的話語進行推測，那麼，我們還不如將這個問題存疑。

其實，曹述敬曾在其《錢玄同年譜》中指出，「這些文章（指前引的三篇，引者注）寫得鋒利潑辣，痛快淋漓，完全是『五四』時期錢玄同的議論文的風格」〔註85〕，這種從這三篇文章本身的藝術特質方面來進行定位的方法，無疑是睿智的。然而我認爲，更重要也最準確，或許能更逼近眞相的一種方式，就是仔細考察錢玄同此期思想與 XY 所發表的三篇雜感的思想是否吻合。

循著這條路徑，以下的發現也許是值得重視的：

首先，XY 在《孔家店裏的老夥計》中說，「穆姑娘（Moral）無法來給我們治內，賽先生（Science）無法來給我們興學理財，臺先生（Democracy）無法來給我們經國惠民；換言之，便是不能『全盤受西方化』；如此這般的下去，中國人不但一時將遭亡國之慘禍，而且還要永遠被驅逐於人類之外！」這段話中，XY 意在說明孔家店應該打倒，並提到了非常關鍵的三個稱謂：穆姑娘（Moral）、賽先生（Science）和臺先生（Democracy），認爲如果不打孔家店，那麼，這三者就不能幫我們治理國家的內外，即不能「全盤受西方化」，最終將遭受亡國乃至被驅逐出人類的命運。

在錢玄同 1925 年所寫的《反抗帝國主義》一文中，錢玄同說：「喚醒的教育，消極方面是『除國賊』，積極方面是請德先生（Democracy），賽先生（Science），穆姑娘（Moral）來給咱們建國。」〔註86〕這是對《孔家店裏的老夥計》的明顯呼應。錢玄同曾說，「向咱們施行帝國主義的外國的文化，都比咱們高得多多，咱們不但不應該『排』它，而且有趕緊將它『全盤承受』之必要，因爲這是現代的世界文化，咱們中華民國也應該受這文化的支配。」這與「現在的世界文化應該全盤承受」〔註87〕、「東方文化連根拔去，西方文化全盤承受」〔註88〕的說法、去東方化的言論〔註89〕一起，均與 XY

〔註85〕曹述敬《錢玄同年譜》，前引書，第81頁。

〔註86〕錢玄同《反抗帝國主義》，沈永寶編《錢玄同五四時期言論集》，東方出版中心，1998年，第347頁。

〔註87〕錢玄同《反抗帝國主義》，沈永寶編《錢玄同五四時期言論集》，前引書，第347頁。

〔註88〕錢玄同 1924 年 4 月 8 日日記，北京魯迅博物館編《錢玄同日記》（影印本）

在《孔家店裏的老夥計》中主張「全盤受西方化」的表述相通。我們知道，在此一時期，仍堅持「歐化」主張的，當以錢玄同爲最力。他曾明確說過他堅信歐化：「我堅決地相信所謂歐化，便是全世界之現代文化，非歐人所私有，不過歐人聞道較早，比我們先走了幾步。」〔註90〕甚至說，「騰出這邊來，用『外國藥水』消了毒，由頭腦清晰的人來根本改造，另建『歐化的中國』，豈不乾脆！」〔註91〕可見，「全盤承受西方化」正是錢玄同和「XY」共有的主張。

其次，「XY」在《孔家店裏的老夥計》中提到調查老牌孔家店裏的貨物非常有必要，但夠資格的是「如胡適，顧頡剛之流」，「因爲他們自己的思想是很清楚的，他們調查貨物的方法是很精密的。」早在1923年，錢玄同就在《漢字革命與國故》中談到過整理國故的必要性：「與其任他們自由讀古書，……不如請有科學的頭腦，有歷史的眼光的學者如胡適之先生顧頡剛先生諸人來做整理國故的事業。」〔註92〕也就是說，錢玄同和「XY」對整理國故的態度以及對其適合的整理者的選定是同一的。

第三，XY在《〈吳虞先生的來信〉的「讀後感」》中質疑道：「優伶也是『不聊生』的『人』？他『於憂患之中』若要想『排遣』，可以用什麼來『藉資』？」就在該文中，他還說：「故苟『無兩廡肉之望』者，盡可作『綺豔之詞』、盡可『尋芳』，盡可『買美人憐』。至於『芳』是什麼東西，『美人』是什麼東西，那些人和自己是否同是人類，是否同有人權：這些問題，本非孔家店裏的夥計的腦子所有的。」這種觀點，和錢玄同1923年7月1日致信周作人時認爲中國情感文學中怡情酒色派的寫作「更不足道，二言以蔽之，『不拿人當人』，並且『不拿自己當人』而已」〔註93〕，有著相通之處。

第6冊，福建教育出版社，2002年，第2844頁。

〔註89〕錢玄同在1923年7月9日致周作人信中說，「我近來犯動感情，以是『東方化』終於是毒藥。」「現在仍是應該積極去提倡『非聖』、『逆倫』，應該積極去劇除『東方化』」。參見周作人《錢玄同的復古與反復古》，沈永寶編《錢玄同印象》，前引書，第16～17頁。

〔註90〕錢玄同《回語堂的信》，沈永寶編《錢玄同五四時期言論集》，前引書，第340頁。

〔註91〕錢玄同《寫在半農給啓明的信的後面》，沈永寶編《錢玄同五四時期言論集》，前引書，第327頁。

〔註92〕錢玄同《漢字革命與國故》，沈永寶編《錢玄同五四時期言論集》，前引書，第287頁。

〔註93〕錢玄同《致周作人》（1923年7月1日），沈永寶編《錢玄同五四時期言論集》，

　　第四，XY 在《孔家店裏的老夥計》中攻擊道「自己做兒子的時候，想打老子，便來主張毀棄禮教；一旦自己已做了老子，又想剝奪兒子的自由了，便又來陰護禮教：這是該店裏的夥計們的行爲之一斑。」在吳虞以自己沒有兒子而且陰護禮教沒有證據爲由進行辯駁的情況下，XY 在《〈吳虞先生的來信〉的「讀後感」》中說：

> 至於我所說的那一種人，實在是有的。他們從前因爲自己受父母的管束，便氣得不得了，痛罵禮教之害人。現在他們看了自己生的兒女（我那文中所謂兒子，本是兼包男女而言；不過這種講法，又必非孔家店裏的夥計所許可耳）不受管束，便覺得這都是中了外國的新學說的毒，同時又覺得「中國自有特別國情」，如漢宣帝所云「漢家自有制度」，這些「國情」與「制度」，實非保存不可；但自己仍不得不藉口破壞禮教以便私圖：這便叫做「陰護禮教」。

XY 對兒女權益的維護，對反孔者維持禮教的警惕，和錢玄同向黎錦熙所陳述的一段話何其相似：

> 「三綱」者，三條麻繩也，纏在我們的頭上，祖纏父，父纏子，子纏孫，代代相纏，纏了二千年。新文化運動起，大呼「解放」，解放這頭上的三條麻繩！我們以後絕對不得再把這三條麻繩纏在孩子們的頭上！孩子們也永遠不得再纏在下一輩孩子們的頭上！可是我們自己身上的麻繩不要解下來，至少新文化運動者不要解下來，再至少我自己就永遠不會解下來。爲什麼呢？我若解了下來，反對新文化維持「舊禮教」的人，就要說我們之所以大呼解放，爲的是自私自利，如果藉著提倡新文化來自私自利，新文化還有什麼信用？還有什麼效力？還有什麼價值？所以我自己拼著犧牲，只救青年，只救孩子！〔註94〕

對讀這兩段文字，我們其實可以知道，吳虞和錢玄同在對三綱的態度上有所不同，在對父親一代與孩子一代的關係處理上有所不同，在打孔家店的姿態上也並不相同。錢玄同對黎錦熙說新文化運動者應該不解下三綱的束縛，而吳虞狎優狎妓，卻以綱常倫理要求自己的子女。這就意味著，在錢玄同眼裏，吳虞此時已不能再被稱爲新文化運動者，他的反孔非儒也正帶有「自私自利」

前引書，第 276 頁。
〔註94〕見黎錦熙《錢玄同先生傳》，沈永寶編《錢玄同印象》，前引書，第 74 頁。

的色彩，而這，正是他稱吳虞爲「陰護禮教」者的原因。

最後也是最爲重要的是，XY 在《孔家店裏的老夥計》中反覆提及「思想清楚」的重要性，並且說「怎樣的思想才算是清楚的思想呢？我毫不躲閃地答道：便是以科學爲基礎的現代思想。」這與錢玄同一貫強調「科學」的重要性密切吻合。此外，該文中，XY 認爲「陳獨秀、易白沙、胡適、吳敬恒、魯迅、周作人諸公之流」「都是思想很清楚的」，所以他認爲他們「配做打手」。

細讀錢玄同五四時期的言論可見，他一直非常重視「思想清楚」與否的問題。

「有腦筋的人」在其《反抗帝國主義》中就曾被多次提到：「凡有腦筋的人們都應該努力去幹一件工作。這工作便是『喚醒國人』」；「喚醒國人，實爲今後有腦筋的人唯一的工作——救命的工作」；「喚醒的教育，消極方面是『除國賊』，積極方面是請德先生（Democracy），賽先生（Science），穆姑娘（Moral）來給咱們建國」；「要不亡國，除非由有腦筋的人們盡力去做『喚醒國人』的工作」〔註95〕。而在《寫在半農給啓明的信的後面》中，錢玄同說，「騰出這邊來，用『外國藥水』消了毒」，以實現「根本改造」「另建『歐化的中國』」的也正是「頭腦清晰的人」〔註96〕。

1923 年，錢玄同在文中明確提到「我近來覺得這幾年來的眞正優秀分子之中，思想最明白的人卻只有二人：(1)吳敬恒，(2)陳獨秀是也。」而其評判標準，就是他們的主張：「將東方化連根拔去，將西方化全盤採用。」爲此，他評價說，「這一點上，我是覺得他倆最可佩服的。關於這一點上，梁啓超固然最昏亂，蔡元培也欠高明，胡適比較的最明白，但思想雖清楚，而態度則不逮吳、陳二公之堅決明瞭，故也還略遜一籌。」〔註97〕而到了 1925 年 4 月 13 日，錢玄同在《回語堂的信》中說，「八九年來，我最佩服吳，魯，陳三位先生的話」〔註98〕；「我堅決地相信所謂歐化……我以爲若一定要找中國人做

〔註95〕錢玄同《反抗帝國主義》，沈永寶編《錢玄同五四時期言論集》，前引書。
〔註96〕錢玄同《寫在半農給啓明的信的後面》，沈永寶編《錢玄同五四時期言論集》，前引書，第 327 頁。
〔註97〕錢玄同《致周作人》（1923 年 8 月 19 日），沈永寶編《錢玄同五四時期言論集》，前引書，第 282～283 頁。
〔註98〕錢玄同《回語堂的信》，沈永寶編《錢玄同五四時期言論集》，前引書，第 337 頁。此處的吳指的是吳稚暉，魯指的是魯迅，陳指的是陳獨秀。

模範，與其找孔丘墨翟等人，不如找孫文吳敬恒胡適蔡元培等人。」〔註99〕

也就是說，錢玄同所謂的思想清楚者分爲兩類人，一類是全盤受西方化的主張者，是引領中國新文化運動繼續前行的人，另一類是用科學方法去整理國故的人，而以此爲評判標準，就得出了吳稚暉、陳獨秀、胡適、魯迅、顧頡剛這樣的名單。對比於《孔家店裏的老夥計》可見，錢玄同和 XY 的視野和思考重合的部分很多。

綜上可見，從 XY 與錢玄同的思想是否吻合這個層面來考察，我們可以發現，XY 就是錢玄同：XY 關心的問題是錢玄同此期關心的問題，XY 表述的方式，甚至關鍵字的選取，都與錢玄同的相通。署名 XY 的三篇文章，正是錢玄同的隨感錄系列中有重要意義的三篇。

（三）

那麼，錢玄同爲什麼要將自己的筆名取爲「XY」？在前面所引曹述敬、周維強等人的論點中，他們均將 XY 引作「X. Y.」，這是否準確？

對於「XY」這兩個字母與「錢玄同」的關係，迄今爲止有以下三種說法：周維強認爲「X. Y.」即「『玄』字的羅馬字拼音的縮寫」〔註100〕，曹述敬認爲「X. Y.大約是『玄』字的拼音字母。」〔註101〕而張耀傑則認爲，「所謂『XY』，其實是吳虞的化名『又玄』的倒寫」〔註102〕。對此，我們需要做一些辨析。

首先，張耀傑說「所謂『XY』，其實是吳虞的化名『又玄』的倒寫」，是他在引《孔家店裏的老夥計》中的原文後，所作注釋的一部分。此段文字前還有一句話，內容爲：「見《錢玄同文集》第 2 卷第 59 頁，北京：中國人民大學出版社，1999 年出版。」〔註103〕查《錢玄同文集》第二卷，我們發現兩個問題：第一，張先生所引文字並不僅僅出自該卷第 59 頁，而是涵括了 57～59 頁的部分文字。第二，該卷第 60 頁，即《孔家店裏的老夥計》一文結束

〔註99〕錢玄同《回語堂的信》，沈永寶編《錢玄同五四時期言論集》，前引書，第 340 頁。
〔註100〕周維強認爲 X. Y.就是「玄」字的羅馬字拼音的縮寫（見其《掃雪齋主人——錢玄同傳》，浙江人民出版社，2003 年，第 151 頁）。
〔註101〕曹述敬《錢玄同年譜》，前引書，第 81 頁。
〔註102〕張耀傑《歷史背後：政學兩界的人和事》，前引書，第 67 頁。
〔註103〕對照張耀傑先生所引文字與《錢玄同文集》第二卷收錄的文章可見，他所引的文字出自 57～59 頁，而非第 59 頁。

之後，編者按照編輯此書的慣例，加了一個說明，其中說「XY 爲玄字羅馬字拼音的縮寫。」張先生的引文並不準確，也並未對該文結尾的這一說明做出辨析，此其一；其二，張先生徑直以 XY 爲吳虞「又玄」的倒寫，我認爲是不太切合實際的。這是因爲：第一，我們無論在錢玄同、吳虞還是與此事件有關聯的周作人的文集裏，都看不到任何足以支持該論斷的論據；第二，吳虞使用「又玄」之名，始於 4 月 13 日。就在之前的一天，《晨報副鐫》登出了記者所寫的《淺陋的讀者》，其中說「吳吾贈嬌玉式的淫靡古詩，本刊都不以爲然，都放在必攻之列」〔註104〕，吳虞看過後，氣憤不平，「乃擬一函，欲致該報記者」，後來因受單不廠的勸告，才決定不將之寄出。但他第二日將所作贈嬌玉詩四首寄出時，特意改名「又玄」，改名的行爲在一定意義上體現出他在避風頭，再寫詩寄出的行爲卻表明他在挑戰晨報記者。值得注意的是，吳虞的這幾首詩發表時，已經是 4 月 20 日了。錢玄同或許沒有機會看到發在《順天時報》上的那些詩，他也沒有必要去化用吳虞的另一個筆名，來對吳虞進行批駁。第三，查考錢玄同的文章可知，錢玄同常使用漢字如「疑古」、「玄同」、「夏」等，或者拼音符號、羅馬字拼音、英文等來署名，而沒有使用過漢字拼音首字母的縮寫來作爲署名。第四，即便錢玄同當時是想用「玄又」二字的羅馬拼音的首字母，根據他當時對羅馬字拼音的研究，也應該是「SY」而不是「XY」，因爲「玄」的羅馬字拼音爲「shyuan」，「又」的則爲「yow」〔註105〕。

此外的兩種說法均涉及到「玄」字，祇是一說「XY」是它的羅馬字拼音的縮寫，一說是它的拼音字母而已。其實，羅馬字拼音和注音字母是不同的兩種標示漢字讀音的方法。「羅馬字母原本是古拉丁文的字母，源於希臘，但卻成於羅馬，故羅馬字母，也可稱爲拉丁字母。中文羅馬拼音字，就是用羅馬字母寫出中文的讀音，其性質與『注音符號』相同，所以羅馬拼音字，不是一種『拼音文字』，而是一種『譯音符號』，但由於這種符號是以羅馬字母寫的，故習慣上皆稱羅馬拼音字、或羅馬拼音字母。」〔註106〕而國語注音符號，是民國二年由教育部讀音統一會製定，並在民國七年由教育部正式公佈

〔註104〕記者《淺陋的讀者》，《晨報副鐫》1924 年 4 月 12 日。
〔註105〕「玄」「又」的羅馬字拼音，分別見教育部國語統一籌備委員會編《國音常用字彙》，商務印書館，1932 年，第 163、251 頁。
〔註106〕梁津南《中文羅馬拼音與字彙・序》，梁津南編著《中文羅馬拼音與字彙》，臺北國立中央圖書館，1982 年。

的，當時叫注音字母。民國九年，教育部國語統一籌備會又把注音字母修訂了一下，1930 年四月，中央執行委員會常會議決，把注音字母改稱爲注音符號。〔註107〕1932 年，教育部國語統一籌備委員會編輯了《國音常用字彙》〔註108〕，1949 年，黎錦熙主編了《增訂注解 國音常用字彙》〔註109〕一書。查兩書可見，「玄」字的國語注音符號均是ㄒㄩㄢ，羅馬字拼音則是shyuan〔註110〕，均與「XY」毫不相干。所以，曹述敬和周維強兩位先生的推斷是不準確的（不管曹述敬先生所説的「拼音字母」指的是羅馬字拼音還是注音字母）。

那麼，「XY」究竟爲何？

我們知道，錢玄同是中國現代的文字學家，他以深厚的音韻學功底，對漢字進行了改革，爲漢字的現代化進程作出了莫大貢獻。早在 1918 年，他就發表了《中國今後之文字問題》，提出了「廢除漢字」這一至今仍被許多人目爲偏激的主張，主張以 ESPERANTO（即世界語）代替漢字進行交流〔註111〕。1920 年後，錢玄同覺悟到當時的中國只能用國語，因而專心致志於國語羅馬字運動，提出了漢字的羅馬字拼音、注音字母問題，漢字筆畫的減少問題等等。讀《錢玄同文集》時，我們常常能發現他在書信中、雜文中使用日語、英語、注音符號、國語羅馬字拼音等多種方式，而以使用注音符號爲最多。在注音符號中，「ㄨㄚ」與「XY」很接近。

「ㄨㄚ」中的「ㄨ」讀若「烏」，「ㄚ」讀若「阿」，是注音符號的十六個韻符中的兩個，而「ㄨㄚ」讀若「哇」，是二十二個結合韻符中的一個。「ㄨㄚ」的羅馬字拼音就是「UA」，離我們現在的中文拼音「WA」已經不遠。翻閱《錢玄同五四時期言論集》，我們可以發現「ㄨㄚ」出現了很多次。如「但是再進一步想，敵人原來也是朋友ㄨㄚ！」〔註112〕「哈哈！他們竟認曹錕爲

〔註107〕參見馬國英編《國語注音符號發音指南》，商務印書館，1930 年，第 1～2頁。

〔註108〕教育部國語統一籌備委員會編《國音常用字彙》，前引書。

〔註109〕黎錦熙主編《國音常用字彙》（增訂注解），商務印書館，1949 年。

〔註110〕分別見教育部國語統一籌備委員會編《國音常用字彙》，前引書，第 163 頁；黎錦熙主編《國音常用字彙》（增訂注解），前引書，第 243 頁。

〔註111〕參見錢玄同《中國今後之文字問題》，《新青年》4 卷 4 號，1918 年 4 月 15日。

〔註112〕錢玄同《恭賀愛新覺羅·溥儀君遷升之喜並祝進步》，沈永寶編《錢玄同五四時期言論集》，前引書，第 288 頁。

『君』！妙ㄨㄚ妙ㄨㄚ！」〔註113〕「滿清滅明，以漢族爲奴隸，我們漢族正應該復九世之仇ㄨㄚ！」〔註114〕「我希望您別長前輩的志氣，滅自己的威風才好ㄨㄚ。」〔註115〕分析「ㄨㄚ」出現的語境，結合它的讀音可知，錢玄同使用它幾乎都表示的是現代漢語中的「哇」這個語氣詞。而在《國音常用字彙》中，注音符號「ㄨㄚ」的第一個常用字彙就是「哇」字〔註116〕。

所以我認爲，當年《晨報副鐫》上署名的「XY」，其實就是「ㄨㄚ」，即「哇」（因爲印刷等原因，而將其形狀稍作變化，變成了「XY」）。它不是「玄」字的羅馬字拼音的縮寫，所以「ㄨ」「ㄚ」之後沒有必要加上英文小圓點，它也不是「玄」字的注音字母，而是漢字「哇」的注音符號。

（四）

在錢玄同雜感的署名中，「ㄨㄚ」絕對是非常特殊的一個。錢玄同用這個表示感歎的「哇」作爲筆名，來攻擊自己的同事，攻擊舊日的《新青年》同人吳虞，到底是爲什麼呢？

對這個問題的追問與回答，牽涉到我們對《晨報副鐫》上那些攻擊吳虞及其豔體詩的文章的理解。

表面看來，「豔體詩」事件關涉的是人們對吳虞狎娼、寫豔體詩的批判，屬於對吳虞個人生活的攻擊。聶紺弩就曾說，「後來《晨報副刊》攻擊他的『教郎親自看紅潮』的豔詩（《贈嬌寓》），我卻都私自反感著，以爲那是一般年輕人不理解中年人的理智與感情，意志與習性的不統一的苦痛的苛論。」〔註117〕「一天，《晨報副刊》（研究系，陳西瀅、徐志摩等人的報紙，其副刊曾一度爲孫伏園編……）出現了吳虞的《贈嬌寓》許多首，於是群情鼎沸，輿論大嘩：『文人無行！』這種人怎能留在最高學府！連校長蔡元培，尊之爲『峨眉』山的陳獨秀，譽之爲『打孔家店的老英雄』的胡適，也不能合力挽此『狂瀾』，

〔註113〕錢玄同《隨感錄》，沈永寶編《錢玄同五四時期言論集》，前引書，第294頁。

〔註114〕錢玄同《三十年來我對於滿清的態度的變遷》，沈永寶編《錢玄同五四時期言論集》，前引書，第300頁。

〔註115〕錢玄同《寫在半農給啓明的信的後面》，沈永寶編《錢玄同五四時期言論集》，前引書，第330頁。

〔註116〕教育部國語統一籌備委員會編《國音常用字彙》，前引書，第256頁。

〔註117〕聶紺弩《讀〈在酒樓上〉的時候》，《聶紺弩全集》第4卷，前引書，第150頁。

我們的老英雄就像 19 世紀德國的唯物主義哲學家費爾巴哈一樣，從大學被驅逐回故鄉去了。」〔註 118〕在聶紺弩看來，吳虞的被攻擊，是因爲中年人的感情、習性與理智、意志不統一，而這種不統一的痛苦並未被「年輕人」正確認識，當時的輿論也大都因爲「文人無行」而「群情鼎沸」，以致於吳虞「被驅逐回故鄉」。強調吳虞作爲中年人的感情、習性與文人無行，就是在強調這次事件的個人性質。而張耀傑在其最新研究成果中，依然持類似看法。他說：「周作人和沈士遠……應該發揮自己的影響力去勸告『某籍某系』的錢玄同、孫伏園等人，不要拿別人的私人生活和私人情感大做文章」〔註 119〕。

但實際上，「豔體詩」事件並非僅僅關涉「豔體詩」本身，也並非僅僅關涉寫作「豔體詩」的吳虞本身。「豔體詩」以及寫作「豔體詩」的吳虞，在這個事件中僅僅起到了一個緣起或曰導火線的作用，吳虞對手的批判所向，有著更大的文化關切〔註 120〕。

細讀 XY 的第一篇文章《孔家店裏的老夥計》，我們可以發現，錢玄同的批判鋒芒，是由駁斥豔體詩出發，而直奔吳虞一向非常重視的稱號「打孔家店的老英雄」而去的。XY 徑稱吳虞是思想不清楚的人，根本不配稱爲打孔家店的打手；其文錄，則是「汗漫支離，極無條理；若與胡適，陳獨秀，吳敬恒諸人『打孔家店』的議論相較，大有天淵之別。」認爲其文錄是用孔丘殺少正卯的手段來殺孔丘的；認爲「狎娼，狎優，本是孔家店裏的夥計們最愛做的『風流韻事』」，而《贈嬌寓》和《朝華詞》中的詩行正體現了孔家店中的貨色，質疑說「什麼『打孔家店的老英雄！』簡直是孔家店裏的老夥計！」〔註 121〕這篇文章之重點，很顯然不在批駁吳虞的豔體詩本身，而在於指出當年這位「隻手打孔家店的老英雄」與寫作豔體詩的吳虞之間的悖論性存在。

〔註 118〕聶紺弩《從〈吳虞文錄〉說到〈花月痕〉》，《讀書》1983 年第 9 期，第 65～66 頁。豔體詩事件與吳虞回川是否就是直接的因果關係，這需要更細微的辨析。而吳虞受到攻擊時，蔡、陳、胡等並未合力挽此「狂瀾」，因爲陳當時早已離開北大，胡適雖在，但並不熱心爲其解脫，蔡元培在整個事件中，也並未發出片言隻語。

〔註 119〕張耀傑《歷史背後：政學兩界的人和事》，前引書，第 66 頁。

〔註 120〕曹述敬在《錢玄同年譜》中說：「作者署名『X. Y.』發表在《晨報副鐫》上的《孔家店裏的老夥計》（四月二十九日），《「吳虞先生的來信」的「讀後感」》（五月十日）和《答湮生君》（五月二十日），也都是錢玄同的手筆。三篇的內容都是批評吳虞的。」（見該書 79 頁）此說存在偏差，至少《答湮生君》一文，早已經越出了批評吳虞的範疇了。

〔註 121〕XY《孔家店裏的老夥計》，《晨報副鐫》1924 年 4 月 29 日，第 4 版。

　　如果說當年在《新青年》中，吳虞曾有反孔非儒的激烈言行，爲錢玄同他們「打孔家店」的工程添了磚加了瓦，因此錢玄同將之視爲同人的話，那麼，他爲《吳虞文錄》添加標點，促成它的廣泛發行，也正是基於對吳虞反孔的認同。但或許錢玄同實在沒有想到，當年「打孔家店」的老英雄，實際上卻是逛八大胡同、寫肉麻艷體詩這樣的貨色，因此他見到吳虞的詩單，才驚詫莫名，以至於發出「哇」的慨歎，以至於在發表雜感時，使用了「哇」的注音符號。

　　《〈吳虞先生的來信〉的「讀後感」》是 XY 的第二篇文章。文中，XY 採用了類似「雙簧信」事件中劉半農回應「王敬軒」的方式，逐段逐段地對吳虞來信中的「八條」加以批駁，而又自有側重點。首先，XY 繼續堅持自己中國古代的思想、「歐洲古代的思想和印度思想，一律都是昏亂思想」的觀點，認爲吳虞在回信中所舉那些文字所自出的中國古書，「只有兩種處置法：一是送給思想清楚的人們做『中國昏亂思想史』的史料；一是照吳稚暉先生的辦法，把它們扔到毛廁裏去。」這是對他上一篇文章的承續；其次，XY 抓住吳虞來信中說爲文與學說不同，不必有信仰的說法，大加駁斥，最後得出「『爲文』與『主張信仰』不符，正是孔家店裏的夥計們的態度」的結論，這進一步坐實了吳虞與「孔家店裏的老夥計」之間的關聯；再次，XY 從人道主義角度質疑吳虞的言論，其一，他質疑吳虞所說年紀甚大之男人爲排遣而狎優的合理性：「優伶也是『不聊生』的『人』？他『於憂患之中』若要想『排遣』，可以用什麼來『藉資』？——阿！我又錯了！拿優伶和『年七十』與『年六十餘』的『諸老先生』相比，本是孔家店中的人所不許的阿！」其二，他質疑吳虞「尋芳」、「買美人憐」並寫「綺艷之詞」的背後，存在忽視「芳」與「美人」的人權的實質；再次，XY 針對吳虞「今我無兒子。人又言我剝奪兒子的自由。豈非怪事。此等事似未可信筆書寫。至陰護禮教。果何所據而言。」進行駁斥，指出自己所言的「兒子」本兼及男女，而「這種講法，又必非孔家店裏的夥計所許可」，並指出了「陰護禮教」的含義，其言說表面上指向的是吳虞與其女兒的緊張關係以及吳虞的處理方式，實質上，他表明了錢玄同對當時打孔家店任務艱巨性的認知。

　　XY 的第三篇文章是《答浭生君》。

　　浭生在文中說，「我決不是爲昏亂如吳吾的辯護，更不敢到孔家店裏去學徒，作些《贈嬌寓》之類的詩，祇是對於 XY 君的科學的科學思想有所疑問罷

了。」對科學思想的懷疑，其實表徵著他對 XY 批駁四千年文化，以孔子思想為中國昏亂思想的大本營的反感，他認為打倒「中國昏亂思想的大本營」孔老夫子的思想的說法「未免失之過火」，而「迷信『全盤受西方化』的也未必是聰明人」，最後認為 XY 的文章在思想方面一如《〈胡適論〉》，「都是『千該打，萬該打的（疑脫了『東』字）西。』」和前此薛玲、王基對 XY 的呼應不同，這篇文章對 XY 的觀點進行了駁斥，其駁斥的策略從兩個層面展開，一是指出 XY 的觀點太過火、偏激，二是認為不能全盤受西方化，而應該將四千年的文化進行從新估價，沙裏淘金。這種反思，已經超出了吳虞「豔體詩」事件的範疇，而歸屬於新文化運動先驅者對中國古代文化、西方文化的態度是否合理的問題，而且這種評論，正是後來否定新文化運動者的觀點的端倪，所以尤其值得重視。

錢玄同的回應，也恰好是針對這兩個方面做出的。他的技巧是引用浧生文中的話，而全然換成自己的邏輯。首先，他表明斥從前的著作為毫不足取，是應該的，毫不太過，而過去四千年的文化恰恰是碎紙；對其進行重新估價，雖應當，但如何沙裏煉金，是個問題。其立足點，均在於強調「現在」、「此一時，彼一時」，意即強調古代文化已不適應現代生活，故而必須對他們進行批判。錢玄同的回應文字簡短而有力，反應的正是新文化先驅者一貫主張的現代生活大於一切，重視現代的「人」的獨立生存的觀點。

由此出發去重審「豔體詩」事件，我們可以發現，在這次事件中出場的站在吳虞對立面的人有又辰、記者、XY、薛玲、王基以及浧生。又辰發文意在將吳虞引出洞來，而吳虞並未看懂這種冷嘲，所以未回應；記者就在這時候挑明又辰之文以及他編發該文的用意所在，直指吳虞；然後錢玄同順勢加以一拳重擊，迫得吳虞還手，寫出「八條」；針對這「八條」，錢玄同、薛玲、王基從各方面加以批駁，而以錢玄同的觀點為中心；再後來，浧生跳出豔體詩事件本身，而對錢玄同立論的基礎「科學的思想」發問，錢玄同至此重申他的兩大主張：以現在的眼光斥從先的著作為毫不足取，以現在的眼光看來，四千年來的文化都是碎紙。所以我以為，發生在《晨報副鐫》上的「豔體詩」事件，是孫伏園、錢玄同為主的認同於新文化運動的人，在當時的時代語境下的一次集體行動。其行動的意義在於，它表徵著當時的思想戰線已經進一步發生分化，能堅持「打孔家店」的人已經不多。這正是五四落潮後的彷徨時期。緊接著，就有魯迅身陷其中的《青年必讀書》事件，以及

章士釗提倡尊孔讀經的反動行爲出現，錢玄同、魯迅、周作人等要面對的，是更爲複雜的尊孔復古派的言論，以及對他們所致力的思想革命進行否定與批判的言說。

第二節 「打倒孔家店」：一個「口號」的誕生

儘管在關於「五四」新文化運動的諸多研究成果中，論者們大多將「打倒孔家店」作爲其帶標誌性的「口號」來對待，但事實上，誠如本文緒論中所說，「倒」字本身預示的決絕性，帶給學人們闡釋的困惑。然而，這個「倒」字是否眞的存在？

我們知道，吳虞與「打孔家店」這個說法密切相關，在他的日記中，他經常抄錄其他人贊成或者反對他本身以及孔教的相關文字，如果有人稱呼他當年是「打倒孔家店」者，或者指認他是「打倒孔家店」行動中的一員，我以爲，以吳虞的心理，他多半會在日記中體現出來，但事實是，翻遍《吳虞日記》上下冊，都未見他對這個所謂的「口號」的記錄，倒是他 1927 年 3 月 7 日的日記，寫下了以下文字：

> 今日《新四川日刊》有「湖北停止祀孔」一條，錄後：
>
> 本報漢口特訊，大冶縣縣長陳某，以孔子學說多爲歷代帝王所利用，迷惑民眾思想，與現代潮流頗有不合之處，呈請總司令部，廢除祀典。總司令部以所呈情由，尚有見地，已通令各縣，廢除祀典。將祀典費用，撥爲教育經費。
>
> 顧亭林《日知錄》卷十九，「立言不爲一時」條云：「天下之事，有言在一時，而其效見於數十百年之後者，如虞集諸是也。」予之反對孔教，受重大之犧牲，不意「隻手打孔家店」之《文錄》，出版僅五年，竟親見孔教之打倒。誠快事也。

吳虞在這則日記裏，清楚地將「打孔家店」與「打倒」進行了區分。他認爲，他當年的立言，即發表反孔非儒言論，是「不爲一時」，並未想到能夠很快見到成效，所以，當他的《文錄》出版僅五年，他竟然親見湖北停止祀孔的報導，由此聯想到自己因反孔而受到的重大犧牲，感慨莫名，以爲是一大快事。

新時期以來，對「倒」之有無這個問題的關注，開始於 1979 年舉行的紀念五四運動六十週年小型座談會：「1979 年，在一次紀念五四運動六十周年小

型座談會上，彭明先生指出：他和一些同志查閱《新青年》等報刊和陳獨秀、李大釗、胡適、吳虞、易白沙等代表人物的論著，都未發現有『打倒孔家店』的記載。」〔註122〕此後，韓達在《「打倒孔家店」與評孔思潮》〔註123〕中說「查閱『五四運動』以前新文化運動時期的《新青年》雜誌，卻沒有誰提出過『打倒孔家店』這個口號」，杜聖修在《關於「打倒孔家店」若干史實的辨正》〔註124〕中也有類似說法，嚴家炎也指出：「當時也並不眞有『打倒孔子』或『打倒孔家店』一類口號，有的祇是對孔子相當客觀、相當歷史主義的評價。」〔註125〕再後，類似表述更多。甚至有人主張，不能給「打倒孔家店」以歷史地位，因爲它「只不過是後來各種錯誤因素湊合在一起而形成的一種『冒牌貨』。在五四新文化運動歷史中，本來就沒有它的地位，現在能肯定它什麼呢？我們能讓『冒牌貨』登上領獎臺嗎？」〔註126〕彭明、韓達、杜聖修、嚴家炎尤其宋仲福等諸位先生的研究與論斷，爲本節的論述提供了良好的思路。下面筆者就嘗試著對這一所謂的「口號」進行一番知識考古，看看其眞實性或眞實程度，並藉此思考它與新文化運動的關聯。

一、吳虞、胡適與「打孔家店」

（一）《吳虞文錄》與「打孔家店」

已有不少學者指出，在新文化運動中，與「打倒孔家店」相近似的最早的說法，唯有胡適在爲《吳虞文錄》所寫的序言中提到的「打孔家店」。事實的確如此。

因了吳虞在《新青年》上發表一系列反孔非儒的文章而帶來的「蜀中名宿」、「反孔鬥士」等聲名，其弟吳君毅的斡旋，以及沈尹默的力薦〔註127〕，

〔註122〕宋仲福《關於「打倒孔家店」的歷史考察》，《孔子研究》1992 年第 2 期，第 80 頁。
〔註123〕韓達《「打倒孔家店」與評孔思潮》，中華孔子研究所編《孔子研究論文集》，前引書。
〔註124〕《文藝報》，1989 年 9 月 16 日。
〔註125〕嚴家炎《關於五四新文化運動的反思》，中國社科院科研局、《中國社會科學》雜誌社編《五四運動與中國文化建設──五四運動七十週年學術討論會論文選》（上），前引書，第 133 頁。
〔註126〕宋仲福《關於「打倒孔家店」的歷史考察》，《孔子研究》1992 年第 2 期，第 86 頁。
〔註127〕1921 年 6 月 24 日吳虞在日記中說：「留玄同午飯，飯後復言北大聘予，主動者爲沈尹默，初擬聘予及易白沙，白沙病未來。尹默因國文系思想均腐舊，

1921 年，吳虞被北大聘爲教授，並於 4 月 6 日從成都啓程，5 月 7 日到達北大。隨後，吳虞開始和北大同仁頻繁來往，其中包括他與胡適之的交往：5 月 10 日，吳虞與胡適之第一次在中央公園見面，並在與胡適見面的 22 日，邂逅了亞東圖書館的汪原放。「午後六時，過中央公園長美軒，赴馬夷初之約。晤陳伯弢、馬叔平、馬幼漁、胡適之、譚仲奎、李翼廷、錢玄同、汪原放諸人。原放爲亞東圖書館主人，即印《水滸》、《儒林外史》者也。予因言欲印文稿事。適之約明日午前過渠一談。」〔註 128〕23 日，胡適答應給吳虞編好的《愛智廬文錄》作序：「又陵來談，他把他的《愛智廬文錄》二卷的鈔本給我看，要我作序。他是近年攻擊孔教最有力的人，《文錄》中這一類的文章最多。我允爲作一序。」〔註 129〕6 月 16 日，那篇著名的序言誕生了，其文末就是我們耳熟能詳的那句話：「我給各位中國少年介紹這位『四川省隻手打孔家店』的老英雄——吳又陵先生！」〔註 130〕眞可謂一錘定音。「打孔家店」自此始出。

這個「孔家店」，「本是由『吾家博士』看水滸高興時，擅替二先生開的」〔註 131〕。吳虞自己也說「我的文錄。皆民國已來的筆記……來京時友人爲錄成一冊。胡適之先生爲撰序。介紹付印。時適之先生方閱水滸。故有打孔家店之戲言。其實我並未嘗自居於打孔家店者。」〔註 132〕查《吳虞日記·上冊》之 1921 年的記載，知他所言非虛。後來，較早研究中國五四運動的海外漢學家周策縱在《五四運動：現代中國的思想革命》中稱「胡適所稱的『孔家店』」〔註 133〕，徐中約也說「他（承其上下文可知「他」指胡適，引者注）創造了『孔家店』這個侮辱性的辭彙」。〔註 134〕撇開周策縱和徐中約對「孔家店」的理解，由上面的材料可知，「孔家店」的確是胡適首先道出，稱呼吳虞爲「『四

故主張聘予二人也。」中國革命博物館整理、榮孟源審校《吳虞日記》（上），前引書，第 608 頁。

〔註 128〕吳虞 1921 年 5 月 22 日日記，中國革命博物館整理、榮孟源審校《吳虞日記》（上），前引書，第 602 頁。

〔註 129〕胡適 1921 年 5 月 23 日日記，中國社會科學院近代史研究所中華民國史研究室編《胡適的日記》，中華書局香港分局，1985 年，第 63 頁。

〔註 130〕胡適《〈吳虞文錄〉序》，吳虞《吳虞文錄》，亞東圖書館，1921 年。

〔註 131〕湅生《淺陋的話》，《晨報副鐫》1924 年 5 月 20 日。

〔註 132〕吳虞《吳虞先生的來信》，《晨報副鐫》1924 年 5 月 2 日。

〔註 133〕〔美〕周策縱《五四運動：現代中國的思想革命》，周子平等譯，前引書，第 304 頁。

〔註 134〕徐中約《中國近代史：中國的奮鬥（1600～2000）》（第 6 版），計秋楓、朱慶葆譯，世界圖書出版公司，2008 年，第 398 頁。

川省隻手打孔家店』的老英雄」，他也是第一個。但是，胡適的文中並沒有「倒」字；此外，胡適該文寫於 1921 年 6 月 16 日，對於五四新文化運動來說，這至多算是一種追認，而不是提出「口號」。

有意思的是，在胡適送給吳虞的兩個稱謂──「『四川省隻手打孔家店』的老英雄」與「中國思想界之清道夫」中，當年的吳虞顯然更看重後者。但弔詭之處卻在於，隨著胡適的這篇序言依次發表於《晨報副刊》、《民國日報》、《時事新報・學燈》、《四川日刊》〔註 135〕上，以及《吳虞文錄》的印行和廣爲流佈，「中國思想界之清道夫」往往成爲佐證，甚或被忽略，而「孔家店」、「打孔家店」以及「四川省『隻手打孔家店』的老英雄」這些說法卻很快在知識界流傳開來。

早在《吳虞文錄》出版後的第二月，日本學者青木正兒就在致吳虞的信中稱許胡適之讚譽吳虞的「隻手打孔家店的老英雄」一語「說得好」〔註 136〕，這是最早拈取胡適對吳虞的這個評價，並作出正面贊許的文字。但到了後來，「打孔家店」一語的含義及其適用對象有了擴展，如 1923 年 6 月，顧福楨在《經世報》2 卷 5 號上發表的《孔教粗談》中，就勸新文化運動人對傳統文化要「熟讀深思，身體力行，二三十年之後，再加批判，不要一見孔家店就打，一遇孔家店里人就罵……」。顧的言論告訴我們，此時已有將「打孔家店」這一說法由胡適對吳虞的個別評價，擴大至新文化運動先驅的趨向，而且他此時眼中的「孔家店」，在一定意義上可以與傳統文化互換，而這，與胡適所言的「孔家店」已經有所不同。此外，1924 年，田楚僑發表於《時事新報・學燈》上的《中國文化之商榷》一文中有「不管嚴又陵怎樣打孔家店，吳稚暉怎樣篋洋八股」〔註 137〕的表述。1924 年 4 月 9 日，《晨報副鐫》發表了又辰之文《介紹「隻手打孔家店的老英雄」底近著》。值得注意的是：前者將「打孔家店」作爲一個術語用於嚴復，而「嚴又陵」一生都是尊孔衛教的，可謂誤用，後者略去了「四川省」，多少容易使人高估吳虞在五四新文化運動中的功績〔註 138〕。但是，不管是胡適的擁護者（又辰），還是新文化運動的反對者

〔註 135〕參見吳虞 1921 年 6 月 21 日、6 月 27 日、8 月 2 日、8 月 4 日日記，中國革命博物館整理、榮孟源審校《吳虞日記》（上），前引書。

〔註 136〕《青木正兒致吳虞》，趙清、鄭城編《吳虞集》，前引書，第 395 頁。

〔註 137〕受到 Z. M 的奚落，文見 Z. M《百草中之一株》，1924 年 3 月 28 日《晨報副鐫》。

〔註 138〕事實上，有人注意到了「四川省」字樣，但依然忽略了其對「隻手打孔家店

（田楚僑），都能準確引用「打孔家店」一語，而且是在胡適的本意上做出引用的。

　　但後來，人們常常認爲新文化運動期間提出了「打倒孔家店」這個口號，而其提出者，或者認爲是胡適，或者認爲是吳虞，或者認爲是新文化運動先驅〔註139〕，在引用文獻來證明時，他們引用的，恰恰就是這樣一句：「我給各位中國少年介紹這位『四川省隻手打倒孔家店』的老英雄──吳又陵先生！」我們知道，這個「倒」字是引者憑空附加上去的，並不符合胡適所寫的原文。對「倒」字的不出現，冉雲飛分析說：「胡適對吳虞評價裏無此『倒』字，打而不一定倒才符合胡適有一分證據說一分話的實證精神，可是許多人習非成是，於打字後加一『倒』字，彷彿文化上的破壞可以一蹴而就」〔註140〕，這種從胡適的性格方面來分析的視角有一定見地。張耀南則認爲：「吳虞反孔非儒的決心誠然十分堅決，但以西方文化爲武器向『中體』進攻，在吳虞這時節，還祇是剛剛開始。所以胡適（1891～1962）只把吳虞稱爲『四川省隻手打孔家店的老英雄』，而不認爲他已『打倒』了孔家店。吳虞的旗幟是『打孔家店！』，由此而至『打倒孔家店！』，是需要一段時間的。」〔註141〕這種從效果上來推測「倒」字不應出現的思路，固然有想當然的嫌疑，但他的這一說法，也說明了他對胡適之於打孔家店的艱辛的預測，也許有一定道理。

　　的老英雄」的限定意義。如有人說，「胡適在序中用了一些文學性的說法，稱讚吳虞，開頭就說：吳虞像一個清道夫，參加打掃孔教的灰塵。結尾時又說，吳虞是『四川省隻手打孔家店的老英雄』。其中沒有『倒』字。這是文學性的說法。因爲，如果嚴格地說起來，第一個批孔的是易白沙，批孔最尖銳的還是陳獨秀，決不是吳虞『隻手』，胡適當時寫序是說好話。」（嚴家炎《五四・文革・傳統文化》，李世濤主編《知識份子立場──激進與保守之間的動盪》，時代文藝出版社，2000年，第235頁）在嚴家炎先生最近的《「五四」「全盤反傳統」問題之考辨》一文中，有類似說法，見《文藝研究》2007年第3期，第7頁。

〔註139〕據宋仲福先生查考，從1940年到1989年，認爲「打倒孔家店」一語出自《吳虞文錄・序》的就有二十一例，並由此而誤認爲「打倒孔家店」是胡適提出的，有十七例；誤以爲是吳虞提出的有四例；誤認爲胡適、吳虞共同提出的有一例。（見宋仲福《關於「打倒孔家店」的歷史考察》，《孔子研究》1992年第2期，第83頁）

〔註140〕冉雲飛《吳虞和他生活的民國時代》，前引書，第291頁。

〔註141〕張耀南《「全盤西化」祖於吳虞論》，《北京行政學院學報》2001年第5期，第85頁。

也就是說，胡適評價吳虞的原文中，的確沒有出現那個「倒」字，後來者也許因爲粗心，也許因爲不能查看到《吳虞文錄》一書，從而以訛傳訛，導致了誤讀吳虞、誤讀新文化運動之於孔子、儒家、儒學批評態度的現象的發生。

（二）「『隻手打孔家店』的老英雄」與「打倒孔家店」

前面已經提及，對於吳虞一生來說，1924 年是一個由高峰轉向低谷的年份。而其開端，就是又辰那篇表面上恭維吳虞的文章。

又辰之文《介紹「隻手打孔家店的老英雄」底近著》發表後，引發了一系列討論。其中，4 月 29 日發表的《孔家店裏的老夥計》〔註 142〕一文具有重要意義。首先，文中「『打孔家店』的概念出現了二十次以上；直接引用『打孔家店』一語，也有十二次。其中兩次是引用『打孔家店的老英雄』。」其次，文中首次出現了「打倒孔家店」的字樣：「孔家店眞是千該打、萬該打的東西；因爲他是中國昏亂思想的大本營，他若不被打倒，則中國人的思想永無清明之一日」，〔註 143〕儘管此處還沒有提出完整的「打倒孔家店」這一概念，但是，作者把「打孔家店」和「打倒孔家店」作了嚴格的區分，而且流露出「打倒」比「打」更有極端傾向的價值判斷。最後，文中將「孔家店」與「李家店、莊家店、韓家店、墨家店、陳家店、許家店」並舉，說其中都是「昏亂的思想」，所以，必須「全盤受西方化」。

有人據此認爲，這篇文章體現出了全盤西化論者的傾向〔註 144〕，這無疑將其作者 XY 列爲了全盤西化論者。但事實上，在此期《晨報副鐫》上發表的三篇署名「XY」的文章《孔家店裏的老夥計》（4 月 29 日）《「吳虞先生的來信」的「讀後感」》（5 月 6 日）和《答浭生君》（5 月 20 日），都是錢玄同的手筆。〔註 145〕那麼，錢玄同是否是全盤西化論者呢？這其實是個值得商榷的問題。

〔註 142〕XY《孔家店裏的老夥計》，《晨報副鐫》1924 年 4 月 29 日。
〔註 143〕XY《孔家店裏的老夥計》，《晨報副鐫》1924 年 4 月 29 日。
〔註 144〕宋仲福先生據此肯定，「最早使用打倒孔家店概念的是主張『全盤西化』的學者」，「它不僅否定了儒學，還否定了老子、莊子、法家、墨家、陳相、許行等諸子的學說，反映出全盤西化論者所特有的歷史虛無主義和民族虛無主義的錯誤觀點。」（宋仲福《關於「打倒孔家店」的歷史考察》，《孔子研究》1992 年第 2 期，第 80、81 頁）此說尚需商榷。
〔註 145〕具體論析見上一節。

但是，宋仲福先生指出，《孔家店裏的老夥計》一文是「最早使用打倒孔家店概念的」〔註146〕，無疑是準確的。但如果據此就以爲「打倒孔家店」已經成爲口號，則是大大的誤解。因爲在「打倒孔家店」出現之前，至少還有一個概念，那就是「打破孔家店」。

二、孔子學說研究會、述學社與「打破孔家店」

「五四」運動以後，和一系列以「新」命名的刊物如《新潮》、《新海豐》、《新江西》、《新山東》等相呼應，在迅速激變的時代思潮中，一些「時髦」的名詞，如「解放」、「改造」、「奮鬥」、「文化運動」等，迅速誕生了。1919年9月19日的《晨報》上《編輯餘談》中專門論及「解放」問題；1920年2月《晨報》刊有郭紹虞輯的《社會改造家傳略》，以改造社會爲宗旨的刊物如《新海豐》等大量出現，「改造」成爲它們發刊詞中頻頻亮相的熱門辭彙；對於「奮鬥」，闡發的更多，如《新潮》1卷4號上的《出世》中說：「我們這班青年，第一應當奮鬥……若是奮鬥得筋疲力盡、智絕謀窮，再不能有一絲一毫的動作了，而於此世仍無一絲一毫的補助，然後自殺……」〔註147〕，「我們一天到夜的奮鬥，同機械一樣」〔註148〕，「國民喲！我只希望從今天起大家別在那裡躲著，趕快起來算賬。別在那裡徘徊，一齊起來追趕。奮鬥的結果，自然會有一點光明出現。」〔註149〕署名「濟」的《奮鬥？》中則說：「近來——一年來——發生了一個新鮮名詞，那些自命爲『新青年』的人，沒有一個不把他掛在嘴邊上，當作『口頭禪』；做起文章來，三句話裏頭，就可找出兩個這樣『新鮮名詞』來。這個名詞是什麼呢？就是『奮鬥』」〔註150〕……；對於「文化運動」，蔡元培說「現在文化運動，已經由歐美各國傳到中國了。解放啊！創造啊！新思潮啊！新生活啊！在各種周報日報上，已經數見不鮮了。」〔註151〕瞿秋白也認爲「『文化運動』現在已經成了一個新名詞——最時髦的名詞」〔註152〕……

〔註146〕宋仲福《關於「打倒孔家店」的歷史考察》，《孔子研究》1992年第2期，第80～81頁。

〔註147〕羅志希《出世》，《新潮》1卷4號。

〔註148〕羅志希《是青年自殺還是社會殺青年？》，《晨報》1919年11月19日。

〔註149〕《祝國慶日》，《晨報》1919年10月10日「編輯餘談」欄。

〔註150〕濟（耿濟匡）《奮鬥？》，《新社會》第14號。

〔註151〕蔡元培《文化運動不要忘了美育》，《晨報》1919年12月1日。

〔註152〕瞿秋白《文化運動=新社會》，《新社會》第15號。

　　在對「解放」、「改造」、「奮鬥」、「文化運動」等的論述中，在對徹底改造舊社會，創造新社會的追求中，「打破」一詞日漸風行起來。「這幾年來，有幾位見識很高的學者出來提倡，竭力打破思想界的束縛，使人人知道我們有思想自由言論自由之權，不要爲古人所拘束，於是乎許多問題才有人來討論。……現在所謂的文化運動，實際上，不過是借言論自由的特權，去改變我們歷史上遺下來的陳腐不堪的舊思想，而想出較好的法子，以解決社會一般的問題。」〔註153〕「試看中國今日種種思潮運動，解放運動，那一樣不是打破大家族制度的運動？那一樣不是打破孔子主義運動」〔註154〕。由這兩段論述，其實可以看出當時人們對打破與「解放」、「改造」、「奮鬥」、「文化運動」等等關係的認知。另外的一種表述方式，在這則關於《晨報》的廣告中可以看出：「時代思潮之先驅！！中國報界之明星！！要知道怎麼打破舊社會底人必讀！要知道怎麼建設新社會底人必讀！」〔註155〕在這個意義上，也可看出鄭振鐸的新詩《我是少年》〔註156〕所具有的象徵意義：在那個新「思想如泉」

〔註153〕楊端六《歸國雜感》，《太平洋》2 卷 6 號（1920 年 8 月 5 日）。
〔註154〕李大釗《由經濟上解釋中國近代思想變動》，《新青年》7 卷 2 號。
〔註155〕該廣告刊於當時的許多雜誌上，此據《太平洋》2 卷 6 號上引出。
〔註156〕鄭振鐸《我是少年》，《新社會》第 1 號（1919 年 11 月 1 日）第 4 版。共包
　　　括兩首詩，其（一）爲：
　　　我是少年！我是少年！
　　　我有如炬的眼，
　　　我有思想如泉。
　　　我有犧牲的精神，
　　　我有自由不可捐。
　　　我過不慣偶像似的流年，
　　　我看不慣奴隸的苟安。
　　　我起！我起！
　　　我欲打破一切的威權。
　　　其（二）爲：
　　　我是少年！我是少年！
　　　我有奔騰的熱血和活潑進取的氣象。
　　　我欲進前！進前！進前！
　　　我有同胞的情感，
　　　我有博愛的心田。
　　　我看見前面的光明，
　　　我欲駛破浪的大船，
　　　進前！進前！進前！
　　　不管他濁浪排空，狂飆肆虐，

的時代，「五四」青年們就是這樣爲了自由而敢於「打破」一切威權的一代，爲了光明而敢於「打破」一切障礙的一代。「打破」一詞的廣泛流行，固然不排除因趕時髦而追新的情況，但更重要的是，「打破」與「解放」「改造」等相連之後，體現了一種全新的時代思潮，於是，「打破……」的表述，時常見諸「五四」時期的報端〔註157〕，聞諸「五四」一代的耳畔。

但「打破」後面跟上賓語「孔家店」這個表述，據宋仲福先生考證，首出於 1928 年〔註158〕。他舉的例證是 1928 年 1 月 1 日出版的《國學月報》第一集彙刊登載的《發起「孔子學說研究會」宣言》。查閱《國學月報彙刊》1928年第 1 期可知，誠如他所說，該宣言中的確有「打破孔家店」字樣，而該刊物的編輯者爲述學社，出版者爲樸社，「發起孔子學說研究會宣言」作爲「來件」，刊載於該期之末。但問題在於，這封來件之末並未署名日期，「打破孔家店」之說是否首出於此？述學社、樸社與孔子學說研究會是什麼關係？學界目前並無切實的探討。也就是說，關於孔子學說研究會、述學社與這個「打破孔家店」的說法，其實還有一些關鍵性細節需要我們廓清。

（一）孔子學說研究會與「打破孔家店」

關於「孔子學說研究會」，《李四光傳》、《北京大學校史（1898～1949）》、《孔子研究論著索引》、《孔學知識詞典》、《評孔紀年》、《吳虞日記》等都曾提及。

「北大當時有一些在政治上思想上和帝國主義、封建勢力有著密切聯繫的社團。如『北大國家主義研究會』、『民治主義同志會』、『社會改良研究會』、『孔子學說研究會』等等。它們經常在校內外進行活動，妄圖抵消馬克

我只向光明的所在，進前！進前！進前！

〔註157〕如曹靖華等 1920 年組織的青年學會所創辦的《青年》半月刊，宣稱要「根本打破舊倫理、舊道德，徹底消滅封建宗法社會。」（《青年》1920 年 1 月）與此相應，還有「斬除」「剷除」等類似表達。廣東高等師範學校「新學生社」創辦了《新學生》半月刊，在創刊號上他們聲明「反對孔子」，「要把舊的什麼『倫理』，什麼『道德』，什麼『綱常』，什麼『名教』，什麼『聖道』，這些不合時勢的東西，連苗並根斬除乾乾淨淨。」而天津覺悟社所辦的《覺悟》創刊號上則說「凡是不合於現代進化的軍國主義、資本主義、黨閥、官僚、男女不平等界限，頑固思想，舊道德，舊倫常，……全認它爲應該剷除，應該改革的。」（參見韓達《評孔紀年》，前引書，第 91～93 頁）

〔註158〕宋仲福《關於「打倒孔家店」的歷史考察》，《孔子研究》1992 年第 2 期，第81 頁。

思主義日益深入的傳播和影響。」〔註159〕如果說這樣的評價有著太多意識形態的因素，那麼，下面的評論則比較符合我們現在的評價體系：「五四運動前後，北京大學師生中思想甚爲活躍，自發組織的學術研究小團體，像雨後春筍般的紛紛出現。它們有按專業學科成立的，如數學學會、音樂研究會等；有按各人信仰組成的，如馬克思學說研究會、國家主義研究會、羅素學說研究會、孔子學說研究會等」〔註160〕。董乃強主編《孔學知識詞典》中的「孔子學說研究會」條下，首先告訴我們的是如下資訊：北京大學校內組織的研孔團體〔註161〕。董乃強編《孔子研究論著索引》之「孔子學術討論活動」中，首先列出的則是「《孔子學說研究會宣言》　林之棠　北大日刊」。由此可知，「孔子學說研究會」是成立於五四時期的北大校園內的一個社團，其宗旨偏向於研究孔子，提倡孔子學說。有人說，「該研究會是在『五四』運動及新文化運動激烈『倒孔』『非孔』之後，第一個提倡以正確態度研究孔子學術的團體。」〔註162〕

　　關於孔子學說研究會的成立時間，有以下幾種說法：第一，認爲成立於1923年3月，持這種觀點者有董乃強、韓達〔註163〕；第二，認爲成立於1925年3月13日，持這種觀點的是吳虞〔註164〕；第三，認爲成立於1928年，持這種觀點的是宋仲福〔註165〕；第四，認爲成立於1932年，持這種觀點的是編《孔子研究論著索引》時的董乃強〔註166〕。由於這個時間牽涉到「打破孔家

〔註159〕蕭超然、沙健孫、周承恩、梁柱《北京大學校史（1898～1949）》，上海教育出版社，1981年，第109頁。

〔註160〕陳群、張祥光、周國鈞、段萬個、黃孝葵《李四光傳》，人民出版社，1984年，第48頁。

〔註161〕董乃強主編《孔學知識詞典》，商務印書館國際有限公司，2008年，第324頁。

〔註162〕董乃強主編《孔學知識詞典》，前引書，第325頁。

〔註163〕董乃強主編《孔學知識詞典》中的「孔子學說研究會」條下說：「北京大學校內組織的研孔團體。1923年3月初成立。」（見該書第324頁）韓達在《評孔紀年》中將《發起「孔子學說研究會」宣言》放於1923年3月13日這個時間下。（見韓達《評孔紀年》，前引書，第115頁）

〔註164〕《吳虞日記》將《孔子學說研究會宣言》中的主要內容，抄錄於他1925年3月13日所寫的日記裏。

〔註165〕宋仲福先生說《發起「孔子學說研究會」宣言》刊登於1928年1月1日出版的《國學月報》第一集彙刊。

〔註166〕董乃強編《孔子研究論著索引》（北京師範大學歷史系，1984年）之「孔子學術討論活動」中，首先列出的就是「《孔子學說研究會宣言》　林之棠　北

店」一語出現時間的確定，所以，我們有必要考察一下上述幾種說法到底誰更準確。

在上述提及孔子學說研究會成立時間的文章或著作中，《吳虞日記》是最早者，其次是韓達的《評孔紀年》，再後是董乃強和宋仲福先生所著著作或文章。查《吳虞日記》下冊中 1925 年 3 月 13 日日記，可得如下文字：

> 今日《北大日刊》，有林之棠等發起《孔子學說研究會宣言》，中有云：「二、三前輩，如康南海、梁任公諸先生，雖在那裡極力護擁，但他們不問是孔子的書、非孔子的書、完全加諸孔子的頭上去。自從世界大同之説風靡，一般後進，莫不視孔子爲耶穌、爲天主。孔教一尊之説，遂磅礴乎大江南北。因之遂引起了陳獨秀、吳又陵諸先生之反感，而提倡破壞者，即繼之而起。自從打破孔家店之説風靡，一般後進，莫不誣衊孔子，直看得孔學一點價值也沒有，前者近於盲從，後者達於藐視，這兩種態度，都是有些成見。」〔註 167〕

韓達在《評孔紀年》1923 年 3 月 13 日條下，列出了這樣的文字：

> 林之棠等在《北大日刊》發表孔子學說研究會宣言說：「二、三前輩，如康南海、梁任公諸先生，雖在那裡極力擁護，但他們不問是孔子的書，非孔子的書，完全加諸孔子的頭上去。自從世界大同之説風靡，一般後進，莫不視孔子爲耶穌，爲天主。孔子一尊之説，遂磅礴乎大江南北，因之，遂引起了獨秀、吳又陵諸先生之反感，而提倡破壞者，即繼之而起。自從『打倒孔家店』之説風靡，一般後繼者，莫不誣衊孔子，直看得孔子一點價值也沒有。」他認爲：「前者近於盲從，後者在於藐視。這兩種態度，都是有些成見。」

查《北京大學日刊》可知，1923 年 3 月 13 日並無這則宣言，該宣言出現的準確日期，是 1925 年 3 月 13 日。吳虞的記錄是準確的，韓達的則有誤，董乃強在其主編的《孔學知識詞典》中所說的「1923 年 3 月初成立」，可能來自韓達該文，而其《孔子研究論著索引》之「孔子學術討論活動」中，列出的「《孔子學說研究會宣言》 林之棠 北大日刊 1932 年 3 月 13 日」一條，則可能是他對此前的「1923 年」之說的再次誤寫。宋仲福所持的 1928 年說，則是因爲他從《國學月報彙刊》取證，而未看到《北京大學日刊》1925 年 3 月 13 日

大日刊 1932 年 3 月 13 日」。（見該書第 55 頁）
〔註 167〕中國革命博物館整理，榮孟源審校《吳虞日記》（下冊），前引書，第 249 頁。

的一、二版上有該宣言的完整版。

《北京大學日刊》上的相關宣言文字如下：

> 二三前輩如康南海梁任公諸先生雖在那裡極力擁護，但他們不問是
> 孔子的書，非孔子的書，完全加諸孔子的頭上去；自從「世界大同」
> 之說風靡，一般後進，莫不視孔子爲耶穌爲天〔註168〕，孔教一尊之
> 說〔註169〕，遂磅礴乎大江南北。因之遂〔註170〕引起了陳獨秀吳又
> 陵諸先生之反感，而提倡破壞者即繼之而起；自從「打破孔家店」
> 之說風靡，一般後進，莫不誣衊孔子，直看得孔學一點價值也沒有。
>
> 前者近於盲從，後者達於蔑視：這兩種態度，都是有些成見。

將三者對照來看，《吳虞日記》、《評孔紀年》中所節錄的均與孔子學說研究會
本身的宣言，在具體字詞、標點上有不少差異，相對而言，前者比後者的誤
差要小。此其一；其二，由孔子學說研究會在《北京大學日刊》以及《國學
月報彙刊》上發表的宣言可知，他們當時提到的都是「打破孔家店」，而不是
「打倒孔家店」，韓達對此的錄入有誤。

可知，「打破孔家店」一說並不首出自 1928 年，而是 1925 年，不是首
出自《國學月報彙刊》第一集，而是出自 1925 年 3 月 13 日的《北京大學日
刊》。

此處還有必要追究的是孔子學說研究會的性質。

要明瞭該會的性質，我們先來看看他們發在《北京大學日刊》上的宣言
〔註171〕。其全文如下：

> 近年來思想解放，學術進步，各種學說都有人出來作根本研究；於
> 是有的談克魯泡特金的「共產學說」，有的唱基爾特的「社會主義」
> 有的講愛因斯坦的「相對論」，有的述杜威的「五段邏輯」：五花八
> 門，無奇不有，可謂極一時之盛了。獨是影響我國二千年來學術思
> 想最大的孔子學說，則很少有人出來，加以精密的研究。二三前輩

〔註168〕後面脫「主」字，《國學月報彙刊》第 1 集加上了此字。

〔註169〕此處的「之說」二字，在《國學月報彙刊》第 1 集中變成了「四字」，亦即
「孔教一尊四字」。

〔註170〕此處的「遂」字，在《國學月報彙刊》第 1 集中變成了「便」，但對原文意義
的影響可以忽略。

〔註171〕《發起「孔子學說研究會」宣言》，《北京大學日刊》第 1645 號，1925 年 3
月 13 日第 1、2 版。

如康南海梁任公諸先生雖在那裡極力擁護，但他們不問是孔子的書，非孔子的書，完全加諸孔子的頭上去；自從「世界大同」之說風靡，一般後進，莫不視孔子爲耶穌爲天〔註172〕，孔教一尊之說〔註173〕，遂磅礴乎大江南北。因之遂〔註174〕引起了陳獨秀吳又陵諸先生之反感，而提倡破壞者即繼之而起；自從「打破孔家店」之說風靡，一般後進，莫不誣衊孔子，直看得孔學一點價值也沒有。前者近於盲從，後者達於藐視：這兩種態度，都是有些成見。帶了這些成見的眼鏡去看古人，那不獨看孔學，莫〔註175〕明眞相，就是老子墨子韓非子與夫伯拉〔註176〕亞里士多德也要受了不少的冤枉。平心而論，孔子在世界人類史上，確具有極大的使命：孔學在吾國學術史上，確具有極高的價值。〔註177〕其倫理學說，尤爲兩千年來中國社會安全，人群進化之重要條件。但是秦火一焚，群籍散失，今文古文之糾紛一日未決，漢學宋學之是非，萬代難明，苟不加以研究〔註178〕那又有誰知孰爲眞孔，孰爲假孔的呢？然現在許多學者不獨不出來提唱〔註179〕研究，反正〔註180〕主張將中國書盡付之毛廁裏，中國青年一律不要讀中國書，是又不獨抹殺孔學，簡直要把中國幾千年來固有之文明完全滅掉罷了，這是多危險的呵！在這是非無定，青黃不接的時期，我們應當本學者的態度，作有力的提倡，用科學的方法，爲具體的整理，使各種學說都還他一個本來的面目，尤其是對於孔學須加以澈（原文如此，引者注）底的研究，面〔註181〕對於孔子的人格精神更應該表示相當的敬意。〔註182〕

〔註172〕在《國學月報彙刊》第 1 集中，加上了「主」字。

〔註173〕此處的「之說」二字，在《國學月報彙刊》第 1 集中變成了「四字」，亦即「孔教一尊四字」。

〔註174〕此處的「遂」字，在《國學月報彙刊》第 1 集中變成了「便」，但對原文意義的影響可以忽略。

〔註175〕《國學月報彙刊》第 1 集中脫「莫」字。

〔註176〕此處脫「圖」字，《國學月報彙刊》第 1 集中添加上了。

〔註177〕《國學月報彙刊》第 1 集中，此句號變成了分號。

〔註178〕《國學月報彙刊》第 1 集中此處多了一個逗號。

〔註179〕此「唱」字在《國學月報彙刊》第 1 集中變成了「倡」字。

〔註180〕《國學月報彙刊》第 1 集中，此處多了三個字「在那裏」。

〔註181〕此字誤。《國學月報彙刊》第 1 集中變成了正確的「而」字。

〔註182〕至此以下的內容，《國學月報彙刊》第 1 集中全無。

孔子學說研究會簡章草案

名稱：本會定名孔子學說研究會。

宗旨：本會以研究孔子學說為宗旨。

會員：凡屬同志，均得為本會會員。

職員：本會設正會長一人，副會長一人，秘書四人，由全體會員選
　　　舉之。

會報：本會會員研究之結果發行會報刊登之，另設編輯委員會，負
　　　擔編輯發行之責。

會費：本會會費每年每人二角，特別捐隨意。

會址：本會設總會於北京，各地會員十人以上者，得設分會。

本簡章經成立會全體通過發生效力。

發起人：林之棠

贊成人：（依姓氏筆畫多寡排列）

　　　　鄭奠　游國恩　陳錫襄　陸侃如　朱謙之　石磊　甘大
　　　　文　包贊〔註183〕賓

（附記）陳朱二君為棠好友。今雖在南，敢代列入。

（注意）願入本會者請到各院號房簽名。

仔細閱讀這則宣言，我們可以知道以下資訊：

1. 孔子學說研究會的發起者是北京大學的學生林之棠，當時該會會員並
不多，而他們希望北大學子們加入他們的隊伍，希望願入該會者「到
各院號房簽名」。

2. 該研究會的宗旨是「本學者的態度，作有力的提倡，用科學的方法，
為具體的整理，⋯⋯對於孔學須加以澈底的研究，而對於孔子的人格
精神更應該表示相當的敬意。」從其表述來看，這一宗旨的確定與他
們的兩個認知背景有關：

(1) 孔子學說是「影響我國二千年來學術思想最大」者，孔子、孔學尤
其是其倫理學說，在中國乃至世界人類史上都有極大的價值。「孔
子在世界人類史上，確具有極大的使命：孔學在吾國學術史上，確
具有極高的價值。其倫理學說，尤為兩千年來中國社會安全，人群
進化之重要條件。」

〔註183〕該字原文中看不太清楚，疑為此字。

(2) 更為重要的是，在當時思想解放的氛圍中，各種五花八門的學說如克魯泡特金的「共產學說」、基爾特的「社會主義」、愛因斯坦的「相對論」、杜威的「五段邏輯」等，都有人提倡與研究，但對於如此重要的孔子學說，卻無人能正確地研究。這種不正確的研究，主要體現在兩類、三種人身上：第一類是對孔學有成見的人，第二類是徹底否定孔子學說甚至「中國幾千年來固有之文明」的人。第一類人即戴著有色眼鏡去看孔學之人，又分成兩種：一種是以康梁為代表的「在那裡極力擁護」者及其「視孔子為耶穌為天主」的後進，這種人對孔子學說的成見體現在「盲從」上；一種是反感孔教一尊之說的陳獨秀吳又陵及其提倡破壞的後進，這種人對孔子學說的成見體現在「蔑視」上，即「直看得孔學一點價值也沒有」，號召破壞，甚至使「打破孔家店」之說風靡起來。第二類人則是「現在」的「許多學者」，他們不獨不出來提倡研究，反而主張將中國書盡付之毛廁裏，中國青年一律不要讀中國書，在該會人員看來，這「不獨抹殺孔學，簡直要把中國幾千年來固有之文明完全滅掉」，是中國文明、文化的虛無論者，「這是多危險的呵！」面對孔學如此重要而研究乏力（康梁等）甚至不獨不提倡研究，反而主張破壞中國固有文明的現狀，孔子學說研究會才成立，並提出了自己的主張，在林之棠等看來，這是挽救孔學、尊崇孔子的重要舉措。

3. 值得注意的是，在林之棠等孔子學說研究會成員的邏輯中，陳獨秀、吳又陵，受其影響的後進，以及以吳稚暉、魯迅為代表的「現在許多學者」，在對孔家店和整個中國文明的問題上，其負面意義並不相等。具體來說，陳獨秀、吳又陵對孔家店的態度是「反感」，而且這種反感來自於一般人都視孔子為耶穌為天主的盲從，尤其是孔教被定為一尊的現實，換句話說，陳獨秀、吳又陵等打孔家店的行為是可以理解的，是為了解放思想，確立思想自由的地位，其正面價值值得重視。但是，受其影響繼之而起的後進則不同，他們「提倡破壞」，呼喊「打破孔家店」，使得其他後進對孔子與孔學採取了誣衊態度，這是存在偏頗的。而到了「現在許多學者」那裡，他們「不獨不出來提唱研究，反正主張將中國書盡付之毛廁裏，中國青年一律不要讀中國書，是又不獨抹

殺孔學，簡直要把中國幾千年來固有之文明完全滅掉罷了」，也就是說，由對孔子、孔學的蔑視達到了否定中國固有文明的地步，而這，是他們絕對不能容忍之處。

我們知道，陳獨秀、吳又陵的反感於孔教一尊並且付諸行動，始於民國第二次國教運動即 1916～1917 年間〔註184〕，此後所謂的後進，是回應這種反孔運動而成長起來的「新青年」們，如寫作《我是少年》的鄭振鐸等，他們正是前述的常使用「打破……」辭彙的一群，正是他們，對孔子與孔學採取了污蔑態度，而其頻繁活動的時間，是 1919～1924 年這個從「五四」運動的高潮到低谷的時段，至於吳稚暉和魯迅的言說，則是 1924～1925 年間的事情。

吳稚暉和魯迅的言論，與兩次書目事件相關。

1923 年 2 月 25 日《東方雜誌》（20 卷 4 號）刊出了胡適應清華學校胡敦元等學生之邀而開具的《一個最低限度的國學節目》，梁啓超遂於 1923 年 4 月 26 日「專憑憶想所及」撰成《國學入門書要目及其讀法》。隨之吳稚暉評曰應將線裝書扔進茅廁去。

1925 年 1 月 4 日，剛剛主持《京報副刊》的孫伏園在報上刊出了《1925 新年本刊之二大徵求△青年愛讀書十部△青年必讀書十部說明》。從那日直至活動結束，共有 308 位青年應徵〔註185〕開列了「青年愛讀書十部」的書單，共有包括魯迅在內的 78 位海內外「名流學者」應邀對「青年必讀書十部」的徵求做出了回答。魯迅的《青年必讀書──應〈京報副刊〉的徵求》這篇不過 200 來字的短文，就是他在此次徵求中的答卷〔註186〕。在這份答卷中，魯迅有一句是「我以爲要少──或者竟不──看中國書，多看外國書。」爲了這句話，和這《青年必讀書》，以及另外一篇雜文《咬文嚼字》，魯迅收到了

〔註184〕韓華在《民初孔教會與國教運動研究》（前引書）中認爲，民初有兩次國教運動，第一次是 1913～1914 年，第二次是 1916～1917 年，在第二次反孔教運動中「新文化運動人作爲反孔的生力軍也開始旗幟鮮明地將鬥爭矛頭指向孔教，並直搗國教派的要害，使國教在根本上不予成立。」（第 113 頁）並且，在這次反孔教運動中，陳獨秀、吳虞、易白沙「成爲反孔的中堅力量」。（第 116 頁）

〔註185〕據《「青年愛讀書十部」來票統計的結果》，共有 308 份應徵書目，但有兩票是廢票，故其統計以 306 票爲準。參見王世家編《青年必讀書 1925 年〈京報副刊〉「二大徵求」資料彙編》，新星出版社，2006 年，第 176～179 頁。

〔註186〕在雜文集和《京報副刊》刊載的答卷間，有細小的差異。

「一大捆」「署名和匿名的豪傑之士的罵信」，從王世家先生編著的《青年必讀書 1925 年《京報副刊》「二大徵求」資料彙編》來看，他人文章中涉及到魯迅，且對其持負面看法的有滌寰、平平《青年必讀書的疑問》中平平的看法〔註187〕，趙雪陽《青年必讀書》一文中提及的一位學者的議論〔註188〕，以及周十力對魯迅「脾氣古怪」的指責〔註189〕；直接駁斥《青年必讀書》的文章共有九篇——柯柏森二篇、熊以謙二篇、瞎咀二篇、袁小虛一篇、張空空一篇，笨伯一篇。綜觀間接、直接批駁魯迅觀點的文章，可以發現，柯柏森、熊以謙以及趙雪陽筆下的那位學者是其中的代表人物。以熊以謙為代表的一流人士，抓住魯迅「少讀——或者竟不——看中國書」進行批駁，為中國書打抱不平〔註190〕，他們「奇怪」於「素負學者聲名，引起青年瞻仰的魯迅先生說出這樣淺薄無知識的話來了」，詆毀魯迅不解中國書，「糟蹋了中國書」，說「魯迅先生的話太說匆忙一點，有誤一班青年，有誤中國」〔註191〕。這類人站在衛道的立場上，偏重於對魯迅「要少——或者竟不——看中國書」這半句話進行曲解，認為不讀中國書就類乎全盤否定中國傳統文化。這正與林之棠等人對魯迅《青年必讀書》的反應相類。

由此可知，孔子學說研究會的宣言，直接針對的是吳稚暉和魯迅的言論，而林之棠們對他們的看法，反映的恰恰是我們現在習以為常的看法：將所謂的「把線裝書扔進茅廁論」和所謂的「不讀中國書論」，作為五四學人打破中

〔註187〕平平說「有些先生們，用一種太便宜的方法來對付，如『wanted』和『不曾想到』之類」，這先生們，分別指的江紹原和魯迅。滌寰、平平《青年必讀書的疑問》，王世家編《青年必讀書 1925 年〈京報副刊〉「二大徵求」資料彙編》，前引書，第 216 頁。

〔註188〕這位學者對其學生發議論說：「他們弟兄（自然連周二先生也在內了）讀得中國書非常的多……中國書好的很多，如今他們偏不讓人家讀，而自家讀得那麼多，這是什麼意思呢！」，參見《這是這麼一個意思·備考》，《魯迅全集》第 7 卷，人民文學出版社，2005 年，第 275 頁。

〔註189〕見周十力《嗚呼　中國的青年》，參見王世家編《青年必讀書 1925 年〈京報副刊〉「二大徵求」資料彙編》，前引書，第 256 頁。文中說：「選青年必讀書的先生們，有的是脾氣古怪的學者，他們以『wanted』『未曾想到』幾個字便算了事」。

〔註190〕袁小虛《為中國書打抱不平》，王世家編《青年必讀書 1925 年〈京報副刊〉「二大徵求」資料彙編》，前引書，第 246 頁。值得注意的是，袁小虛所引的「少讀——或者竟不——看中國書」係誤引。

〔註191〕熊以謙《奇哉！所謂魯迅先生的話》，王世家編《青年必讀書 1925 年〈京報副刊〉「二大徵求」資料彙編》，前引書，第 236 頁。

國傳統文化，甚至是中國幾千年固有文明的「斷裂」態度的標籤。而且指出，這種決絕態度是沿著陳獨秀、吳又陵對孔教一尊的反感，經由後進們「打破孔家店」的努力而逐漸形成的。仔細分析可知，林之棠們對魯迅、吳稚暉觀點的拈取以及看法，影響了後來者對他們以及以陳獨秀、吳又陵爲中堅力量的反孔運動的理解與論述。

（二）述學社與「打破孔家店」

「打破孔家店」一語的確在《國學月報彙刊》第一集中出現過，但誠如前面所述，這一片語最早出現於 1925 年 3 月 13 日的《北京大學日刊》。有意思的倒是，《國學月報彙刊》第一集上所發表的署名「孔子學說研究會」的「來件」《關於「孔子學說研究會」的宣言》，與《北京大學日刊》上發表的那份《關於「孔子學說研究會」的宣言》，除個別字詞外，大致是前文所引《關於「孔子學說研究會」的宣言》中的正文部分，而刪掉了宣言所附錄的簡章草案及其相關資訊。也就是說，林之棠 1925 年執筆的那份宣言，近三年之後改頭換面地出現於《國學月報彙刊》第一集〔註 192〕。那麼，在編輯者爲「述學社」、出版者爲「樸社」的這期刊物裏，爲何會刊登這樣一封「來件」？述學社與「孔子學說研究會」是什麼關係？

述學社是陸侃如、姚名達等人創立於 1924 年的一個社團，其成立離不開顧頡剛及其組織下成立的樸社。就是依託於樸社，述學社有了自己的刊物《國學月報》。《國學月報》是以考證爲主要內容的一份刊物，「可視爲對胡適整理國故的回應」〔註 193〕。其學術主張，在其《發刊引言》中可以見出：

> 近來「整理國故」的呼聲雖是很高，但是整理的成績卻還不多。二十年來的種種刊物，如《國粹學報》、《中國學報》、《船山學報》、《國故》等等，都先後停刊了，所以我們不自量力的來辦這個「月報」，想貢其一得之愚於讀者諸君之前。而且我們默察這幾年國學界的情形，尤其使我們忍不住要說幾句。

> 最近《楚辭》之爭及「古史」之爭都可給我們莫大的教訓。一方面有人極力打破舊說，以便發現事實的眞相，一方面便有人來極力擁護舊說，頑固可哂。我們須知，中國的僞書誤書實在太多了，「刑才

〔註 192〕該集的出版日期是 1928 年 1 月 1 日。
〔註 193〕徐雁平《胡適與整理國故考論：以中國文學史研究爲中心》，安徽教育出版社，2003 年，第 218 頁。

子式」的讀書人也太多了，我們何苦保守著「信古」的態度來自誤
誤人呢？

還有一般人，居然來做「學貫中西」的文字。還未懂得西洋哲學，
居然來談《易經的社會主義》，還未懂得西洋文學，居然來談《古今
奇觀的寫實主義》！這般人一方面想自炫其博，一方面好像說「他
們洋大人的頑意兒，咱們線裝書裏都有的呢。」這種晚清士大夫們
的「媚古」的態度，不料近數年來又漸漸的復古了。

老實說，我們是極恨這種「頑固的信古態度」及「淺薄的媚古態度」
的。我們寧可冒著「離經叛道」的罪名，卻不敢隨隨便便的信古：
寧可拆下「學貫中西」的招牌，卻不願隨隨便便的媚古。〔註194〕

這份發刊詞，標明了述學社與整理國故思潮、與胡適及顧頡剛的精神聯繫。
值得注意的是，這份刊物創辦於 1924 年，到 1928 年 1 月，已經出滿了兩卷。
依託於這兩卷《國學月報》，述學社編輯出版了《國學月報彙刊》第一集，其
時間是 1928 年 1 月 1 日。

從人員組成來看，述學社與孔子學說研究會存在一定關係。在《關於
「孔子學說研究會」的宣言》中，附錄了簡章草案，標明其發起者是林之
棠，贊成者有鄭奠、游國恩、陳錫襄、陸侃如、朱謙之、石磊、甘大文、包
贊賓，這些人 1925 年時均為在讀的北大學生。而《國學月報彙刊》第一集的
作者及各自作品篇目數如下：陸侃如九篇（其中有一篇係與黃節合作）、游國
恩七篇、林之棠三篇、徐嘉瑞、何聯奎均為二篇、楊鴻烈、張為麒、儲皖
峰、黃優仕、白之藩均為一篇。可見，林之棠、游國恩、陸侃如既是孔子學
說研究會的重要成員，也是述學社的重要成員。我們知道，林之棠 1920 年進
入北大中文預科，兩年後升入本科，游國恩、陸侃如皆是其同學。林、游、
陸三人同受胡適、顧頡剛的影響，後來所走的均是學術一途，而且都從事的
古典文學研究。共同的師承，相近的學術取向，使得他們三人成為好朋友。
「游國恩曾有撰寫《中國辭賦史》的計劃，後將其中論《楚辭》部分單獨成
書《楚辭概論》，1925 年由北新書局出版，此書有陸侃如序，陸侃如視游國恩
為志趣相投的學友」〔註195〕。

〔註194〕 本社同人《發刊引言》，《國學月報彙刊》第一集。該《發刊引言》寫於 1924
　　　　 年 5 月 27 日。
〔註195〕 徐雁平《胡適與整理國故考論：以中國文學史研究為中心》，前引書，第 218 頁。

其次，從其研究旨趣來看，述學社與孔子學說研究會的主張存在共通之處。述學社偏重於考證，既不媚古，也不信古，而是用科學的方法去整理國故，這從述學社成員出版的專著中可見一斑：在 1927 年 10 月 31 日出版的《國學月報》2 卷 8、9、10 號合刊上，刊載了「述學社社員著述一覽」，其中，陸侃如五種——《屈原》、《樂府古辭考》、《楚辭》、《樂府》、《左傳之眞僞及其性質》，楊鴻烈三種——《史地新論》、《中國詩學大綱》、《袁枚評傳》，另外，徐嘉瑞二種，衛聚賢二種，游國恩一種，林之棠一種，均無一例外地是古典文學研究方面的成果。而從「孔子學說研究會」的宣言「在這是非無定，青黃不接的時期，我們應當本學者的態度，作有力的提倡，用科學的方法，爲具體的整理，使各種學說都還他一個本來的面目」中，我們也能看出他們與述學社相通的重考證的整理態度。從其成立時間來看，述學社成立在前，隊伍較之孔子學說研究會齊整，所以我們可以認爲，後者是前者中有著相近旨趣的人的再次聚合，而又吸收了一些其他的新人——朱謙之、石磊、甘大文等——加入，但其基本的研究、整理態度是相通的，以此，《發起「孔子學說研究會」宣言》才能在《國學月報彙刊》第一集上出現。

表面上看來，孔子學說研究會在其宣言中，標榜的是對孔子學說的研究、整理態度，但從前面分析可以見出，他們的表述卻隱含了對陳獨秀、吳又陵一直到 1925 年的「青年必讀書」事件中魯迅觀點的負面評價，其「打破孔家店」之說出現的邏輯，爲後來的批駁者所繼承，所以雖然他用的是「打破孔家店」而非後來廣泛流行的「打倒孔家店」，但其指斥性已經初步具備，足以開後來指斥「五四」新文化運動者的先河。

三、新生活運動與「打倒孔家店」

（一）

孔子學說研究會誕生的重要背景之一，是「青年必讀書」事件中魯迅的那份答卷〔註 196〕。事實上，當年批駁魯迅的諸多人中，絕大部分正是與孔子

〔註 196〕魯迅這份不到 200 字的答卷，後來加上名字「青年必讀書」而收入其《華蓋集》。這份答卷或這篇雜文（二者有細微差異），幾乎從其誕生之日起就遭遇了諸多的誤讀，這種誤讀包括贊成或者批駁魯迅兩方面的諸多觀點。對這些誤讀觀點的一些辨正，參見楊華麗《誤讀魯迅：贊者的缺失——魯迅〈青年必讀書〉閱讀箚記》（《山西大學學報》2010 年第 3 期）及《魯迅〈青年必讀書〉再釋》（《文藝理論與批評》2010 年第 4 期）。

學說研究會成員有著相近的學術背景、人生閱歷的青年，祇是柯柏森、熊以謙之流和陸侃如、林之棠等相比，更多情緒化批判而缺少從學理角度研究孔子學說的立場與姿態。「青年必讀書」事件發生於 1925 年年初，孔子學說研究會成立於 1925 年 3 月，雖可以作爲考察 1925 年中國思想界狀況的兩個切入點，但前者只發生於《京報副刊》，並僅只在知識份子間得到討論，後者則自成立後並無什麼實際舉措，所以其影響是有限的。比較而言，值得重視的是這一年章士釗代表官方發起的讀經潮流：章士釗在這年恢復《甲寅》周刊，提倡調和主義，並利用自己擔任北京政府教育總長的機會，以提高國民的語文水平爲由，通令小學生讀經，於是一些地方保守勢力乘機強令學生讀經，甚至廢止白話文。在這種情況下，新文化陣營內魯迅、周作人、胡適、吳虞等都發表了反對文章。魯迅的《十四年的「讀經」》、《古文與白話》，周作人的《古書可讀否的問題》，胡適《老章又反叛了》等文，都是這次論爭中具有代表性的論文。但在這次論爭的文字中，依然沒有出現「打倒孔家店」字樣。

「打倒禮教」或「打倒孔教」的說法在隨後的言論中已經出現。1927 年 3 月 7 日，吳虞在其日記中抄錄《新四川日刊》上「湖北停止祀孔」的新聞後，感慨地說到：「予之反對孔教，受重大之犧牲，不意『只手打孔家店』之《文錄》，出版僅五年，竟親見孔教之打倒。誠快事也。」〔註197〕這是筆者迄今所見最早使用「打倒」「孔教」說法的例子。在吳虞前後的日記中，我們都只看見「反孔」或者「打孔家店」字樣的出現，而未再見到類似使用「打倒」的情況。從吳虞的這則日記可見，「打」與「打倒」是絕不可混淆的兩個詞。

1927 年 3 月前後的停止祀孔浪潮，導致中央通令廢止祀孔。此時的何鍵「不顧一切，電請中央恢復祀孔，並在衡陽舉行祀孔典禮，雖受盡了熱潮冷笑，而自行其是，中心坦然。」這是他 1935 年的一番回憶文字。就在這篇孔子聖誕紀念大會上所做的講演中，何鍵提及了「打倒孔家店」。他說：「當民國十六七年間，許多洋學者與盲從之士，反對孔子，打倒孔家店，致使中央通令廢止祀孔。」〔註198〕然而，查閱何鍵在其主張尊孔讀經的重要陣地《國

〔註197〕1927 年 3 月 7 日吳虞日記，見中國革命博物館整理、榮孟源審校《吳虞日記》（下），前引書，第 347 頁。
〔註198〕何鍵《讀經與尊孔之關係及讀經之方法》，《國光雜誌》1935 年第 9 期，1935

光雜誌》上的言論，尤其是第 8 期「孔誕專號」〔註 199〕、「專載」欄所刊載的《呈請中央明定孔子祀典之魚電》（1928 年 8 月 6 日發）、《崇祀孔子關岳之電令一》（1928 年 9 月發）、《崇祀孔子關岳之電令二》（1930 年 12 月），均無「打倒孔家店」的提法，而他從 1928 年到 1934 年每年的祀孔典禮上的講演詞中，雖然有何電令中相似的詆毀「共產黨徒」之詞，但也並無「打倒孔家店」的提法。所以，他在 1935 年的上述說法，不能作爲他在「民國十六七年間」就在致電中央時使用了「打倒孔家店」的證據。

　　事實上，隨著 1927 年 4 月蔣介石在南京建立自己的政權，深感政權基礎不牢的蔣介石急需尋求庇護，於是有了一系列重視孔孟之道的舉措：1928 年 4 月 19 日，剛成立的國民政府就頒佈了命令，將「忠孝仁愛信義和平」與「格物、致知、正心、誠意、修身、齊家、治國、平天下」定爲行爲標準，並在第五十四次國民政府會議上命令大學院將上述內容編入課本；1929 年 4 月 26 日，國民政府頒佈《中華民國教育宗旨及其實施方針》，規定普通教育須以「陶融兒童及青年『忠孝仁愛信義和平』之國民道德」爲主要目的；在 30 年代初，湖南、廣東地方當局還將「四書五經」的內容編入教科書，強迫中小學生讀經；蔣介石在 30 年代初一系列的文章、報告、演說、訓詞中也對儒家文化表示了特別的偏好〔註 200〕。這種理論上的準備和組織上的準備，爲新生活運動的提出奠定了堅實基礎。在尊孔讀經的風浪中，1928 年 8 月，孔祥熙提交了保護山東孔林及各省孔廟的議案，並在國府會議上議決通過。在提案中，孔祥熙說「一般青年知識薄弱。難保不爲共產黨徒打倒禮教之邪說所惑」，這是「打倒」「禮教」連用的開端〔註 201〕。對此，林語堂曾寫有《給孔祥熙部長的

年 9 月 16 日，第 29 頁。

〔註 199〕1935 年 8 月 16 日出版。

〔註 200〕參見溫波《重建合法性：南昌市新生活運動研究（1934～1935）》，學苑出版社，2006 年，第 6 頁。

〔註 201〕「打倒禮教」之說應用非常廣泛。例如，胡適在《悲觀聲浪裏的樂觀》中就回憶說民九前後一個有名法學家，大罵北大教授，說因爲他們提倡打倒禮教，所以影響到四川的法官，對一個殺夫的少婦判得太輕（《獨立評論》第 123 號，1934 年 10 月 21 日）；瞿秋白就將「打倒禮教」與「外抗強權，內除國賊，解放工農」等一起作爲口號（文木、郁華編《瞿秋白散文》下冊，中央廣播電視大學出版社，1997 年，第 47 頁）；朱自清在 1947 所寫《文學的標準與尺度》中說：「新文化運動新文學運動配合著五四運動畫出了一個新時代。大家擁戴的是『德先生』和『賽先生』，就是民主與科學。但是實際上做到的是打倒禮教也就是反封建的工作」（中國現代文學研究館編《朱自清文

一封公開信》，針對孔祥熙在提案中所說的前述話語，林語堂駁曰：「是否打倒禮教即共產黨徒之言論？打倒禮教者是否即共產黨徒？此是否孔門世傳『古已有之』而似很面熟的思想律？民國七年新（此處似脫掉了「文」字，引者注）化運動似乎確係共產黨徒陳獨秀先生所提倡，新文化運動是否亦即共產黨的玩意，應否明令禁止取締？」〔註202〕而陳序經則針對孔祥熙的提案寫了《再開張的孔家店》一文，指出：「孔子的絕對忠君思想，可以說是中國數千年來專制政治的護身符，因為他是專制主義的辯護者，所以在專制主義流行時，就是他的學說流行的時代。專制流行最盛的時代，就是他的學說最猖獗的時代。」「孔學與專制，正如輔車相依，故從唐到清期間孔學之盛衰與否，常以專制淫威的盛衰為衡。滿清既傾，孔家店的生意亦大受打擊。孔家店過去的命脈，既與專制遺毒相依，那麼今後孔家店的命運也不外從同樣的路走。我們相信過去的孔家店之於中國，無異於過去的東印度公司之於印度，將來的中國而欲求政治之解放，則杯葛孔家店，當為我們的第一要務」〔註203〕。他指出這次開張的孔家店，是「在我們政府裏立過案，得過政府的批准，享有法律的保障」，所以危害尤其大，故而他號召聯合抵制「孔家店」，而中國文化的出路就在於全盤西化〔註204〕。

　　這一時期，「打倒禮教」或「打倒孔教」以及「孔家店」的說法均出現了，但「打倒孔家店」成為一個片語，卻是 1934 年蔣介石正式提倡新生活運動開

集》，華夏出版社，2000 年，第 330～331 頁）；周逸群所編歌謠《工農，世界主人公》中有「打倒禮教，／才得享安逸」：「剷除封建，／打倒禮教，／女權要提倡」等句子，見謝作華主編《殷紅的詩篇》，中國民間文藝出版社，1988 年，第 297 頁；周作人認為魯迅的《狂人日記》是「打倒禮教的第一篇作品」，認為金心異能在 S 會館勸駕成功，是因為他「所著重的乃是打倒禮教⋯⋯也因此而能與魯迅談得投合，引出《吶喊》裏的這些著作來的」（周作人著、止庵校訂《周作人自編文集·魯迅小說裏的人物》，前引書）等等。

〔註202〕語堂（林語堂）《給孔祥熙部長的一封公開信》，《語絲》4 卷 38 期，1928 年 9 月 17 日。

〔註203〕陳序經《再開張的孔家店》，廣州《民國日報》（副刊）1928 年 11 月 17 日，轉引自劉集林《陳序經文化思想研究》，天津人民出版社，2003 年，第 314 頁。「杯葛」，係 boycott 的音譯，其含義是「聯合抵制」。

〔註204〕「我在民國十七年十一月的《廣州民國日報》曾發表一篇《再開張的孔家店》，動機就是評論孔祥熙先生當時提議保護孔林孔廟的理由，而目的卻是指出全盤西化的必要。」見陳其津《我的父親陳序經》，廣東人民出版社，1999 年，第 73 頁。我以為，與其說「全盤西化」是陳序經的目的，不如說，「全盤西化」是手段，是他對當時中國文化的出路的思考的結果。

始之後，在針對這次運動所組織的一場討論中首次出現的。

（二）

「新生活運動」正式開始於 1934 年 2 月 19 日蔣介石在南昌行營擴大紀念周的講演。在這次名爲《新生活運動之要義》的講演中，蔣介石認爲國家與民族之復興不在武力之強大，而在國民智識道德之高超；提高國民智識道德的渠道是使一般國民食衣住行能整齊，清潔，簡單，樸素，合乎禮義廉恥；新生活運動爲目前救國建國與復興民族最有傚之革命運動；新生活運動的目的，在使全國國民生活徹底軍事化。隨後，蔣介石在南昌等地多次做關於「新生活運動」的講演〔註205〕，並主持製定了《新生活運動綱要》和《新生活須知》，爲新生活運動確立理論和方針。自此到 1949 年 1 月蔣介石下野這十五年的漫長時間裏，新生活運動持續開展著，而其最爲熱烈、風行的時間是 1934 年到 1937 年抗日戰爭爆發前。在運動剛提倡時，各地都有「軍政各界的領袖出來提倡這個運動」，其討論的普遍性、轟動性，讓胡適感覺「一個月之中新生活的呼聲好像傳遍了全國」〔註206〕，這顯然與國民黨依靠政府的權力來推行這個運動密切相關。

關於「新生活運動」的討論，在各種報刊雜誌上展開。比如，《眾志月刊》上發表了《新生活運動如何實踐？》〔註207〕、《大學》上發表了《新生活運動》〔註208〕、《覺是青年》上發表了《新生活運動之意義》〔註209〕，等等。從這些文章來看，除了探討新生活運動的意義之外，各個行業、各種身份的人還聯繫自身實際，將新生活運動的蘊含朝各個方向拓展。比如《鐵路月刊》上的《鐵路界的新生活運動》〔註210〕、《衛生半月刊》上的《肅清煙毒與新生活運動》〔註211〕、《交通職工月報》上的《新生活運動與交通職工》〔註212〕，

〔註205〕如《新生活運動之中心準則》（3 月 5 日）、《願人人力行新生活》（3 月 11 日）、《新生活運動的意義與目的》（3 月 19 日）、《新生活運動之眞義》（3 月 26 日）、《禮義廉恥的精義》（4 月 2 日）等。

〔註206〕胡適《爲新生活運動進一解》，《獨立評論》第 95 號，1934 年 4 月 8 日，第 18 頁。

〔註207〕觀客《新生活運動如何實踐？》，《眾志月刊》1 卷 1 期，1934 年 4 月 15 日。

〔註208〕建白《新生活運動》，《大學》2 卷 3 期，1934 年年 3 月 1 日。

〔註209〕白璧《新生活運動之意義》，《覺是青年》1 卷 3 期，1934 年 3 月 1 日。

〔註210〕高鳳介《鐵路界的新生活運動》，《鐵路月刊（津浦線）》4 卷 3、4 期合刊，1934 年 4 月 30 日。

〔註211〕劉瑞恒《肅清煙毒與新生活運動》，《衛生半月刊》1 卷 12 期，1934 年 12 月

而《復旦大學校刊》則將其 172 期辦成了《復旦大學新生活運動特刊》，刊發了正一的《新生活運動理論的檢討》、勳的《新生活與新青年》、嗣孫《從新生活運動談到「言」和「行」》、金輅《新生活運動與實踐》、朱威《新生活運動與民族復興》等文，重點論述新生活運動與青年的關係問題。從這些文章的具體內容來看，未曾超出蔣介石在歷次講演中所說的範圍。

新生活運動的核心是禮義廉恥這所謂的「四維」，事實上，雖然其標榜自己曰「新」，其實蔣介石所主張、所依靠的是「舊」倫理道德那一套，是想借助這一套來鞏固自己的政治統治。與這個主張相關，蔣介石及其屬下對「五四」新文化運動大加貶損。新生活運動促進會總幹事賀衷寒對新生活運動貶低「五四」新文化運動的意圖直言不諱。他說：「五四」新文化運動「徒使國民思想解放」，「而邪說遂乘機侵入，國民之精神生活與物質生活遂陷入於危機」。「新生活運動的唯一目的，就是要把『五四』新文化運動底破壞運動，改變成一個建設運動。五四是把中國固有的精華完全不要，今天的新生活運動，是把中國固有的精華加以發揚」〔註 213〕。《上海晨報》也宣稱：「打倒禮教，此為『五四』運動之產物，在當時提倡者之本意，乃以男女授受不親，及必依『父母之命，媒妁之言』而婚嫁，暨夫死必須守節之禮教，為不合時代思潮，欲矯而正之，非謂一切禮教皆當打倒。」「安有打倒一切禮教而可立國可以為人者？」〔註 214〕這樣的論述，表明了新生活運動與「五四」新文化運動之間的異質性。這種異質性，與蔣介石對新文化運動的排斥態度密切相關。1941 年，蔣介石曾如此言說他對新文化運動的理解：

> 我們試看當時所謂新文化運動，究竟是指的什麼？就當時一般實際情形來觀察，我們實在看不出他具體的內容。是不是提倡白話文就是新文化運動？是不是零星介紹一些西洋文藝就是新文化運動？是不是推翻禮教否定本國歷史就是新文化運動？是不是祈求解放自身不顧國家社會，就是新文化運動？是不是打破一切紀律，擴張個人

---

30 日。

〔註 212〕王述曾《新生活運動與交通職工》，《交通職工月報》2 卷 1 期，1934 年 3 月。

〔註 213〕賀衷寒《新生活運動之意義》，轉引自崔志海《蔡元培傳》，紅旗出版社，2009 年，第 179 頁。

〔註 214〕新生活運動促進總會書記室編審組《新生活運動彙編》第一集，1938 年，第 223 頁。

　　自由就是新文化運動？是不是盲目崇拜外國，毫無別擇的介紹和接受外來文化，就是新文化運動？如果是這樣，那我們所要的新文化，實在是太幼稚太便宜，而且是太危險了！老實說，當時除了白話文對於文學與思想工具略有所貢獻以外，其他簡直無所謂新文化。當時所有的新文化運動在他所標揭的「民主」與「科學」兩大目標來說，其本身簡直是完全失敗！不僅失敗，而且將我們中國固有高尚的民族道德與倫理哲學，完全鄙棄，由是不三不四的思想與各種異端邪說，一齊傳佈出來，反而使中國眞正的文化，陷於無形消滅危險！〔註215〕

毫無疑問，這是新生活運動之於「五四」新文化運動最集中、最典型的態度的表述，也是後來歪曲理解新文化運動的濫觴。

（三）

　　新生活運動的舊倫理本質，在當時，即被反對國民黨的胡適以及《清華周刊》約請的一批專家學者看清。他們理性、全面地分析這次運動的由來、現狀以及前途，質疑其合理、合法性，體現了一代知識份子的睿智與清醒，也在這股表面熱鬧的討論潮中留下了他們深深的印迹。

　　胡適的《爲新生活運動進一解》〔註216〕是較早對這一運動進行批評的文章。文章指出，蔣介石有著宗教家的品質，讀他 2 月 19 日的講演，「字裏行間都使我們感覺到一個宗教家的熱忱。」〔註217〕但是，胡適敏銳地看到，新生活運動規定的「96 條須知」，「不過是一個文明人最低限度的常識生活，這裡面並沒有什麼救國靈方，也不會有什麼復興民族的奇迹。」所以不宜誇大這種運動的效果；其次，胡適指出，新生活運動應該是一個教育的運動而非政治的運動，不能依靠那一班生活習慣早已固定的官僚政客來開會提倡新生活；最後，胡適強調，生活的基礎是經濟的、物質的，「提倡新生活的人不可忘記：政府的第一責任是要叫人民能生活，第二責任是要提高他們的生活力，最後一步才是教他們過新生活。」這篇在 3 月 25 日就面世的評論文章，和他

〔註215〕蔣介石《哲學與教育對於青年的關係》，鍾離蒙、楊鳳麟主編《中國現代哲學史資料彙編》第三集第二冊，遼寧大學出版社，1982 年，第 115 頁。
〔註216〕原載《大公報・星期論文》，1934 年 3 月 25 日，又見《獨立評論》第 95 號，1933 年 4 月 8 日。
〔註217〕《獨立評論》第 95 號，第 18 頁。

爲駁斥壽生觀點而寫的論文《信心與反省》〔註218〕、爲駁斥子固觀點而寫的論文《再論信心與反省》〔註219〕、爲答辯諸多討論觀點而寫的補充之文《三論信心與反省》〔註220〕、在孔誕紀念之後所寫的《寫在孔子誕辰紀念之後》〔註221〕、雙十節前所作的演講《悲觀聲浪裏的樂觀》〔註222〕等文，均屬於胡適由對新生活運動從而推及五四新文化運動、1934 年的思想狀況進行論析、總結的一個系列。總體而言，胡適不同意新生活運動對舊倫理道德的重新推崇可以挽救中國的國運、重建國民信心的說法；認爲中國固有的文化實在太不豐富了；對固有的文化，應該進行反省，「認清了我們的祖宗和我們自己的罪孽深重，然後肯用全力去消災滅罪；認清了自己百事不如人，然後肯死心踏地的去學人家的長處。」〔註223〕他說，這二十年來的新文化運動，是不依靠孔子而在教育的量與質、科學研究、社會改革等方面取得了很大實績的，「『最近二十年』是中國進步最速的時代；無論在智識上，道德上，國民精神上，國民人格上，社會風俗上，政治組織上，民族自信力上，這二十年的進步都可以說是超過以前的任何時代。」〔註224〕進而認爲，中國民族在過去的七八十年中未曾墮落，而是「廢除了三千年的太監，一千年的小腳，六百年的八股，五千年的酷刑，這是『向上』，不是墮落！」〔註225〕而國民政府下令紀念孔子誕辰的做法〔註226〕，類似於「做戲無法，請個菩薩」，這種心理「在一般愚夫愚婦的行爲上表現出來，是可憐而可恕的；但在一個現代政府的政令上表現出來，是可憐而不可恕的。」其宣稱紀念孔子是「倡導國民培養精

〔註218〕寫於 1934 年 5 月 28 日，發表於《獨立評論》第 103 號，1934 年 6 月 3 日。
〔註219〕寫於 1934 年 6 月 11 日夜，發表於《獨立評論》第 105 號，1934 年 6 月 17 日。
〔註220〕寫於 1934 年 6 月 25 日，發表於《獨立評論》第 107 號，1934 年 7 月 1 日。
〔註221〕寫於 1934 年 9 月 3 日夜，發表於《獨立評論》第 117 號，1934 年 9 月 9 日。
〔註222〕演講作於雙十節前一日，文章寫於雙十節後二日，發於《大公報》（天津）1934 年 10 月 14 日，及《獨立評論》第 123 號，1934 年 10 月 21 日。
〔註223〕胡適《再論信心與反省》，《獨立評論》第 105 號，1934 年 6 月 17 日。
〔註224〕胡適《寫在孔子誕辰紀念之後》，《獨立評論》第 117 號，1934 年 9 月 9 日。
〔註225〕胡適《寫在孔子誕辰紀念之後》，《獨立評論》第 117 號，1934 年 9 月 9 日。
〔註226〕國民黨中央常務委員會於 1934 年 5 月 31 日正式通過決議，決定每年 8 月 27 日爲孔子誕辰紀念日，全國恢復尊孔。胡適該文就寫於孔誕紀念之後。同年 11 月 15 日，國民黨中常會通過「尊崇孔子發揚文化案」，給予孔孟曾顏的後裔以優厚的政治待遇。這樣新生活運動在國民黨政權的力量下，成爲一個規模宏大的全國性的運動。

神上之人格」的方法，有利於恢復民族的自信，就是在找捷徑，而這是不可能的。他慨歎：「可憐無數維新志士、革命仁人，他們出了大力，冒了大險，替國家民族在二三十年中做到了這樣超越前聖，凌駕百王的大進步，到頭來，被幾句死書迷了眼睛，見了黑旋風不認得是李逵，反倒唉聲歎氣，發思古之幽情，痛惜今之不如古，夢想從那『荊棘叢生，簷角傾斜』的大成殿裏攙出孔聖人來『衛我宗邦，保我族類！』這豈不是天下古今最可怪笑的愚笨嗎？」〔註227〕他鼓勵那些老革命黨鼓起信心，繼續「向前走」，而不能「開倒車」。

在復古、尊孔之風盛行的 1934 年，不僅有語文之爭，而且有諸多怪現狀：「這次復古運動的表現，有湖南的禁讀白話，廣東的提倡《孝經》，禁止男女共泳，甚至有條陳禁男女同行同車，嚴令光頭剃髮，免得三千煩惱絲誘惑異性的。形形色色，口號是維持風化和復興民族。這個運動一線相沿，以下就有『民族掃墓』。到尊孔祭孔，可說已到這個運動的最高點。」〔註228〕對此，有知識份子意識到「復古尊孔的把戲鬧得太不像樣了」〔註229〕，甚至有人直接將 1934 年命名爲「復古年」〔註230〕。爲了解決這個啞謎，1934 年 11 月 12日，《清華周刊》推出了 42 卷 3、4 期合刊，其中的「尊孔與復古特輯」，刊出了《讀經尊孔與提倡理工》（馮友蘭）、《對於尊孔的意見》（陶希聖）、《尊孔救得了中國嗎？》（申府）、《新文化運動與尊孔復古》（林風）、《現階段復古尊孔運動之社會經濟背境（原文如此，引者注）》（滌青）、《復古尊孔運動的展望》（玉卿）、《現階段尊孔運動的剖析》（徐日洪）以及涵括了十個人相關意見的《意見叢錄》，最爲集中地對尊孔復古運動進行了論析〔註231〕。

〔註227〕胡適《寫在孔子誕辰紀念之後》，《獨立評論》第 117 號，1934 年 9 月 9 日。
〔註228〕徐日洪《現階段尊孔運動的剖析》，《清華周刊》42 卷 3～4 期合刊，第 51頁。
〔註229〕徐日洪《現階段尊孔運動的剖析》，《清華周刊》42 卷 3～4 期合刊，第 51頁。
〔註230〕林風在《鬧復古》一文中說：「民國二十三年不是什麼婦女年，也不是什麼兒童年。民國二十三年應該叫做復古年。從提倡禮義廉恥到舉行祭孔大典，頒佈保護孔裔命令，復古運動已達到最高潮了」。見《清華周刊》42 卷 1 期，1934 年 10 月 22 日。
〔註231〕有意思的是，就在這一期刊物上，發表了署名「范木木」的題名《重張》的小說。該小說以詼諧的筆調，寫孔家店在上海重新開張，這個孔家店「乃是個雜貨店，樣樣俱有，式式皆全。」而「那店主姓孔，行二，人都稱孔老二。」小說描寫孔老二曾經在光復之後不能在魯鎮支持孔家店，因此搬家、音訊全

從總體傾向來看，這一期特輯所刊發的文章，大多認爲尊孔與復古有著必然聯繫，而他們對尊孔救國論持反對態度。張申府認爲，當時中國最大最根本的問題有二，一爲救濟農村的破產，一爲抵抗帝國主義的進攻，要解決這兩個問題，恢復民族的自信，大概是必要的。但他列舉了尊孔的七條理由後說，「不幸，現在尊孔的種種起因，竟是倒退的多，而前進的少。這種情形之下的尊孔，對於救濟中國的危亡，如何會有多大益處？」在他看來，「近年對於孔子的信仰實在已失墜了」，尊孔救不了中國，且尊孔的方法不是因仍故常舉行宗教的儀式，而是獎勵對於孔子的研究。玉卿對尊孔復古運動進行了展望，最後的結論是「尊孔與復古運動在目前不僅無絲毫必要而且根本是不可能的。」徐日洪則認爲不能崇拜孔子偶像，而應該認清自己生存在現代，創造自己的新文化。

在這些文章中，尤其值得注意的是他們對五四新文化運動的評價問題。申府的《尊孔救得了中國嗎？》一文，將「打倒孔家店」行動鬧得太利害作爲當時尊孔運動出現的可能的原因之一，他說：「前些年『打倒孔家店』等等議論行動鬧的太利害了。物極必反。現在的尊孔也可說就是『打倒孔家店』的一個反動。」〔註232〕從其文章來看，他對「五四」新文化運動的價值評判是正面的。林風的《新文化運動與尊孔復古》是對胡適《寫在孔子誕辰紀念之後》一文的辨析。他認爲，胡適所言的「做戲無法，出個菩薩」是因爲沒有看出這個尊孔復古的歷史必然性，而且他對新文化運動的成績作了過高估

無，他之所以能重開孔家店，是因爲在城裏，「不少有錢的人，看見他樣樣俱到，也就喜歡他：也有人想靠這樣老實人，做個招牌，裏面由他們幹別的勾當，反正孔老二也裝聾作啞，所以他只經一棒（疑應爲「捧」字，引者注），便做了重張的孔家店經理。」小說最後說孔老二「一生歷盡盛衰，老來卻享福，也虧了這老來糊塗」，然而他轉念一想，「這幸福並不長久了」，因爲他所剩年華無多。我認爲，這篇文章對孔家店是雜貨店，老闆叫孔老二的描述，切合錢玄同等在 1924 年批駁吳虞時的表述；對於孔家店能開張與孔老二的「老實」和被利用的關係的描述，與當時馬克思主義、自由主義知識份子所看到的國民黨利用孔子的真相吻合；對於孔家店的一時繁榮和孔老二幸福不長久的關注，實際上是當時學者們對新生活運動灰暗前途的一個預言。可以說，這篇小說，是以文學的形式發表了對當時尊孔復古的批駁性意見，這與該期刊物中「尊孔與復古特輯」正文中的那些補白性文字，以及所發表的張申府、林風等的文章一起，建構了駁斥新生活運動尊孔復古行徑的完整的反思空間。

〔註232〕申府（張申府）《尊孔救得了中國嗎？》，《清華週刊》42 卷 3～4 期合刊，第7 頁。

價，故而，林風將論述重點放在了新文化運動與尊孔復古的關係上。他對戊
戌、五四的新文化運動的成績和缺陷均進行了梳理。對於後者，他說，「《新
青年》畢竟超過了《新民叢報》而對孔教傳統施行了集中火力的正面的攻擊
——提出了打倒孔家店的口號。」〔註233〕但是，「新文化運動也祇是一個較高
於清末維新運動的啓蒙運動。我們看到五四文化運動的成績，我們尤其不能
不看到封建文化並沒有打倒。」〔註234〕也就是說，「從五四前夜直到今日，新
文化運動並沒有把封建文化打倒，因爲無論五四運動或國民革命並沒有把封
建勢力推翻。封建勢力存在一天封建文化便要掙扎一天，孔子偶像要受一天
香火。尊孔復古實在不是天外飛來的奇禍。」〔註235〕徐日洪從社會經濟的立
場來剖析這一運動，其論析的第三點標題就爲「五四運動有沒有根本打倒孔
家店？」在具體展開過程中，他說：「大鬧孔家店最有力量的是陳獨秀輩在《新
青年》上的『倫理革命』，他們反對中國舊有的封建思想的吃人禮教，竭力提
倡西洋的資本主義文化。」但是，「五四新文化運動祇是曇花一現，對於孔教
投下一個炸彈後，便沒有任何建樹。」〔註236〕可見，林風、徐日洪都肯定了
新文化運動反抗舊倫理的價值，而且都使用了「打倒孔家店」這一片語，但
他們對新文化運動並不滿意，因爲從他們所持的馬克思主義的標準來看，孔
家店是「打」而未「倒」。無論是林風、徐日洪、寫作《現階段復古尊孔運動
之社會經濟背境》的滌青還是寫作《復古尊孔運動的展望》的玉卿，均將新
文化運動定義爲民族階級的運動，而且均從經濟基礎未成熟的角度來論析新
文化運動反孔的未成功，「五四運動不過是一種改革人民意識的嘗試，所謂新
人生觀，德先生，賽先生；在社會下層基礎的經濟條件沒有成熟時，上層關
係的改造是沒有根基的，是沒有理由可以建立起來的」〔註237〕，正是其中的
一種典型表述。

　　從這一期《清華周刊》可以見出，「打倒孔家店」已經作爲一個完整的片
語，在至少三個人的筆下出現。在他們這裡，「打倒孔家店」成爲了新文化運

〔註233〕 林風《新文化運動與尊孔復古》，《清華周刊》42 卷 3～4 期合刊，第 34 頁。
〔註234〕 林風《新文化運動與尊孔復古》，《清華周刊》42 卷 3～4 期合刊，第 35 頁。
〔註235〕 林風《新文化運動與尊孔復古》，《清華周刊》42 卷 3～4 期合刊，第 38 頁。
〔註236〕 徐日洪《現階段尊孔運動的剖析》，《清華周刊》42 卷 3～4 期合刊，第 54
　　　　頁。
〔註237〕 徐日洪《現階段尊孔運動的剖析》，《清華周刊》42 卷 3～4 期合刊，第 54
　　　　頁。

動的一個「口號」，而這代表了新文化運動的實績，但其實這一運動並未「打倒」孔家店也就是封建文化。這些對新文化運動與「打倒孔家店」之間的複雜關係有著清醒認知的學者，並不是反對新文化運動的學者或者軍閥。例如，將 1934 年稱爲「復古年」的林風，在發表《新文化運動與尊孔復古》一文之前，曾在《清華周刊》發表《關復古》一文。在文中，他將主張復古者比喻爲「垂死的多烘」，說「分明有一個垂死的多烘從床上跳了起來，帶著一臉的鬼氣，大呼大喊：人心不古！人心不古！這樣下去中國眞該亡了！」並且，他指斥復古主義者，覺得他們應該「躲在覆巢裏抹你假惺惺的眼淚去吧！」認爲「復古主義，不但萎靡了中國人民的勇敢，而且轉移了中國人民的注意：不談抗日，不談救國，而去養成精神人格，去讀孝經，去拜孔子！這不是叫中國人民等末日來到麼？」並由此斷定「復古主義所以不可饒恕」〔註238〕。可見，他的立場不僅不與新文化運動相反，而正與新文化運動者的相通。由此，「使用『打倒孔家店』這種格式並使之固定化的，是一些反對新文化運動的學者和軍閥」〔註239〕的論斷是不太符合實際的。

第三節　「打倒孔家店」：一個「口號」的衍化

「打倒孔家店」在上述清華知識份子們的言說中第一次比較密集地亮相了，但對這一片語的運用，在隨後的日子裏不僅遠未停止，而且後來者在運用這一片語時，由於自身對「五四」新文化運動的立場並不相同，往往異見迭出。追究這些異見以及異見背後的思想立場，是探求「打倒孔家店」衍化圖景的題中之義，也是筆者將要試圖展開的重要方面。此處重點對 1935～1949 年建國前的相關論述進行梳理。

眾所週知，這是中國社會變遷異常激烈的十五年，諸如抗日戰爭、國內解放戰爭等政治事件和新生活運動、中國本位文化建設論爭、關於全盤西化問題的論爭、新啓蒙運動、文字拉丁化運動等思想文化事件有著異常複雜的糾纏關係。從儒學研究來看，「『後五四建設心態』的形成，對中國現代學術的建構起了積極的作用。一大批專家、學者參照西方人文社會科學學科建制的原則和方法，分哲學、宗教學、政治學、經濟學、倫理學、社會學、法學、

〔註238〕林風《關復古》，《清華周刊》42 卷 1 期，1934 年 10 月 22 日。
〔註239〕宋仲福《關於「打倒孔家店」的歷史考察》，《孔子研究》1992 年第 2 期，第81 頁。

史學、美學、文學藝術、教育學、心理學等等，對儒學進行系統的研究」，這樣的研究，導致了一個「令人驚異的」，「在動蕩的歲月中」包括儒學研究在內的「一個學術繁榮期」〔註240〕。這種鳥瞰式結論或許也可作爲前述「複雜的糾纏關係」的一個不無意味的說明。當從「打倒孔家店」這個片語及其相關問題來考察這一段思想、文化、文學史，我們可以發現，這段時間各種思想立場背景下的言說，形成了眾聲交響的思想場域，而且他們的言說，既有自己的獨立性，又對此前的思想進行了某種意義上的承接，有的則開啓了此後的相關言說路徑。

我選取以下兩方面來具體闡述：

一、新啓蒙運動與「打倒孔家店」

（一）

和新生活運動一樣，新啓蒙運動本身就是一個異常豐富的研究對象。其複雜性在近年來研究者的不斷努力之下得到了日益充分的呈現。

出現於 1936 年的這場以「新啓蒙」命名的運動，最易讓我們聯想到的或許就是中國現代思想文化史上的另一場啓蒙特色鮮明的運動——「五四」新文化運動了。「新啓蒙運動在啓蒙之前冠以『新』字，自然是爲了顯示它與五四啓蒙的特殊關係，不無明標嫡繫傳人之身份的意圖。」〔註241〕新啓蒙運動參與者們對它「第二次文化運動」〔註242〕或「新的『五四』運動」〔註243〕的命名，以及他們徑直將「五四」新文化運動稱爲「舊啓蒙運動」的做法〔註244〕，都標明了它與五四新文化運動的血緣關係。儘管艾思奇曾將這個

〔註240〕傅永聚、韓鍾文《前言》，孔凡嶺編《孔子研究》，前引書，第 6 頁。

〔註241〕張光芒《中國近現代啓蒙文學思潮論》，山東文藝出版社，2002 年，第 373 頁。

〔註242〕陳伯達《論新啓蒙運動——第二次的新文化運動——文化上的救亡運動》（1936 年 9 月），丁守和主編《中國近代啓蒙思潮》（下卷），社會科學文獻出版社，1999 年，第 164 頁。

〔註243〕胡繩《「五四」運動論》（1937 年 4 月 30 日），丁守和主編《中國近代啓蒙思潮》（下卷），前引書，第 460 頁。

〔註244〕非白《新啓蒙運動在北平》，原載《現實月報》，此據《月報》1 卷 7 期，1937 年 7 月 15 日。該期爲華北事變臨時增刊。和該文一起刊發的是張申府的《什麼是新啓蒙運動》以及《再論新啓蒙運動》，三者作爲「學術情報」欄的內容。另，該文曾被收入鍾離蒙、楊鳳麟編《中國現代哲學史資料彙編》第二集第六冊。但作者名被誤爲「自非」，原發刊物被誤爲《讀書月報》。

「舊啓蒙運動」的時間上限前移至戊戌運動:「現在所說的新啓蒙運動,是指我們目前所需要的文化運動,所以叫做『新』的,是對五四以前直到滿清時代戊戌以後的舊啓蒙運動而言。」〔註245〕但事實上,在新啓蒙運動倡導者、支持者那裡,新啓蒙運動與以《新青年》爲始端的新文化運動的關係,才是言說的重心所在,而這場新啓蒙運動的出場和它的展開過程,乃至其如一現的曇花的隕滅過程,都與運動發起者、參與者對五四新文化運動——包括「打倒孔家店」——的理解密切相關。

在《讀書生活》雜誌「紀念九一八特輯」〔註246〕上,「國防總動員特輯」是重頭戲。該欄目包括以下十一篇文章:《政治的國防動員》、《國防外交的基本原則》、《經濟的國防動員》、《軍事的國防動員》、《教育的國防動員》、《哲學的國防動員》、《文學的國防動員》、《戲劇的國防動員》、《電影的國防動員》、《音樂的國防動員》、《文字改革的動員》。從這些文章題目及其安排情況可知,這是爲了國防動員而從政治到哲學到文學等各方面的展開,是有感於國難危機的一批進步人士,爲建立抗日民族統一戰線而從各自領域做出的一次卓絕努力。其中,《哲學的國防動員》副標題爲「新哲學者的自己批判和關於新啓蒙運動的建議」。這是「新啓蒙運動」的慎重亮相〔註247〕,其作者陳伯達也就成爲這一運動當然的倡導者。

陳伯達在該文中認爲,新哲學者即新唯物論者已經占住了自己堅固的陣地,但並沒有很好地利用這個陣地。因爲第一,「對於中國的舊傳統思想,一般地缺乏了有系統的深刻的批判,而這種數千年來的統治傳統思想,目前卻正成爲帝國主義者(特別是東洋帝國主義者)和賣國賊用來奴役中國人民意識的有力工具。不和這種外『仁義』而內則極殘忍的舊傳統思想作無情的鬥爭;沒有看到這種舊傳統思想在當前民族解放鬥爭中之公開叛賣民族的作用……那麼,我們在哲學上的爭鬥,簡直就等於放走了最主要的敵人,同時也簡直等於拋棄了最廣闊的群眾(因爲最廣闊的群眾是根深蒂固地和舊傳統

〔註245〕艾思奇《新啓蒙運動和中國的自覺運動》,《文化食糧》1卷1期,1937年3月20日。注:在該期目錄中,該文的名字爲《啓蒙運動和中國的自覺運動》,細讀其文章內容,應以正文中的題目爲準。

〔註246〕《讀書生活》4卷9號,1936年9月10日。

〔註247〕據非白在其《新啓蒙運動在北平》一文中說,該文「首先在北平的『拉丁化號外』第七期,和《清華周刊》上發刊出來。」見《月報》1卷7期,1937年7月15日。

思想相固結著。)」而第二點就是新唯物論者們理論脫離實際，未能將哲學理論建構與現實鬥爭聯繫起來。因此，他覺得「我們應該組織哲學上的救亡民主的大聯合，應該發動一個大規模的新啓蒙運動。」「新哲學者一方面要努力不倦地根據自己獨立的根本立場，站在中國思想界的前頭，進行各方面之思想的爭鬥，從事於中國現實之唯物辯證法的闡釋；另一方面則應該打破關門主義的門戶，在抗敵反禮教反獨斷反迷信的爭鬥中，以自己的正確理論爲中心，而與哲學上的一切忠心祖國的分子，一切民主主義者，自由主義者，一切理性主義者，一切唯物主義的自然科學家，進行大聯合陣線。」這個大聯合陣線是「哲學上的抵抗反禮教的聯合陣線」，而新啓蒙運動就是「哲學上之救亡民主大聯合運動」，其目的是爲了救國。爲了形成這個聯合陣線，陳伯達提出要和各種各樣的哲學家合作，也包括和五四時代的老戰士合作：「五四時代一批思想界的人物：如『打倒孔家店』，『反對玄學鬼』，在考古學上推翻傳統歷史的這一切老戰士，我們都應該重新考慮和他們進行合作。」他建議在此基礎上，成立一個名爲「中國新啓蒙學會」或「中國哲學界聯合會」（並認爲前者更合適）的思想者組織。「這個組織的基本綱領，就是：繼續並擴大戊戌，辛亥和五四的啓蒙運動，反對異民族的奴役，反對禮教，反對獨斷，反對盲從，破除迷信，喚起廣大人民之抗敵和民主的覺醒。」而他覺得應該進行的九項工作的第一、二、七條分別爲：整理和批判戊戌以來的啓蒙著作；接受五四時代「打倒孔家店」的號召，繼續對於中國舊傳統思想，舊宗教，作全面的有系統的批判；幫助民間組織廣泛的「破除迷信」的組織，組織各種式樣的無神會。可知，該文較全面地闡釋了新啓蒙運動發起的目的、方式、并對其將來工作的展開進行了較爲具體的設計，可以說是後來新啓蒙運動展開的綱領性文獻。

從陳伯達該文可以明顯發現，他眼中的新啓蒙運動是與五四新文化運動密切相關的啓蒙運動，這不僅表現在他對新啓蒙運動內涵的界定上，也體現在他對這一運動將要做的工作的設計上。他理解中的「打倒孔家店」爲特徵的新文化運動，成爲他發起新啓蒙運動的重要依憑。

陳伯達的《哲學的國防動員》一文，最初發表於北平的『拉丁化號外』第七期以及《清華周刊》上。在 1936 年 11 月出版的《時代文化》創刊號上，他又發表了《我們還需要「德賽二先生」》，其立場在其隨後的文章《論新啓蒙運動》、《再論新啓蒙運動》、《思想無罪》等中也多有體現。在《論新啓蒙

運動》中，陳伯達再次申明：「我們現在需要組織全民族的抵抗，來挽救民族大破滅的危機。我們必須喚起全民族自我的覺醒。所以，我們這裡需要自由，需要光明，需要熱，需要新鮮的空氣，需要奮鬥，需要集體的力。我們反對異民族的奴役。反對舊禮教，反對復古，反對武斷，反對盲從，反對迷信，反對一切愚民政策。這就是我們當前的新啓蒙運動——也就是我們當前文化上的救亡運動。」〔註248〕這與他前此所論及的新啓蒙運動的社會現實意義密切吻合，而在《思想無罪》這篇答辯文章中，陳伯達堅持認為：「不錯，我們和過去啓蒙思想家一樣，反對吃人的舊倫理和舊教條。吃人的舊倫理和舊教條需要反對，這是不可駁倒的：因為我們要做人，因為我們要使每個中國人成為頂天立地的自覺的人，因為我們要使每個中國人都能起來救中國，所以我們不能容忍人吃人的舊倫理。因為這種人吃人的舊倫理，是奴隸的倫理，是容忍敵人滅亡中國的『倫理』……」〔註249〕這就再次明晰了新啓蒙運動與五四新文化運動在反倫理、反教條方面的血肉聯繫，前者是對後者的繼承的確就是一個正確的論斷。

（二）

　　陳伯達的文章，雖得到了林德煦〔註250〕、艾思奇〔註251〕、張申府等的呼應，但「當時所引起的反響，微弱的很」，「新啓蒙運動在北平廣泛的展開，是伴隨著 1937 年的降臨。《現實月報》首先以『特輯』來回應和推動新啓蒙運動，開始引起了普遍的注意。然而這個特輯對於新啓蒙運動的認識，除了陳先生的一篇《新啓蒙運動雜談》以外，其餘都是模糊地，和五四運動的本質尚分不清楚。但是現在北平新啓蒙運功急速地發展，這個特輯曾盡了最大的推動力量，是不能否認的。」〔註252〕非白所言的迅速發展的時間，已經是1937 年的 6 月〔註253〕，第十八個「五四」紀念日之後了。據他的觀察，從這

〔註248〕陳伯達《論新啓蒙運動》，該文作於 1936 年 9 月，發表於《新世紀》1 卷 2 期。
〔註249〕陳伯達《思想無罪》，《中國現代哲學史資料彙編》第二集第六冊，遼寧大學出版社，1982 年，第 29 頁。
〔註250〕林德煦的《復古與啓蒙》是呼應陳伯達最及時卻長期被忽略的一篇文章。該文以對當時蔓延的復古之風的批判來說明啓蒙的意義，與陳伯達之文正相輔相成。
〔註251〕艾思奇的文章《新啓蒙運動和中國的自覺運動》發於《文化食糧》1 卷 1 期，1937 年 3 月 20 日。
〔註252〕非白《新啓蒙運動在北平》，《月報》1 卷 7 號，1937 年 7 月 15 日。
〔註253〕非白在該文之末所標的寫作日期是「一九三七六八日夜」。

年一月開始，「北平前進的文化人，和救亡運動團體，到處討論著：怎樣從新估計『五四』的價值；怎樣批判地接受『五四』末完成的工作；和怎樣開展新啓蒙運動。並且曾提出了一個鮮明的口號：『紀念五四，要展開新啓蒙運動』」〔註254〕。結果，在「五四」紀念日到來之際，北平的多家報紙雜誌，如《北平新報》、《華北呼聲》、《動向》、《現實月報》、《新文字月刊》、《通俗文學》等，都發行了五四紀念特刊，「而這些特刊的內容，是：對『五四』的從新估計，和闡明新啓蒙運動與『五四』的不同點。」其中，張申府的《五四紀念和新啓蒙運動》〔註255〕「正確地指出了新舊啓蒙運動的特質，尤其對新啓蒙運動本質澈底地闡明，可以說是一篇新啓蒙運動的重要文字。」〔註256〕另一方面，北平文化團體和救亡團體也召開了許多紀念座談會，討論這些問題〔註257〕。1937 年 5 月 19 日，張申府等在北平成立了啓蒙學會，而這個月討論新啓蒙運動的文字，據非白的統計，有三十六篇之多。可以說，在 1937 年 5 月，新啓蒙運動的討論是不可謂不熱烈的。這正如胡適對新生活運動全面發動時的感覺一樣，似乎全國各地都在熱議這一問題了。

　　但新啓蒙運動的鼎盛期也就在這個五月間。隨著七七事變的爆發，這一運動的架空性質很快被知識份子看出，新啓蒙運動的討論再難吸引來爲救亡而奔忙、而熱血沸騰的人們關注的目光了。「抗戰以來，一些鼓吹者更直接地參加於抗戰工作，新啓蒙運動的鼓吹不免有沈寂停頓之感，至少不如二十六年春夏間的熱烈普遍流行。」〔註258〕這是張申府擔任主編與發行人的《戰時文化》2 卷 3 期的「卷端」文中的話。可以說，此時的張申府，正如在這篇文章中所希望的那樣，希望能有「新啓蒙運動的再開展」，所以在這一期的論文欄，特意刊載了他的兩篇論文《新啓蒙運動與青年運動》、《新啓蒙運動與新

〔註254〕非白《新啓蒙運動在北平》，《月報》1 卷 7 號，1937 年 7 月 15 日。
〔註255〕刊於《認識月刊》創刊號，1937 年 7 月 15 日。該期爲「思想文化問題特輯」。
〔註256〕非白《新啓蒙運動在北平》，《月報》1 卷 7 號，1937 年 7 月 15 日。
〔註257〕如《讀書月刊》創刊號（1937 年 5 月 15 日）上就刊載有《「新啓蒙運動」座談》的會議紀要。此次會議出席者爲艾思奇、吳清友、何干之、李凡夫、夏征農、葛喬、凌青、柳乃夫、陸詒、劉群等，探討了五個問題：新啓蒙運動的發創經過；新啓蒙運動發生的社會根據；新啓蒙運動和外國及我國歷次運動的比較；目前的幾種偏向及對其批評；目前文化運動的任務及其推進方法。
〔註258〕《新啓蒙運動的再開展》，無署名，《戰時文化》2 卷 3 期，1939 年 4 月 10 日。

生活運動》，這些文章與杜若君的《新啓蒙運動與國際觀》等一起，表明了此時以張申府爲代表的知識份子對新啓蒙運動的看法。但此時的張申府已非彼時的張申府：他後退了。

從該期刊發文章來看，「特載」欄所載文章，卻是《蔣委員長——新生活運動五週年紀演詞》，這與 2 卷 1 期「特載」陳誠的《三民主義文化建設與我們的責任》一樣，都表明了張申府與國民黨的密切聯繫。而在其文章《新啓蒙運動與青年運動》《新啓蒙運動與新生活運動》中也可見這種聯繫。

在《新啓蒙運動與青年運動》中，他認爲，當時中國文化思想方面正在進行的潮流，「或者叫他三民主義文化運動，或者叫它國防文化運動，又或者叫它抗戰建國文化運動」，而「就歷史的關聯看來，就這個文化運動本身的特性看來，把這個運動叫作新啓蒙運動或不失爲一個最切當的名字。」因爲在他眼裏，當時中國正進行的文化運動，或者應有的文化運動，其本身最大的特徵正是歷代啓蒙運動者所號召的。我們知道，「三民主義文化運動」，「國防文化運動」，「抗戰建國文化運動」以及「新啓蒙運動」各有自己的內涵與外延，它們的差異和他們的相通之處一樣，是不可爲我們所忽略的存在，而張申府試圖強行將前三者與「新啓蒙運動」扭結起來，這多少顯得有些彆扭。不僅如此，在該文中，張申府雖重申了他以前對於新啓蒙運動的主張，例如「新啓蒙運動主要號召之點就是：一、發揚理性，二、解放思想，三、普及新知識新思想」等，但他又對他從前所認可的新啓蒙運動的涵義進行了悄然的更改。如「雖勢要反禮教，卻不能不唱禮樂。從反面，從消極方面來說，新啓蒙運動就是思想文化上的反封建運動，也就是思想文化的『民族解放』運動，或反乏惜思運動。」〔註 259〕此處他對新啓蒙運動反禮教的認可，和反禮教卻要唱禮樂的要求的提出，一方面與他在呼應陳伯達新啓蒙運動的倡議時否定反禮教相悖〔註 260〕，但另一方面，他又從反禮教這個向度後退，而尋

〔註 259〕見張申府《新啓蒙運動與青年運動》，《戰時文化》2 卷 3 期，1939 年 4 月 10 日。此處的「乏惜思」是張申府對通譯爲「法西斯」者的另一種音譯。

〔註 260〕新啓蒙運動由陳伯達倡議後，張申府在北平較早進行回應，而同樣在北平，北平師範大學物理系主任楊立奎卻通電全國，指斥啓蒙運動是反對禮教，詆毀忠孝節義及五倫八德，蠱惑青年，說自己誓以全力剷除滅倫喪德之梟獍，毋使其匿迹學界。當記者去採訪張申府時，張氏說：「啓蒙二字本意在求開明，就是理性運動，反對盲從，反對武斷，反對迷信，與禮教毫無關係，楊氏此種態度，可謂無的放矢，同人等重理性，無與其答辯必要」等等。被楊氏聲討的九位教授，在聯名刊登的啓事中說「自新啓蒙運動發生以來，議論不一，

求與國民黨三民主義的主張相吻合，以致又提出了要唱禮樂的要求。而他此時期所言「新啓蒙運動全部的積極綱領」，已經變成了十條規定構成的一座「寶塔」，在這寶塔之最底層，卻是「實現文化上的三民主義」；他此時闡釋新啓蒙運動之「新」時說，「不但因它要應和時代階段的需要，要更深入，更廣泛，更批判，也因它除了理性之外，並不忽視以理性爲基礎的充實高亢大中至正的感情」，而他認爲，當時的青年要進行自救運動，這自救運動的方法就是：「一方也應遵行蔣先生所訓示：『行動重於理論』；『分組會議，自我批評，重於正規教育』。一方更應照去年三月中國國民黨臨全代表大會宣言所昭示及抗戰建國綱領所規定，注重道德之修養，提高科學的科學的研究。」〔註261〕張申府此時正在以自己的言論，爲蔣介石的主張張目，這毫無疑義。

在上文中，張申府爲了讓新啓蒙運動切合國民黨的主張，已經對新啓蒙運動進行了有意修正。在《新啓蒙運動與新生活運動》中，他預感到將二者相提並論，可能會有兩種人「感到駭異」，但他卻聲明自己並不如此。因爲他相信這兩種運動都「應和了時代的需要」，「是互爲表裏的，是可以相輔相成的。就令殊途，卻實在可以同歸。」文章花大量篇幅引述了蔣委員長的言論，以闡述他所倡導的「新生活運動」的意義，以及「禮義廉恥」等的含義，最後認定「新生活運動與新啓蒙運動，在根本上，不但是相通的，而且是相同的。」舉了兩點理由：第一，新生活運動重實，重科學，而這與新啓蒙運動相通；第二，新啓蒙運動應該反禮教，卻也應該唱禮樂。他最後的論述過程是「『禮者理也』。『禮必本乎人情；人情即是理性』。在我說，禮不過是把情理加以調理，或說加以調理，也得。『理』正是新啓蒙運動根本要求之二。新生活運動重禮，而新啓蒙運動宗理。既然禮即是理，那麼豈不至少可以說，新生活運動與新啓蒙運動，是互爲表裏的？」〔註262〕這裡面的勉強處，真是太明顯了。而他這種對新啓蒙運動「反禮教」內涵的理解，與陳伯達的簡直南轅北轍。

同人等本研究學術之精神，努力於文化之闡揚，並擬對於新啓蒙運動加以檢討與推進，故有其名學會之發起，現當草創伊始，並未發表任何意見及文字，自無反對禮教之言論」。見何干之《新啓蒙運動的爭戰》，《中國現代哲學史資料彙編》第二集第六冊，前引書，第25～26頁。

〔註261〕以上引文均見張申府《新啓蒙運動與青年運動》，《戰時文化》2卷3期，1939年4月10日。

〔註262〕張申府《新啓蒙運動與新生活運動》，《戰時文化》2卷3期，1939年4月10日。

張申府與陳伯達終究不是一路人。事實上，在《哲學的國防動員》中，陳伯達就將張申府作爲「舊哲學界中，有些傾向新哲學，而事實上不完全站在新哲學的立場的哲學家」之一，認爲對這類哲學家，「應該用善意的批判，來糾正」他們的錯誤。並且說，他們從舊向新的轉換與葉青的以新哲學名義向舊哲學轉變，是「絕然不同的意義」。而從新啓蒙運動的運行來看，陳伯達的判斷是正確的，張申府的確就對這一運動進行了呼應，但由於張申府自身的立場，導致了他特殊的發言方式和內容：他最初就特別強調「理性」在新啓蒙運動中的作用，而在面對楊立奎的指斥時，他明確表示自己以及他所主持下的啓蒙學會並不「反禮教」，這就已經與陳伯達劃出了一條明顯的界限。不僅如此，細讀他們的文章，他們對於五四新文化運動的評論點是不同的：首先，陳伯達更注重對五四新文化運動的繼承，而張申府更注重對五四新文化運動的超越，從他的第一篇文章開始，他就重在談新啓蒙運動與五四文化運動的差異；其次，陳伯達所繼承的方面，一方面表現在對反禮教、反倫理的理解與承襲上，另一方面，則體現在他對五四「打倒孔家店」等口號的繼承上。他在《哲學的國防動員》中所設計的將要進行的九項工作的第二條，就是接受五四時代「打倒孔家店」的號召，繼續對於中國舊傳統思想，舊宗教，作全面的有系統的批判；此後，他發表了《我們還需要「德賽二先生」》這篇文章；在具體論述中，他對「五四」新文化運動的認同感也多有體現。而張申府則首先強調新啓蒙運動不是反禮教的〔註263〕，強調五四新文化運動是不徹底的；在口號問題上，他也進行了修正：

　　　今日的新啓蒙運動，顯然是對歷來的一些啓蒙運動，對以前的一些
　　　啓蒙運動，也顯然有所不同。比如，就拿五四時代的啓蒙運動來看。
　　　那時有兩個頗似新穎的口號，是「打倒孔家店」，「德賽二先生」。我
　　　認爲這兩個口號不但不夠，亦且不妥。

〔註263〕這從陳伯達與張申府對楊立奎的指斥的回應可以看出。張申府對新啓蒙以及自己並不反禮教的言說，前面正文已有表述，陳伯達的答辯文章則爲《思想無罪》，文中，陳伯達說：「不錯，我們和過去啓蒙思想家一樣，反對吃人的舊倫理和舊教條。吃人的舊倫理和舊教條需要反對，這是不可駁倒的：因爲我們要做人，因爲我們要使每個中國人成爲頂天立地的自覺的人，因爲我們要使每個中國人都能起來救中國，所以我們不能容忍人吃人的舊倫理。因爲這種人吃人的舊倫理，是奴隸的倫理，是容忍敵人滅亡中國的『倫理』」。見鍾離蒙、楊鳳麟編《中國現代哲學史資料彙編》第二集第六冊，前引書，第29頁。

多年的打倒孔家店，也許孔子也經打倒了，但是孔家店的惡流卻仍然保留著，漫延著。至於科學與民主，本都是客觀的東西，而那時的文人濫調卻把它人格化起來，稱什麼先生，眞無當於道理。

至少就我個人而論，我以爲這兩個口號至少都應下一轉語。就是：「打倒孔家店」，「救出孔夫子」；「科學與民主」，「第一要自主。」

五四時代的啓蒙運動，實在不夠深入，不夠廣泛，不夠批判。在深入上，在廣泛上，在批判上，今日的新啓蒙運動都需要多推幾步。〔註264〕

可知，新啓蒙運動在抗日戰爭後日趨消沈，固然有抗戰爆發的嚴重時勢與新啓蒙運動是架空的文化運動等原因，但另一方面，其倡導者與重要呼應者之間不可忽視的差異，以及張申府後來對新啓蒙運動的歪曲性闡釋，也是導致它變得不倫不類，失去了人們的支持的重要原因。

（三）

在考察新啓蒙運動發生發展過程中發表的文章時，我發現，諸多文章都涉及到了對「五四」新文化運動的評價，也都將「打倒孔家店」作爲「五四」新文化運動的「口號」在使用。而從其評價、運用情況來看，大致有兩種情況：

第一、正面評價「五四」新文化運動，認爲其提出了「打倒孔家店」這一口號，有過不小貢獻。如「以《新青年》爲首的五四新文化運動，這是中國第一次以群眾的姿態，向『中古的』傳統思想和外來的文化，公開宣告了反叛。『打倒孔家店』，『德謨克拉西與賽因斯』，『提倡白話文』——這是當時新文化運動的中心口號。這種文化運動，和當時『反對××』，『打倒賣國賊』的愛國運動，完全融合在一起」〔註265〕；立民就曾說：「『五四』運動對於政治上的主要口號是『外爭國權，內除國賊』，在文化思想方面最有意義的工作，便是『打倒孔家店』，擁護民主政體和提倡科學文藝。當時的中心刊物——新青年雜誌，曾有過不小的貢獻。如反對舊禮教，反對舊倫理，反貞節，及文學革命，古史革命等都是五四運動光榮的貢獻」〔註266〕；陳伯達則

〔註264〕張申府《什麼是新啓蒙運動》，《月報》1卷7期，1937年7月15日。
〔註265〕陳伯達《論新啓蒙運動》，《新世紀》1卷2期。
〔註266〕立民《今日中國的思想運動》，鍾離蒙、楊鳳麟主編《中國現代哲學史資料彙編續集》第十五冊，遼寧大學出版社，1984年，第2頁。

明確表示接受五四時期的「打倒孔家店」的口號〔註267〕；艾生則說：「前幾年正是思想鬥爭得非常劇烈的時候，現在則是思想自由和思想統一鬧得很利害的時候了……『五四』之新文化運動，打倒孔家店，反對舊禮教，就是民主思想與封建思想，亦即是市民層與封建層間之鬥爭。到了1925～1927之打倒帝國主義，打倒土豪劣紳，在思想上表現出來，則爲反帝反封建。」〔註268〕；「五四新文化運動，是一個典型的啓蒙運動，思想大解放運動……這個運動的主要敵人，是傳統的封建思想。當時群眾的反獨斷，反迷信，反盲從，反覆古的精神，特別強烈；『打倒孔家店！』的口號，也喊叫得特別響亮」〔註269〕；「新啓蒙運動反傳統思想這一點，和『五四』是相同的。……我們要發動全民族的抗戰，我們首先要把全民族從新舊麻醉的桎梏中解放出來，這便是我們新啓蒙運動的主要任務。在這一點上，我們新啓蒙運動，認爲『五四』的口號，依然有它的積極性。『打倒孔家店！』『德賽二先生』的口號，我們還需要」〔註270〕；「五四運動中則無條件的排斥了舊道德舊禮教的全部，如徹底的主張打倒孔家店，咒詛吃人的禮教，倡導非孝等等。這是充分地表示了五四運動之徹底的『新』的內容。」〔註271〕……細考這些人應用「打倒孔家店」的語境，除陳伯達在《思想無罪》中誤引了胡適評價吳虞的那篇著名序言中的「四川省隻手打孔家店的老英雄」〔註272〕，而將「打倒孔家店」作爲五四時期的口號的情況之外，其他知識份子均在想當然地使用著「打倒孔家店」這一「口號」，而且，他們將「打倒」都理解爲「徹底」的、決絕的一種行爲，而這部分來自於「倒」字的暗示。

　　與此相關的第二方面是，對「打倒孔家店」的結果，當時有兩種看法：一種認爲已經打倒，而這使得中國文化被顛覆。葉青在其文章中就說，五四

〔註267〕陳伯達《哲學的國防動員》，《讀書生活》4卷9號，1936年9月10日。
〔註268〕艾生《思想統一思想自由與思想鬥爭》，鍾離蒙、楊鳳麟主編《中國現代哲學史資料彙編續集》第十五冊，前引書，第26頁。
〔註269〕齊伯岩《五四運動與新啓蒙運動》，鍾離蒙、楊鳳麟主編《中國現代哲學史資料彙編續集》第十六冊，遼寧大學出版社，1986年，第32頁。
〔註270〕齊伯岩《五四運動與新啓蒙運動》，鍾離蒙、楊鳳麟主編《中國現代哲學史資料彙編續集》第十六冊，前引書，第33頁。
〔註271〕羅筱紹《中國近代文化運動的幾個階段》，鍾離蒙、楊鳳麟主編《中國現代哲學史資料彙編續集》第十五冊，前引書，第224頁。
〔註272〕他在文中說「吳虞，這個老人，如胡適所稱的，曾經是在四川『隻手打倒孔家店的老英雄』」，見鍾離蒙、楊鳳麟主編《中國現代哲學史資料彙編》第二集第六冊，前引書，第28頁。數不清的後來者犯了陳伯達相同的錯誤。

時代的文化運動，是「更浩大的文化運動」，是「中國人自己也反對中國文化起來」的結果，而以《新青年》爲領導的破壞行爲，使得「從此以後，中國文化就顚覆了。」並且認爲「現在我們應該把中國文化放在歷史博物館內的奴隸時代之後，資本時代之前。」〔註273〕但更多的學者認爲，「五四」新文化運動雖然提出了這一口號，並且試圖徹底的否定孔家店，排斥舊道德舊禮教的全部，但由於新文化運動沒有注意到應該改變經濟基礎，沒有發動最廣大的人民群眾起來鬥爭，所以，「孔家店」是「打」而未「倒」。如羅筱紹在其《中國近代文化運動的幾個階段》中，將鴉片戰爭至1937年這段時間的文化運動分爲四個階段：第一階段──自1850年太平天國運動起事至1989年戊戌維新運動發生；第二階段──自戊戌維新發生到1919年五四運動；第三階段──自五四運動到1927；第四階段──自1927到現在。他認爲，第四階段中，「新的已被視爲洪水猛獸一樣可怕。」於是舊的「格外被崇拜起來」，而當時文化方面的支配情形是「一方面，在（新）的名目之下，實際上一切舊的古董都被復活起來；另一方面，在『中國本位』的藉口下，一切新的東西都被排斥了。舊道德中的人倫名教，已被視爲立國的最高原則。早已打倒過的孔家店，又重新開張大吉，而且全身鍍金，其榮隆甚於中世紀的任何一時代。白話文在許多省區被正式的命令禁止了……讀經和尊孔，是遂成今日最神聖的和最摩登的口號。在尊孔讀經之下的應有的文章，那就是一切舊禮教信條的借屍還魂。」〔註274〕艾思奇在其呼應、補充陳伯達的論文《新啓蒙運動和中國的自覺運動》中也論述了五四新文化運動中要打倒的孔家店直到當時都是打而未倒〔註275〕；張申府則認爲「五四的一個缺欠是不免淺薄……今

〔註273〕葉青《我對於西洋文化的態度──答李建芳君》，《中國現代哲學史資料彙編》第二集第六冊，前引書，第124頁。

〔註274〕羅筱紹《中國近代文化運動的幾個階段》，鍾離蒙、楊鳳麟主編《中國現代哲學史資料彙編續集》第十五冊，前引書，第224～225頁。

〔註275〕艾思奇在文章中說，「五四文化運動是一個猛烈的反封建文化的運動，千古崇奉的封建的神聖（孔子）竟被人起來推翻了。這是一個典型的啓蒙運動，雖然舊啓蒙運動在戊戌前後已經開始，但沒有這一次那麼壁壘鮮明。……這一個啓蒙運動不是五四運動時代的單純反封建文化的運動，而是要把一切文化應用到有利於民族生存的方面。國難的緊迫，也不容許我們完全推翻什麼或建立什麼，我們只能隨時隨地採取一切可用的工具去應付國難。就把『打倒孔家店』去做例子吧。這是五四文化運動的中心口號之一。這一個口號實際上直到現在也還沒有完全實現呢，因爲孔家店又被民族敵人所利用了。但我們現在所要做的，倒不必是要澈頭澈尾地把它打倒，我們要打破的，只是它

日的啓蒙運動不應該眞祇是啓蒙而已，更應該是深入的，清楚的。」〔註 276〕
齊伯岩則說：「到了民族大破滅的現在，人們才把中國第一次最偉大的啓蒙運
動——『五四運動』，從新估計，這是必然而正確的，我們當前的文化工作，
正是繼續著『五四』未完成的工作，而展開一個更新的更偉大的文化運動—
—新啓蒙運動。這運動，配合著抗敵救亡運動，把中國民族從危亡中解救出
來。」〔註 277〕……「五四」新文化運動有「打倒孔家店」的意圖，卻沒有「打
倒孔家店」的結果和事實，這正是新啓蒙運動倡導者與參與者的出發點和重
點所在，也是他們對新啓蒙運動之「新」進行闡釋的起點所在。

　　和「新生活運動」以「新」命名，以示自己與五四新文化運動的關係一
樣，「新啓蒙運動」也以「新」命名自身，以示自己與五四新文化運動的承繼
與超越關係。但事實上，和新生活運動背離了新文化運動一樣，新啓蒙運動
也在一定程度上背離了新文化運動的啓蒙向度。但後者對「打倒孔家店」「口
號」的運用情況以及對「五四」新文化運動的評價值得我們注意。事實上，
肯定這個「口號」的存在及其積極意義，但同時指出「五四」新文化運動有
缺陷，正是我們現在研究「五四」新文化運動時的流行思路之一。

二、毛澤東與「打倒孔家店」

　　陳伯達是新啓蒙運動的倡導者，艾思奇是該運動的重要支持者、推動者，
在一定意義上可以說，他們論述「五四」新文化運動的思路，可以代表 1930
～1940 年代中國共產黨內的知識份子的一般思路。他們的言論在一定意義上
成爲中國共產黨論述這一運動的中介，搭建了 1930 年代瞿秋白、張聞天爲主
的五四觀到 1940 年代及其以後毛澤東的五四觀的橋梁〔註 278〕。當然，陳伯

被敵人利用的一方面，同時也要找出它的好的一方面，使相信這家店鋪的人
　　覺悟到自己的民族的地位，使它從敵人利用的地位移到有利於我的地位罷
　　了。」《文化食糧》1 卷 1 期，1937 年 3 月 20 日。
〔註 276〕張申府《五四運動與新啓蒙運動》，鍾離蒙、楊鳳麟編《中國現代哲學史資料
　　彙編》第二集第六冊，前引書，第 31 頁。
〔註 277〕張申府《五四運動與新啓蒙運動》，鍾離蒙、楊鳳麟編《中國現代哲學史資料
　　彙編》第二集第六冊，前引書，第 32 頁。
〔註 278〕張豔在其博士論文《五四運動闡釋史研究（1919～1949）》（浙江大學 2005
　　年博士論文）中，將中國共產黨的「五四」觀分爲三個階段：「反帝反軍閥」
　　的「五四」（1921～1927）、「資產階級的五四」（1927～1937）以及「反帝反
　　封建」的五四（1930 年代末～1949）。這種分期是合理的。新啓蒙運動者對
　　「五四」的評析，就處於第二階段中的理論核心瞿秋白、張聞天與第三階段

達、艾思奇這些被毛澤東重視的筆桿子，在後來的五四闡釋史上發揮了重要的作用，正是以他們爲首的馬克思主義者的闡釋，使得毛澤東以階級鬥爭爲話語範式的闡述成爲 1940 年代後中國史學、文學界的主流話語，被奉爲圭臬，甚至建構了關於這一時期的一些「常識」性認知。

陳獨秀在上海創辦《新青年》時，毛澤東還在長沙的湖南第一師範學校就讀，1917 年 4 月 1 日出版的《新青年》上，發表了毛澤東署名「二十八畫生」的《體育之研究》。1918 年 9 月至 1919 年初，他在北大圖書館當助理員，受到北京大學無政府主義、自由主義的深刻影響，對新文化運動的核心人物陳獨秀、胡適佩服之至。回到湖南後，他在《湘江評論》上曾這樣評價陳獨秀：「我們對於陳君，認他爲思想界的明星。」〔註279〕在隨後對趙五貞自殺事件意義的建構中，誠如前文所分析的，毛澤東發揮了重要作用，而這與「五四」新文化運動的總體設計密切相關。可以說，毛澤東是新文化運動所塑造出來的「新青年」之一，是陳獨秀、胡適那一代人的學生〔註280〕。此期的毛澤東已經在思想革命領域嶄露頭角，但畢竟處於邊緣地位。

毛澤東在思想文化界佔據話語權威的地位，是在 1930 年代末 1940 年代初這段時間。此期他所發表的《五四運動》（1939 年 5 月 1 日）、《青年運動的方向》（1939 年 5 月 4 日）、《一二九運動的偉大意義》（1939 年 12 月 9 日）、《中國革命和中國共產黨》（1939 年 12 月）、《新民主主義的政治和新民主主義的文化》（後改名爲《新民主主義論》）（1940 年 1 月）、《反對黨八股》（1942 年 2 月 8 日）、《如何研究中共黨史》（1942 年 3 月 30 日）等文中，都涉及到了對「五四」運動的評價問題，從而建構起了他的「五四」觀。其中有三個關鍵點值得重視：第一、「五四」運動的性質問題。第二、「五四」運動的領導者問題。第三、「五四」運動的形式主義問題。

的理論核心毛澤東的相關論述之間。

〔註279〕澤東（毛澤東）《陳獨秀之被捕及營救》，《湘江評論》創刊號，1919 年 7 月 14 日。

〔註280〕毛澤東曾說：「關於陳獨秀這個人，我們今天可以講一講，他是有過功勞的。他是五四運動時期的總司令，整個運動實際上是他領導的，他與周圍的一群人，如李大釗同志等，是起了大作用的。我們那個時候學習作白話文，聽他說什麼文章要加標點符號，這是一大發明。又聽他說世界上有馬克思主義。我們是他們那一代人的學生。」毛澤東《中國共產黨第七次全國代表大會的工作方針》（1945 年 4 月 21 日），中共中央文獻研究室編《毛澤東文集》第 3 卷，人民出版社，1996 年，第 294 頁。

首先，關於「五四」運動的性質問題。毛澤東在這段時間所寫的第一篇文章《五四運動》中有這樣一句話：「二十年前的五四運動，表現中國反帝反封建的資產階級民主革命已經發展到一個新階段。五四運動的成爲文化革新運動，不過是中國反帝反封建的資產階級民主革命的一種表現形式。」〔註281〕也就是說，他將五四運動的性質明確規定爲「反帝反封建」，而五四運動文化革新的性質，與之相同。「反帝反封建」性質的界定，與大革命時期共產黨人用「反帝反軍閥」或僅用「反帝」來揭示五四的內涵不同，也與國共分裂以後，共產黨人多用「資產階級」的「反封建」來爲五四定性的做法不同，而與張聞天相通〔註282〕。不僅如此，毛澤東在著名的《新民主主義論》一文中，更進一步，對「反帝反封建的資產階級民主革命」進行了論析，指出五四之前和五四之後，有不同的民主主義革命：「在『五四』以前，中國的新文化，是舊民主主義性質的文化，屬於世界資產階級的資本主義的文化革命的一部分。在『五四』以後，中國的新文化，卻是新民主主義性質的文化，屬於世界無產階級的社會主義的文化革命的一部分。」而且，五四後的這新民主主義文化，是「無產階級領導的人民大眾的反帝反封建的文化。」〔註283〕而對於五四運動本身，他的界定是：「五四運動的傑出的歷史意義，在於它帶著爲辛亥革命還不曾有的姿態，這就是徹底地不妥協地反帝國主義和徹底地不妥協地反封建主義。」〔註284〕以「徹底地不妥協地」來說明五四運動「反帝」和「反封建」的姿態，正是從這篇文章開始的。此後的馬克思主義者對五四運動的闡釋，多半籠罩在這種話語範式之下。

「五四」運動的領導者問題，是與「五四」運動的性質密切相關而同樣重要的問題。從 1930 年代以來，「中國共產黨一直試圖把五四運動說成是中國現代史分期上的一個分界線和該黨政治生涯的發端。」〔註285〕而其關注的

〔註281〕毛澤東《五四運動》，中共中央毛澤東選集出版委員會編《毛澤東選集》第 2 卷，人民出版社，1991 年，第 558 頁。

〔註282〕張聞天在 1937 年前後主持編寫的使用於革命根據地的教材中曾明確指出：「五四運動是反帝反封建的民族民主的群眾革命運動」。參見張豔《五四運動闡釋史研究（1919～1949）》，浙江大學 2005 年博士論文，第 49 頁。

〔註283〕毛澤東《新民主主義論》，中共中央毛澤東選集出版委員會編《毛澤東選集》第 2 卷，人民出版社，1991 年，第 698 頁。

〔註284〕毛澤東《新民主主義論》，中共中央毛澤東選集出版委員會編《毛澤東選集》第 2 卷，前引書，第 699 頁。

〔註285〕〔美〕周策縱《五四運動：現代中國的思想革命》，周子平等譯，前引書，第

主要問題，除了「五四」運動的性質，就是「五四」運動的領導者問題了。同樣在那篇《五四運動》中，毛澤東在界定了五四運動乃至文化革新運動的「反帝反封建」性質後，接著就寫下了這樣的話：「由於那個時期新的社會力量的生長和發展，使中國反帝反封建的資產階級民主革命出現了一個壯大了的陣營，這就是中國的工人階級、學生群眾和新興的民族資產階級所組成的陣營。而在『五四』時期，英勇地出現於運動先頭的則有數十萬的學生。這是五四運動比較辛亥革命進了一步的地方。」〔註286〕這裡的表述中，「工人階級」是與「學生」「群眾」和「新興的民族資產階級」一起組成了陣營，作為五四運動的新鮮力量出現的。而後續的闡釋中，他將工人階級、農民階級、知識份子和進步的資產階級作為中國民主革命的完成所依靠的「社會勢力」，並且認為領導者是工人階級，而知識份子雖然在中國民主革命中首先覺悟，且比辛亥革命時期的知識份子「更廣大和更覺悟」，但是，他指出，知識份子若不與工農結合，將一事無成，而且這種結合與否，是革命的或不革命的或反革命的知識份子之間的唯一的「最後分界」〔註287〕。這種必須與工農結合的思想，在隨後的《青年運動的方向》一文中再次得到發揮。他認為五四運動、北伐戰爭都是為著反帝反封建，但是五四運動「失敗了」，北伐戰爭的革命「也是一樣，它勝利了，但又失敗了」，而其根本原因，就在於未聯合、動員占中國百分之九十的工農。到了寫作《新民主主義論》時，毛澤東已經不再用「社會勢力」來區分所謂的士、農、兵、學、商，而是徑直用階級分析的方法，來分析各種階級成分，並牢牢地將無產階級確定為五四運動的領導者。

第三、「五四」運動的形式主義問題。如果說，將「五四」運動的性質界定為「反帝反封建」，而此反封建由於與新文化運動的先驅陳獨秀等所言的「反封建」已經有著實質的差異〔註288〕，已經離「五四」新文化運動的本質存在

350 頁。
〔註286〕毛澤東《五四運動》，中共中央毛澤東選集出版委員會編《毛澤東選集》第2卷，前引書，第 558 頁。
〔註287〕毛澤東《五四運動》，中共中央毛澤東選集出版委員會編《毛澤東選集》第2卷，前引書，第 559 頁。
〔註288〕如茅盾就曾說過這樣一段話：「『五四』做『啟蒙先生』的時候，得意文章之一是『反對封建思想』。不幸他只做了一個頭，就沒有魄力做下去。現在，『反封建』這題目依然是『時代所需要』，從前在『五四先生』絳帳下聽過講的小孩子長大成人了，就拿起這個題目來做文章。可是題目同，做法不同了，主

一定距離，而對「五四」運動領導者的論證，則將陳獨秀、胡適、蔡元培這些真正的領導者排斥在外的話，那麼，對「五四」運動反八股的借鑒意義的肯定，以及對其具有形式主義缺陷的批評，則正面表明了毛澤東這一時段裏對「五四」運動的態度。他說：

> 五四運動時期，一班新人物反對文言文，提倡白話文，反對舊教條，提倡科學和民主，這些都是很對的。在那時，這個運動是生動活潑的，前進的，革命的。……那時統治階級及其幫閒者們的文章和教育，不論它的內容和形式，都是八股式的，教條式的。這就是老八股、老教條。揭穿這種老八股、老教條的醜態給人民看，號召人民起來反對老八股、老教條，這就是五四運動時期的一個極大的功績。……但五四運動本身也是有缺點的。那時的許多領導人物，還沒有馬克思主義的批判精神，他們使用的方法，一般地還是資產階級的方法，即形式主義的方法。他們反對舊八股、舊教條，主張科學和民主，是很對的。但是他們對於現狀，對於歷史，對於外國事物，沒有歷史唯物主義的批判精神，所謂壞就是絕對的壞，一切皆壞；所謂好就是絕對的好，一切皆好。這種形式主義地看問題的方法，就影響了後來這個運動的發展。〔註289〕

這段論述其實隱含了一個結論：五四新文化運動先驅者由於沒有運用馬克思主義的歷史唯物主義方法，而對現狀、歷史採取了徹底批判的態度，認為一切皆壞，對於外國事物，則認為一切皆好。在後來馬克思主義者論述新文化運動時，毛澤東的論述往往成為最重要的思想背景，而且，其隱含的結論也在諸多闡釋中被一再論證。誠然，呂振羽早在 1940 年就已指出，「在反封建文化鬥爭的高潮中，曾產生一部分自由主義分子的盲目反古的傾向，即反歷史主義的傾向。他們無視偉大祖國文化的優良傳統，幾乎認為中國歷史

意也不同了。從前『五四先生』是為了甲種人而反封建，為了甲種理想而反封建；現在的青年『反封建』卻為了乙種人和乙種理想。他們連從前的『啓蒙先生』也罵在裏頭了！……文藝上亦復如此。新的園地裏現在開放了許多的花，可是它們的營養料都不是『五四牌』。倘使還有用了『五四』牌營養料的，那只能開放一些小花，時代所忘記的花。」見茅盾《從「五四」說起》（1934 年 4 月 1 日），《茅盾全集》第二十卷，人民文學出版社，1990 年，第52 頁。

〔註289〕毛澤東《反對黨八股》，中共中央毛澤東選集出版委員會編《毛澤東選集》第3 卷，人民出版社，1991 年，第 831～832 頁。

上的一切都是要不得的，在『打倒孔家店』的口號下，一時就抹殺了發展到那樣高度的中國封建文化的一切，不去估計其互大的創造成果和它對人類文化的巨大貢獻。」〔註290〕指出「打倒孔家店」具有歷史虛無主義傾向的不祇是呂振羽，在署名「本社」的《五四運動與民主主義》一文中就提到「有人批評五四時代的文化運動，認之爲非民族的」，該文認爲「這批評是不公允的。誠然五四時代人物對封建文化的批判不能使我們今日完全滿意，但這並不是因爲他們的批評太激進了，而是因爲他們在批判中缺少歷史主義；正因爲他們不能運用歷史主義來執行批判，因此他們的批判反而嫌不夠，有時反而留下了讓封建文化視爲避逃藪的罅隙。也因爲他們不能運用歷史主義來執行批判，他們常只能一般地卑視舊有的文化遺產，但是決不因此，五四時代的思想文化是完全脫離了民族基礎的；恰恰相反，說起中國民族文化的發展來，那麼作爲民族文化的繼承人的是他們而絕不是他們的反對派——國粹論者。……五四新文化運動實在當得起是一個民主的民族的新文化運動，雖然沒有能徹底地完成。」〔註291〕但是，直到毛澤東關於五四新文化運動具有形式主義缺陷的指斥出現以後，幾乎所有的類似論述才都似乎找到了更好、更有力的理論支撐點。

這種論述思路，在從1940年代開始一直到新時期以來一段時間內，研究五四運動及反孔非儒的先驅者的相關文章中，有著或隱或顯的印迹。比如，新時期剛開始的1979年，趙清、鄭城在其《論吳虞》中，就是這樣論述吳虞反孔必然失敗的原因的：「吳虞打倒孔家店，是站在資產階級民主主義者的立場上，使用的是從西方資產階級革命時代的武器庫中學來的進化論、天賦人權論和資產階級共和國等項思想武器，以及引用先秦道、法、墨諸家學說作依據，對孔學和舊禮教、舊道德進行批判的。」而這些武器，都是「軟弱」的，而且其批判的方法還是資產階級的形式主義的方法，所以這種資產階級世界觀和方法論「不可能眞正徹底地批判孔學和封建文化專制主義」，這就預示著五四以後吳虞的必然失敗〔註292〕。在該文之末，他們對吳虞的落後做了

〔註290〕呂振羽《創造民族新文化與文化遺產的繼承問題》，見呂振羽《中國社會史諸問題》，生活‧讀書‧新知三聯書店，1961年，第120頁。該文的一部分曾以《「亞細亞的生產方法」和所謂中國社會的「停滯性」問題》之名，發表於《理論與現實》2卷2期，1940年10月15日。

〔註291〕本社《五四運動與民主主義》，《理論與現實》2卷1期，1940年5月15日。

〔註292〕趙清、鄭城《論吳虞》，《社會科學研究》1979年第2期，第33頁。

這樣的闡釋：「五四運動後，中國革命進入了無產階級領導的新民主主義革命時期。在中國共產黨成立之後，由於吳虞沒有接受黨的領導，沒有接受馬克思主義的指導，所以，他落伍了，掉隊了，由先進變成了落後。」〔註293〕而1986年所發表的《論吳虞「反孔」的是與非》中，賈順先論述吳虞反孔之「非」時，其理論依據首先在於「他對孔子的批判，沒有能夠把作為中國古代大教育家、思想家政治家和儒學學派創始人的孔子，與後來被封建統治者作為『聖人』而捧起來『一直擡到嚇人的高度』的孔子相區別，因而對孔子採用完全否定的態度，這是不符合『實事求是』的歷史唯物主義原則的。」〔註294〕他接著列舉了孔子在政治、思想以及教育方面的觀點的正確性，以此批評吳虞批判時的形式主義傾向，而其標準，很明顯，正是毛澤東《反對黨八股》中的那段話。在紀念五四運動70週年時，戴逸在批駁一些人回應「五四運動激烈反對傳統文化，當時的思想戰士是不是態度偏激，感情用事？是不是完全摒棄傳統文化，對傳統一味進行非理性的，無意義的破壞？」這些問題時，首先就承認五四運動確實有片面性，而其最重要的論據，就在於毛澤東所言「五四運動本身也是有缺點的。那時的許多領導人物，還沒有馬克思主義的批判精神，他們使用的方法，一般地還是資產階級的方法，即形式主義的方法。他們反對舊八股、舊教條，主張科學和民主，是很對的。但是他們對於現狀，對於歷史，對於外國事物，沒有歷史唯物主義的批判精神，所謂壞就是絕對的壞，一切皆壞；所謂好就是絕對的好，一切皆好。這種形式主義地看問題的方法，就影響了後來這個運動的發展」的這一段話〔註295〕。再如，「不承認新舊文化有繼承關係，把中國封建時期發展起來的傳統文化一律當成有百害而無一利的東西，要求一概棄絕，而對西方文化則表現出一切皆好的形式主義偏向，這無疑會不可避免地陷入歷史虛無主義的錯誤，這是當時新文化提倡者所犯的普遍的方法論錯誤。」〔註296〕……可見，從總體論述「五四」新文化運動到具體評述該運動中的某個人，毛澤東的這種論述都是可以派上

〔註293〕趙清、鄭城《論吳虞》，《社會科學研究》1979年第2期，第35頁。

〔註294〕賈順先《論吳虞「反孔」的是與非》，《社會科學研究》1986年第2期，第78頁。

〔註295〕戴逸《五四運動與傳統文化》，國家教育委員會社會科學發展研究中心編《歷史的選擇：五四、傳統文化與馬克思主義》，山東大學出版社，1990年，第33～34頁。

〔註296〕鍾華《杜亞泉文化思想初探——兼論五四新文化運動的論爭》，《史學月刊》1994年第5期，第95頁。

大用場的。可以說，由於 1940 年開始尤其是 1942 年正式開始的延安整風運動中，毛澤東在黨內主導權的日漸取得，他以《新民主主義論》爲核心的相關論述由此迅速上陞爲統一全黨意志的權威革命理論，而在 1945 年「毛澤東思想」在中國共產黨的「七大」上得以最終確立後，毛澤東的「五四」觀自然也成爲一種權威的「五四」觀，而爲全黨所接受〔註 297〕。這種籠罩性的影響，在建國之後越加明顯，其慣性延續到了新時期甚至當下，形成了一套特定的語言表達範式，「一道隱含政治內涵的『文化景觀』」〔註 298〕。

〔註 297〕參見張豔《五四運動闡釋史研究（1919～1949）》，浙江大學 2005 年博士論文，第 55 頁。
〔註 298〕陳平原《波詭雲譎的追憶、闡釋與重構——解讀「五四」言說史》，《讀書》2009 年第 9 期，第 157 頁。

結　語

　　「所謂的『五四運動』，不僅僅是 1919 年 5 月 4 日那一天發生在北京的
學生抗議，它起碼包括互爲關聯的三大部分：思想啓蒙，文學革命，政治抗
議。」〔註1〕這互爲關聯的每一部分本身，都有著非常豐富的蘊含，加之這三
者之間「互爲」關聯的場景又是那麼的異彩紛呈，因而，「五四」本身的確猶
如一座巨大的山巒，從其出現之日起，就以其豐厚的價值，召喚著文學家、
思想家、政治家、史學家、哲學家等等對其進行闡釋與重構。這些時人與後
來者的闡釋與重構，造就了宏巨的「五四」言說史。層層疊疊累積起來的那
些言說，既可以讓我們窺知到「五四」的宏富，也可以讓我們感喟「五四」
的繁雜。即便我們想從哪怕一個很小的角度去考究「五四」，我們都會發現一
部厚重的問題史的巍然存在。當我試圖從「打倒孔家店」這個「口號」去切
入「五四」研究時，就勢必需要廓清這個問題史中與此相關的言說，重新提
出並且回答下列問題：「打倒孔家店」這個所謂的「口號」，長期以來被各種
意識形態背景下的人作爲論述「五四」的關鍵語彙，然而，它是否誕生於「五
四」之中？如果不是，它又是在什麼時間誕生的？其間，又有怎樣繁雜的思
想背景？誕生之後，當它被用以作爲「五四」的標誌性口號來使用時，它到
底在多大意義上揭示了「五四」的眞相，或者說，它在什麼意義上，對「五
四」新文化運動的研究帶來了誤導，甚至遮蔽掉了一些我們本可發現的眞相？
「打倒孔家店」的「名」與「實」之間，到底是一種怎樣的關聯？
　　回覆這些問題無疑也有著多種向度，我前面所做的祇是其中的一種。

〔註 1〕 陳平原《波詭雲譎的追憶、闡釋與重構——解讀「五四」言說史》，《讀書》
　　　　 2009 年第 9 期，第 157 頁。

　　前面的文字所展現的內容，也許部分回答了我重新提出的問題：

　　第一、「打倒孔家店」這個「口號」之「名」的獲得，並不在「五四」新文化運動中。誠如彭明先生在紀念「五四」運動 60 週年的會議中所指出的那樣，「《新青年》等報刊和陳獨秀、李大釗、胡適、吳虞、易白沙等代表人物的論著」中，的確不能發現「打倒孔家店」的記載。〔註2〕這個「口號」的誕生，與胡適在《〈吳虞文錄〉序》中所言「我給各位中國少年介紹這位『四川省隻手打孔家店』的老英雄——吳又陵先生！」〔註3〕密切相關，但此處只言及「打孔家店」，而無那個「倒」字，而且，胡適送給吳虞這個稱號已是 1921年，「五四」新文化運動已經基本落潮了，故而不能將此處的言說坐實爲「口號」的誕生。在隨後的「豔體詩」事件中，XY 首次將「打倒」與「孔家店」相聯繫，使得與「打倒孔家店」密切相關的兩個辭彙同時出現。但隨後成立的「孔子學說研究會」，在其成立宣言中，首次使用了「打破孔家店」的說法。其論述的具體邏輯中，隱含了對陳獨秀、吳又陵一直到吳稚暉的「把線裝書扔進茅廁論」和「青年必讀書」事件中所謂的魯迅的「不讀中國書論」的負面評價。儘管該宣言沒有直接使用「打倒」的說法，但該宣言反映的恰恰是我們現在習以爲常的看法：將所謂的「把線裝書扔進茅廁論」和所謂的「不讀中國書論」，作爲五四學人打破中國傳統文化，甚至是中國幾千年固有文明的「斷裂」態度的標籤。而且指出，這種決絕態度是沿著陳獨秀、吳又陵對孔教一尊的反感，經由後進們「打破孔家店」的努力而逐漸形成的。發起者林之棠及其會員們對魯迅、吳稚暉觀點的拈取以及看法，影響了後來者對魯、吳二人以及以陳獨秀、吳又陵爲中堅力量的反孔運動的理解與論述。隨後的時期裏，「打倒禮教」或「打倒孔教」以及「孔家店」均被大量使用，但「打倒孔家店」成爲一個片語，卻是 1934 年蔣介石正式提倡尊孔復古的新生活運動之後，在針對這次運動所組織的一場討論中，才出現的。清華學者張申府、林風、徐日洪等，都將「打倒孔家店」作爲「五四」新文化運動的口號，在論述中加以運用，而他們對「五四」新文化運動的價值評判都是肯定的、正面的，但是，對於「打倒孔家店」的結果，他們有著清醒的認知，林風、徐日洪均指出孔家店打而未倒的問題，這正與同期《清華周刊》上刊發的小說

〔註2〕　參見宋仲福《關於「打倒孔家店」的歷史考察》，《孔子研究》1992 年第 2 期，第 80 頁。
〔註3〕　胡適《〈吳虞文錄〉序》，吳虞《吳虞文錄》，亞東圖書館，1921 年。

《重張》的內蘊存在相通處。

「打倒孔家店」作為「五四」的「口號」被「生產」出來後，國民黨、共產黨都秉著「為我所用」的原則，在各自的文化建設、政治建設中不斷使用之。值得注意的是，這一時期，以「新生活運動」作為文化建設重頭戲的國民黨，在蔣介石的新文化運動觀的影響下，對新文化運動、五四進行有意識的曲解甚至顛覆。新啓蒙運動中的共產黨，則在運用「打倒孔家店」這一「口號」時，有著多重指向：他們或者肯定「五四」「打倒孔家店」的「口號」所起的重大作用，或者肯定它起過作用，但「孔家店」卻打而未倒，因此，需要在這個基礎上進行新的更徹底的啓蒙。但就在其重要人物陳伯達、張申府、艾思奇等的論述中，也存在對「五四」新文化運動的不同評價。以葉青為代表的一類觀點認為，五四時代的文化運動，是「更浩大的文化運動」，是「中國人自己也反對中國文化起來」的結果，而以《新青年》為領導的破壞行為，使得「從此以後，中國文化就顛覆了。」並且認為「現在我們應該把中國文化放在歷史博物館內的奴隸時代之後，資本時代之前。」〔註 4〕1940年前後毛澤東對包括新文化運動在內的五四運動的闡釋，集中於對其性質、領導者、形式主義缺陷的論證，而隨著他在共產黨內乃至中國大陸權威地位的取得，他的論述成為後來很長一段時期內論述「打倒孔家店」與「五四」的關係時的經典範式。

文革中，尤其是 1974 年發動的「批林批孔」運動中，有人重提「五四」的「打倒孔家店」，以為本次運動謀求合法性，但「文革」與「批林批孔」僅只在表面上與「五四」新文化運動的「打孔家店」存在吻合處，在本質上，二者正是南轅北轍。

但在文革結束後，隨著 1986 年《中國意識的危機》譯本在國內的出版，以及 1988 年 9 月餘英時在香港中文大學所作的《中國近代思想史上的激進與保守》的講演，從杜亞泉、林紓、「學衡」諸公、孔子學說研究會到國民黨、共產黨中對「五四」新文化運動的負面評價開啓的道路，在 1990 年代以來的學界激蕩起了一股新銳而強勁的批判激進主義、否定「五四」運動、攻擊新文化運動的思潮。「打倒孔家店」在這樣的衍生路徑中，被認為是「五四」的具有負面價值的「口號」，這規範了我們對「五四」的部分認識，遮蔽了「五

〔註 4〕葉青《我對於西洋文化的態度——答李建芳君》，《中國現代哲學史資料彙編》第二集第六冊，前引書，第 124 頁。

四」新文化、新文學運動的部分眞相。

第二、「孔家店」其實並沒有「打倒」，這是從結果方面考察這個「實」得出的結論，所以我們在表述中，使用「打孔家店」無疑更爲恰當。當我們考察這個「打孔家店」的眞相時，我們發現了以下幾層需要注意的意蘊：

首先，「五四」新文化運動發起「打孔家店」，其實有著從戊戌前後就開始緩慢形成的思想資源。

這首先包括戊戌到辛亥這個反孔的「過渡時代」中，由譚嗣同、康有爲、梁啓超、嚴復以及留日的邊緣知識份子們，在政治高壓下的文化反思中所建構起來的反傳統思想。其中，反孔反禮教，由此推及對聖賢、祖宗的革命，以及對君權、父權、夫權的批判是主要內容。

此時的「打孔家店」言論，與排滿革命密切配合，在辛亥革命的成功中，推翻了傳統思想體系最重要的體制性支撐──「政體」。隨之而來的是，「禮儀」這個支撐傳統思想體系的支柱也在幾個月內就在體制內動搖了，從而和其前期的「科舉、法律」這兩大建制性憑藉的倒塌一起，搖撼了傳統思想大廈的地基。共和制度建立後，以「毀孔子廟罷其祀」爲代表，出現了曇花一現的反孔高潮，尊孔自此開始成爲問題。但辛亥革命終究失敗，反孔變得非常艱難，而法律、禮儀、政體這三方面，都有復辟的趨勢。袁世凱的洪憲帝制鬧劇，試圖借助孔學而建構專制政體，這更進一步讓有識之士看清了帝制、復辟與儒家思想之間的聯姻關係，從而使這些人在倒袁、反復辟的同時，深入思考此前已從西方借來的概念工具──個人、自由等──在批判現世社會，建構現代社會中的合理性。考察此期的重要刊物《甲寅》月刊和辛亥前出現的重要刊物《河南》可知，個人、自由等概念工具，已成爲《甲寅》月刊時期的陳獨秀、李大釗這批後來成爲《新青年》前兩卷主要撰稿人的重要思想，而《河南》中魯迅、周作人、許壽裳對個人、自由的重視及其獨特的關注方式，從另一個向度上爲「五四」新文化運動的「打孔家店」奠定了基礎。

其次，新文化運動背景下的「打孔家店」，包括三個大的層面，或者說三個大的階段。

第一個層面是在 1916～1917 年立孔教爲國教的喧鬧聲中，針對洪憲帝制的鬧劇，陳獨秀、吳虞、易白沙等人對孔教的總體批判。這種批判經由《甲寅》月刊到《青年》雜誌再到《新青年》的兩次嬗變，日漸聚焦。在前一次

嬗變中，我們可以發現，因陳獨秀所寫的《愛國心與自覺心》一文而引發的爭論，標誌著陳獨秀此期已經重新思考了國家與個體的關係，並與章士釗的國家主義觀念區別開來；而通過對章士釗與黃遠庸對政論文學不同作用的估價，體現了是政治救國還是文學救國的分歧。黃遠庸對文學革命的期許，開啓了一條新的致思路徑。在後一次嬗變中，通過對《青年》雜誌的兩則出版預告的分析可以發現，此期的陳獨秀已經有比較成熟的辦刊思想，而在《青年》雜誌與《新青年》的對比閱讀中，我們發現，「打孔家店」的努力其實是一以貫之的。此外，這種反禮教的思想革命，由於胡適《文學改良芻議》的發表而開啓的文學革命的發生，具有了更大的裹挾性力量，從而吸引了更多的作者與讀者參與到新文化、新文學的建設工作中來。而魯迅、周作人、錢玄同尤其是魯迅的加入，既顯示了文學革命的實績，又將「打孔家店」的思想革命推向了深入。

第二個層面是在新文化、新文學運動推進過程中，陳獨秀與杜亞泉、蔡元培與林紓、新文化派與「學衡」派之間的論戰。陳杜之爭關涉中西文化問題，林蔡之爭關涉新舊思潮問題，新文化派與「學衡」派之爭關涉何謂「新文化」問題，均是關係新文化、新文學運動存在合法性的非常重要的幾次交鋒。事實上，通過這幾次交鋒，「打孔家店」不僅在思想領域，而且在文學領域內引發了震動。

第三個層面承接著新文化運動發生前的反三綱思潮而來。由於君權已經坍塌，「君爲臣綱」無附著之處，故而本論文重點論析此期對「父爲子綱」、「夫爲妻綱」的反動。在對浙江一師的《非孝》事件、北京女高師的李超事件，以及馮沅君的小說爲代表的文學創作的梳理與剖析中，考察了父與子之間、兄與妹之間、母與女之間倫理關係的內在緊張，以及被《新青年》形塑出來的「新青年」如何走向了「非孝」的解放之路。通過討論《終身大事》、《傷逝》的創作與發表前後的種種複雜遭遇、趙五貞自殺事件的意義建構、愛情定則大討論、新性道德討論以及關於《沈淪》、《蕙的風》的爭論，來考察這一時期婚姻與愛情觀念的變化及在「新青年」中生根的艱難。

最後，我們有必要關注到，無論「打孔家店」是在哪一個層面進行，都遭遇了重重阻力。幾次論戰自不待言，就是在「非孝」、「非節」的過程中，筆者所選取的那些事件，哪一次不都體現了新意義生成的艱難？這種艱難，不僅僅是因爲復古主義者的在場，而且，更讓魯迅、周作人等新文化派感到

訝異甚至痛苦的是，他們費盡心力地對青年們進行啓蒙之後，發現在舊禮教中打轉的還有諸多青年。在愛情定則大討論中，發表反對意見，爲舊倫理道德作代言人的，大多不正是來自北京、天津、上海等文明開化之地的高校青年嗎？這是魯迅、周作人、孫伏園感到失望的原因。另外，《新青年》的幾次停刊，又何嘗不是因爲應者的寥寥，而後來以「新」命名的諸多刊物的被禁，「打孔家店」的重要結晶《胡適文存》、《獨秀文存》以及《愛的成年》等的被禁，關於北京大學的謠言，等等，不正說明「打孔家店」環境的不容樂觀嗎？更何況，始終有反對新文化、新文學運動的人存在，即便贊成新文化運動的柳亞子、吳虞，不也反對新文學運動嗎？吳虞不是也寫作了豔體詩，從新文化派「打孔家店」的陣營中撤出了嗎？

故而，從「打孔家店」的「實」上來考察，「五四」新文化先驅們的反孔非儒，是對戊戌至辛亥的先進知識份子對中國政治與文化建設的反思與批判的承繼與超越，是立足於他們當時的政治、文化語境而試圖尋求解決之道時做出的理性選擇。他們的反孔非儒言論的特徵，誠如《五四新文化運動與儒學》一書中所言，具有以下四點：「第一，新文化派在批評中所說的『儒學』或『孔子之道』『孔道』『孔教』『儒教』等實際上指的就是禮教……五四新文化運動的『反儒』言論，重點放在破壞禮法，破壞舊倫理，破壞舊習俗，批判的層次始終停留在物質層面和制度層面，對儒家的理論層面，如仁、義、心、性等問題則幾乎沒有涉及……反對的是禮教，不是儒學……吳虞說，『我們今日所攻擊的乃是禮教，不是禮儀。』」「第二，《新青年》從不否定儒家學說的歷史價值，但反對用宗法社會封建時代的道德來支配現代社會。」「第三，《新青年》的『非儒』言論大都針對當時尊孔復辟的逆流而發，具有鮮明的現實色彩……可見，《新青年》的『反儒』言論，大多是針對孔教會的復古活動而發，他們所要反對的是對儒家的利用和獨尊，而不是儒學本身。」「第四，新文化派即使在他們態度最爲激烈的時候，也總是反覆申明自己並不是眞的反孔子或儒學」〔註5〕。所以，無論是從新文化先驅「打孔家店」的主觀意圖、客觀情勢還是從其實際反叛的過程來看，他們都並未如從杜亞泉到林毓生到當今形形色色的指責者所指認的那樣，有著「打倒孔家店」的「實」。

第三、我們知道，從「打孔家店」開始以來，批評、反對的聲音就一直

〔註5〕歐陽軍喜《五四新文化運動與儒學》，前引書，第30～35頁。

存在。從杜亞泉到林紓到「學衡」派，從施存統那不讓他對母親盡孝的父親，到愛情定則大討論中那些在舊禮教中沈湎而無法理解新性道德的高校青年學子，從俞頌華對《新青年》「汲汲於提倡廢孔之說」〔註6〕的批評，到當今指斥新文化先驅全盤反傳統、造成了中國文化的斷裂的自由主義者、文化保守主義者的論調，他們的批評、反對的路徑當然各有不同，但是，認爲新文化先驅們推翻傳統、徹底摒棄固有文化，過於偏激的觀點始終存在。此處所謂的「推翻傳統」、「徹底摒棄固有文化」等等，在反對者的言說語境中，實在就相當於「打倒孔家店」，雖然他們常常沒有採用這個片語來表達。而與此相關的一個最普遍的指責，就是說他們過於偏激。如果說「推翻傳統」、「徹底摒棄固有文化」和「打倒孔家店」等等類似表述，重在強調反傳統的內容，而偏激，則更多地由「推翻」的「翻」、「徹底摒棄」的「徹底」、「打倒」的「倒」以及「全盤反傳統」的「全盤」生發出來，是對他們言說姿態與方式的指斥。

對於反傳統的內容，從前面的所有論述，我們應該可以看出陳獨秀等並非「全盤」反傳統。已經有學者指出，「把『五四』新文化運動說成是全盤否定傳統文化、造成『斷裂』這種說法，在三個層面上都是說不通、不恰當的：第一，這種說法把儒家這百家中的一家當作了中國傳統文化的全盤，這是不恰當的。第二，這種說法把『三綱』爲核心的倫理道德當作了儒家學說的全盤，這也是不恰當的。『三綱』在儒家學說中當然是很重要的，是綱領式的，但儒家首先講的還是『仁政』，『三綱』遠非儒家學說的全部。『五四』時著重反對儒家學說中的『三綱』，怎麼就等於把儒家全部否定呢？顯然不合邏輯。第三，這種說法忽視了即使在儒家文化中，原本就有的非主流的『異端』成分存在」。〔註7〕這無疑是睿智而符合眞相的論斷。

那麼，新文化運動先驅們的反孔非儒行爲是否偏激呢？如果是，我們如何解釋這種偏激？

對於這個「偏激」，有人稱之爲「過激」，有人稱之爲「激進主義」，有人稱之爲「矯枉過正」，或者「片面的深刻」，等等。嚴家炎先生曾在「過激主義」與「激進主義」間作出區別，表示自己寧願認同後者而不是前者

〔註6〕俞頌華《致陳獨秀》，《新青年》3卷3號，1917年5月1日。
〔註7〕嚴家炎《「五四」「全盤反傳統」問題之考辨》，《文藝研究》2007年第3期，第7頁。

〔註 8〕。事實上，「過激主義」與「激進主義」各有自己的內涵，在其本意上不宜混用〔註 9〕，但在論者們對「五四」新文化運動的評說中，「偏激」、「過激」與「激進主義」往往被混用，此處暫且忽略其間的差別。「矯枉過正」與「片面的深刻」說則多來自學者們爲新文化運動的總體價值作辯護的言語中，與此相關，他們常用的一種說法是：「五四」新文化先驅們採取那樣的姿態與方式，是一種不得已而爲之的策略。

筆者認同諸多學者的論斷：較之「五四」時期的保守主義者而言，新文化先驅們的有些言論的確是「偏激」的，或曰「激進主義」的。對這種「偏激」，新文化先驅們其實自己就有感知。比如，錢玄同提出廢棄漢字說之後，陳獨秀將之指認爲「用石條壓駝背」〔註 10〕的方法。魯迅在《無聲的中國》中用關於開窗與拆屋頂的比喻來說明激進的必然性：「中國人的性情是總喜歡調和，折中的。譬如你說，這屋子太暗，須在這裡開一個窗，大家一定不允許的。但如果你主張拆掉屋頂，他們就會來調和，願意開窗了。沒有更激烈的主張，他們總連平和的改革也不肯行。那時白話文之得以通行，就因爲有廢掉中國字而用羅馬字母的議論的緣故。」〔註 11〕可以說，「夫此二三之士，非不知其所主張者之近於偏激也。亦非不知其偏激之主張，必爲時俗所訾病也。」〔註 12〕但是，我們常常用以指認《新青年》派的偏激的論據——吳稚暉的「把線裝書扔進茅廁」說、魯迅的「不讀中國書」說、錢玄同的廢除漢

〔註 8〕 他説：「我對於叫不叫做『激進主義』沒有多少想法，我覺得，只要不叫做『過激主義』，叫『激進主義』並不是不可以」，見嚴家炎《五四‧文革‧傳統文化》，李世濤主編《知識份子立場——激進與保守之間的動蕩》，前引書，第232 頁。

〔註 9〕 「過激主義」與「過激黨」與「過激主義」更多與俄國相聯繫，「乃俄國鮑爾希維士謨（Bolshevism）之譯名。即過激派（原名鮑爾希維克 Bolsheviki 亦稱廣義派）所抱之主義也。」「過激主義者，蓋激於現代之物質的不平，遂欲以武力破壞現在之國家的法律制度，舉全世界之社會悉化爲勞動階級，受勞動者完全之強力的支配也。」（君實《過激思想與其防止策》，《東方雜誌》16卷 6 號，1919 年 6 月 15 日）來自《東方雜誌》記者君實的言說，告訴了我們部分的眞相，但他對過激主義是持批判意見的，所以要謀求防止策，而在李大釗等人那裏，他們則歡迎過激主義，並且不害怕人家稱他們爲過激黨。此爲另一話題，暫不展開。

〔註 10〕 陳獨秀《本誌罪案之答辯書》，《新青年》6 卷 1 號，1919 年 1 月 15 日。

〔註 11〕 魯迅《無聲的中國》，《魯迅全集》第 4 卷，人民文學出版社，2005 年，第 14頁。

〔註 12〕 胡哲謀《偏激與中庸》，《新青年》3 卷 3 號，1917 年 5 月 1 日。

字說，卻不能夠被如此簡單地貼上標籤。我們必須回到吳稚暉、魯迅、錢玄同的言說語境中去，看他們爲何如此言說。比如廣爲流傳的魯迅的「不讀中國書」說，論者們——不管是贊同還是反對魯迅者——就在闡釋中出現了太多的誤讀。我以爲，魯迅的「不讀中國書」，是有著特定的言說對象的，而非叫所有青年人都不讀中國書，另外，魯迅爲何要叫那一部分青年不讀中國書，是有特定的原因的〔註13〕。所以我認爲，對《新青年》派的偏激言論，需要更細心地辨析。

　　然而，更關鍵的問題在於，《新青年》派的言論，是否就眞的如某些論者所言的，是一種純粹的策略？較之於對「五四」新文化先驅們偏激的指認，我以爲，贊同新文化運動基本價値觀的論者言說中的「策略」說更値得我們詳加考察。

　　也許，聯繫新文化先驅們的生命體驗，追究他們如此言說的目的，可以讓我們明白他們的偏激姿態的由來。

　　第一，從他們言說的目的來看。

　　在《新青年》3卷3號上，俞頌華就曾說過這樣一段話：「嘗怪今之譚孔教者，抱殘守缺，謀而不忠，而一二稍能辨理者，又尋垢索瘢，欲根本推翻其教義以爲快。……知孔教之不發達，而欲以無教安焉，是雖智而甚怯也。」〔註14〕並且，他還認爲陳獨秀等「必欲廢棄孔教」，是「以爲改革宗法習俗之終南捷徑」，說陳獨秀等「獨汲汲於提倡廢孔之說」〔註15〕。陳獨秀的回覆是：

> 蓋秦火以還，百家學絕，漢武獨尊儒家，厥後支配中國人心而統一之者，惟孔子而已。以此原因，二千年來詫於今日，政治上、社會上、學術思想上，遂造成如斯之果。設若中國自秦、漢以來，或墨教不廢，或百家並立而競進，則晚周即當歐洲之希臘，吾國歷史必與已成者不同。好學深思之士，諒不河漢斯言。及今不圖根本之革新，仍欲以封建時代宗法社會之孔教統一全國之人心，據已往之成績，推方來之效果，將何以適應生存於二十世紀之世界乎？吾人愛國心儻不爲愛孔心所排而去，正應以其爲歷史上有力之學說，正應

〔註13〕參見楊華麗《誤讀魯迅：贊者的缺失——魯迅〈青年必讀書〉閱讀箚記》，《山西大學學報》2010年第3期。
〔註14〕俞頌華《致陳獨秀》，《新青年》3卷1號，1917年3月1日。
〔註15〕俞頌華《致陳獨秀》，《新青年》3卷3號，1917年5月1日。

以其爲吾人精神上無形統一人心之具，而發憤廢棄之也。〔註16〕
這段話可謂是陳獨秀對俞頌華等人指斥的一個正面回應。在這裡，我們發現，
陳獨秀沒有迴避對方的指斥，他也承認是在「圖根本之革新」，而且，他表示
要「發憤廢棄之」，其背後，是他對「何以適應生存於二十世紀之世界」的恐
慌，所以，他認爲，有愛國心的人，就應該「發憤廢棄之」。

吳虞曾說：「不佞常謂孔子自是當時之偉人，然欲堅執其學，以籠罩天下
後世，阻礙文化之發展，以揚專制之餘焰，則不得不攻之者，勢也。梁任公
曰：『吾愛孔子，吾尤愛眞理』，區區之意，亦猶是耳，豈好辯哉？」〔註17〕
這與陳獨秀的自白相呼應：「愚之非難孔子之動機，非因孔子之道之不適於今
世，乃以今之妄人強欲以不適今世之孔道，支配今世之社會國家，將爲文明
進化之大阻力也，故不能已於一言。」「孔子精華，乃在祖述儒家，組織有系
統之倫理學說，宗教玄學，皆非所長。其倫理學說，雖不可行之今世，而在
宗法社會封建時代，誠屬名產。吾人所不滿意者，以其爲不適於現代社會之
倫理學說，然猶支配今日之人心，以爲文明改進之大阻力耳。且其說已成完
全之系統，未可枝枝節節以圖改良，故不得不起而根本排斥之。蓋以其倫理
學說，與現代思想及生活，絕無牽就調和之餘地也。」〔註18〕也就是說，他
們反孔子之道，是因爲它阻礙了文明進化，而又不可能枝枝葉葉地改良。其
「不得不」「不得已」的反叛行爲，乃是應「勢」而起。

「夫二三之士……不憚冒時俗之所大不韙，而出爲偏激之論者，則亦深
知非如此必不能有大裨於國家也。……夫事之無裨於其群者，則雖如中庸何
用。事之有裨於其群者，則偏激又何妨。彼二三之士所圖者，無非欲利其
群。苟利其群矣，則享其成功者，不必在我，而提創之鼓進之則我輩之責
也。此所以憂時愛國之士，寧爲偏激之論，而不屑同流合污自居於中庸。」
〔註19〕當時的北大學子胡哲謀的這段言論，與陳獨秀所言「吾人講學，以發
明眞理爲第一義，與施政造法不同。但求別是非，明眞僞而已，收傚之遲速
難易，不容計及也。……眞理與俗見，往往不能並立……其間固不容有依違
之餘地，亦無法謀使均衡也。」〔註20〕存在相通處。這種爲別是非，明眞僞

〔註16〕陳獨秀《答俞頌華》，《新青年》3卷1號，1917年3月1日。
〔註17〕吳虞致陳獨秀信，《新青年》2卷5號，1917年1月1日。
〔註18〕陳獨秀《復辟與孔教》，《新青年》3卷6號，1917年8月1日。
〔註19〕胡哲謀《偏激與中庸》，《新青年》3卷3號，1917年5月1日。
〔註20〕陳獨秀《答俞頌華》，《新青年》3卷3號，1917年5月1日。

而不惜與一切俗見作戰的姿態，正是陳獨秀等非常可貴的品質，他曾說：「既生斯土，聊盡我心。一息尚存，寸心不懈。」〔註21〕吳虞也曾表示，「雖蒙『離經叛道』之譏，所不恤矣。」〔註22〕這與魯迅的孤獨者、精神界之戰士何其相似！

　　殷海光曾說過：「中國知識份子的思想長期被封鎖在我族中心主義的世界觀裏：自以爲是世界獨一至上的文物之邦。等到跟西方勢力一交手，不獨破綻百出，而且領土幾乎不保。這就難怪吳又陵等醒覺人物懷疑到中國文化的根本了。人在情感激動時，要他發言恰到好處，這是很難的事。如果我們只責難吳又陵發言『過激』而不追溯後代知識份子何以弄得如此情急，那末便是不明事理……」〔註23〕而當我們去追溯他們情急的原因時，我們就能發現，其實不是他們想偏激，他們的言說，眞的就是秉承愛國熱情的他們在當時眞實的心聲。其思路，正如魯迅先生所言：

　　　　一要生存，二要溫飽，三要發展。苟有阻礙這前途者，無論是古是今，是人是鬼，是《三墳》《五典》，百宋千元，天球河圖，金人玉佛，祖傳丸散，秘製膏丹，全都踏倒他。〔註24〕

第二，從他們的生命體驗來看。

　　「『五四』文化批判經常不是從某種理論邏輯出發，而是和個人的獨特經驗相關，對於對象的分析是在獨特的而深切的個人經驗中形成的。」〔註25〕事實的確如此。當我們考察從戊戌到五四這段時間的反傳統先驅們的言論時，不能忽略的正是他們的個人經驗，這種個人經驗有些是自己親身感受得來，有些則是對旁人痛苦遭遇的感同身受。對於五四一代的吳虞、魯迅、錢玄同、惲代英等來說，親身感受的強烈與對旁人痛苦的感通身受一起作用於他們的內心，最終導致了他們在「打孔家店」中的言與行。

　　吳虞的家庭苦趣與他的反孔非儒之間的關係眾所週知，而他因非孔而成爲名教罪人的體驗，又何嘗不是堅定了他反孔非儒的決心？錢玄同「少遭綱

〔註21〕陳獨秀《答畢雲程》，《新青年》2卷3號，1916年11與1日。
〔註22〕吳虞《家族制度爲專制主義之根據論》，《新青年》2卷6號，1917年2月1日。
〔註23〕殷海光《中國文化的展望》，前引書，第305頁。
〔註24〕魯迅《華蓋集・忽然想到（5～6）》，《魯迅全集》第3卷，人民文學出版社，2005年，第47頁。
〔註25〕汪暉《中國現代歷史中的「五四」啓蒙運動》，汪暉《汪暉自選集》，前引書，第317頁。

倫之厄」〔註26〕與他後來「切齒綱倫打毒蛇」〔註27〕的舉措之間的聯繫，是非常明顯的。知錢玄同甚深的黎錦熙，曾精闢地指出「家教」之於錢玄同打孔家店行爲的關聯：「錢先生參加新文化運動，做了打破吃人的『舊禮教』的先鋒大將，在意識的根本上固然是原於『師承』（這是說根本意識，若低能者祇以行迹求之，則章太炎除對排滿革命外，並不反對『舊禮教』也），在感情的反動上則又可說是起於『家教』」〔註28〕。這「家教」，正是他「少遭綱倫之厄」的另一表述。惲代英曾批判孟子，評價孝慈，批判聖賢之教，寫有《駁「不孝有三，無後爲大」》，這是「非孝」的一篇重要文字，但就在這篇文章寫作的背後，也正是他個人的現實遭際。而魯迅參與《新青年》的原因，如前所論及的，當然有他與前來勸駕的錢玄同都追求思想革命的原因，但另一個重要的方面，則是因爲他感知到了陳獨秀等正遭遇他當年因失敗而遭遇到的寂寞，即是說，體驗與體驗的相通，才促成了魯迅終於答應錢玄同，開始爲《新青年》寫文章……

我們知道，論者們用以批駁五四新文化運動「偏激」的常用論據之一，是所謂的魯迅在《青年必讀書》中提出了「不讀中國書」說，而爲魯迅的言說進行辯護的學人們，則多以這種偏激是一種策略來勉力招架。其實，萬金油似的「策略說」也並不適合於此時的魯迅。筆者認爲，與其說魯迅在《青年必讀書》中所說的「經驗」是一種策略地說出的「偏見的經驗」，不如說那些「經驗」來自魯迅自身的生命體驗。當我們細讀此前此後魯迅言說的相關文字，輔以對「青年必讀書」事件中其他與魯迅心靈相通者對這一徵求活動以及當時時代語境的感知，我們能更鮮明地感覺到清醒的魯迅在當時所體驗到的生命的痛感——對中國古書的痼疾的感知，和對中國當時社會現實的嚴峻、「赤子」的稀少的感知。他的《青年必讀書》，正是這份痛感的外化。

對中國古書的痼疾的感知，在魯迅文本中最鮮明的體現有兩處。一是他因趙雪陽《青年必讀書》而寫就的《這是這麼一個意思》中的文字：

這是這麼一個意思——

〔註26〕吳銳《錢玄同評傳》第一章，前引書。

〔註27〕1934 年，周作人五十壽辰時作了兩首打油詩，沈尹默、劉半農、林語堂、錢玄同等寫詩和之。「切齒綱倫打毒蛇」是詩中一句。見吳銳《錢玄同評傳》第一章，前引書，第 3 頁。

〔註28〕黎錦熙《錢玄同先生傳》，沈永寶編《錢玄同印象》，前引書，第 69 頁。

　　我向來是不喝酒的，數年之前，帶些自暴自棄的氣味地喝起酒來了，當時倒也覺得有點舒服。先是小喝，繼而大喝，可是酒量愈增，食量就減下去了，我知道酒精已經害了腸胃。現在有時戒除，有時也還喝，正如還要翻翻中國書一樣。但是和青年們談起飲食來，我總說：你不要喝酒。聽的人雖然知道我曾經縱酒，而都明白我的意思。

　　我即使自己出的是天然痘，決不因此反對牛痘；即使開了棺材鋪，也不來謳歌瘟疫的。

　　就是這麼一個意思。〔註29〕

二是他在《寫在〈墳〉後面》中所說的：

　　我覺得在古書上的可惡思想，我的心裏也常有，能否忽而奮勉，是毫無把握的。我常常詛咒我的這思想，也希望不再見於後來的青年。

　　去年我主張青年少讀，或者簡直不讀中國書，乃是用多年痛苦換來的眞話，決不是聊且快意，或什麼玩笑，憤激之辭。〔註30〕

因喝酒傷了腸胃而勸青年不要喝酒，和因讀中國書中毒而勸青年少看或者竟不看中國書，其思路是一致的，也就是趙雪陽所謂「試過的此路不通行」後的「宣告」〔註31〕，這「宣告」的背後，是魯迅中毒的代價，一如他勸青年不要喝酒，是以自己腸胃受傷爲代價一樣，是魯迅用多年痛苦的生命經驗換來的「眞話」，而絕非「聊且快意，或什麼玩笑，憤激之辭」，亦非策略。

　　對這種痛苦體驗的表述，《魯迅全集》中有很多。1919年，魯迅在致好友許壽裳的信中就曾說：「中國古書，葉葉害人，而新出諸書亦多妄人所爲，毫無是處……少年可讀之書，中國絕少」〔註32〕；1925年，魯迅很集中地談到了他對中國古書的痼疾的深惡痛絕：「我們這曾經文明過而後來奉迎過蒙古人滿洲人大駕了的國度裏，古書實在太多，儻不是笨牛，讀一點就可以知道，怎樣敷衍，偷生，獻媚，弄權，自私，然而能夠假借大義，竊取美名。」

〔註29〕魯迅《這是這麼一個意思》，《魯迅全集》第7卷，前引書，第274頁。
〔註30〕魯迅《寫在〈墳〉後面》，《魯迅全集》第1卷，前引書，第302頁。
〔註31〕趙雪陽《青年必讀書》，《魯迅全集》第7卷《這是這麼一個意思》的附錄，前引書，第276頁。
〔註32〕魯迅《190116致許壽裳》，《魯迅全集》第11卷，人民文學出版社，2005年，第369頁。

〔註33〕「我以爲伏案還未功深的朋友，現在正不必埋頭來哼線裝書……」
〔註34〕。在致許廣平的信中，魯迅論述了朱希祖對假名之非難事，並說「此我所以指窗下爲活人之墳墓，而勸人們不必多看中國之書者也！」〔註35〕所以，魯迅認爲，解救「中國的精神文明」的方法，「就是將華夏傳統的所有小巧的玩藝兒全都放掉，倒去屈尊學學槍擊我們的洋鬼子」〔註36〕。讀外國書，學洋鬼子，就是「另開」的「藥方」，即「酸性劑，或者簡直是強酸劑」〔註37〕；1926 年 1 月 25 日，魯迅說「菲薄古書者，惟讀過古書者最有力，這是的確的。因爲他洞知弊病，能『以子之矛攻子之盾』」〔註38〕；1927 年 2 月 19 日在香港青年會演講中，魯迅又進一步把提倡讀經稱爲唱「老調子」，「生在現今的年代，捧著古書是完全沒有用處了」〔註39〕；1929 年，魯迅在其譯作《近代美術史潮論》卷首寫道：「儻只能在中國而又偏要留心國外藝術的人，我以爲必須看看外國印刷的圖畫，那麼，所領會者，必較拘泥於『國貨』的時候爲更多。──這些話，雖然還是我被人罵了幾年的『少看中國書』的老調，但我敢說，自己對於這主張，是有十分確信的。」……可見這些年裏，魯迅對「少看──或者竟不──看中國書，多看外國書」的認識和堅持是一如既往的，而這種觀點的獲得，來自他幾十年生命歷程中的閱讀體驗，這體驗，充滿了痛楚。

另一方面，魯迅對「少看──或者竟不──看中國書，多看外國書」的堅持，與他早年在日本留學時即開始形成的「立人」思想有關，更和他對 1925 年前後的中國是個「活埋菴」的觀察與體認有關。他說：「看看報章上的論壇，『反改革』的空氣濃厚透頂了，滿車的『祖傳』，『老例』，『國粹』等等，都想來堆在道路上，將所有的人家完全活埋下去」〔註 40〕，而且更可怕的是，二十七年過去了，「有些人們──甚至於竟是青年──的論調，簡直和『戊戌政變』時候的反對改革者的論調一模一樣」！其時的趙雪陽認爲「這幾年以

〔註33〕 魯迅《華蓋集・十四年的「讀經」》，《魯迅全集》第 3 卷，人民文學出版社，2005 年，第 138 頁。
〔註34〕 魯迅《華蓋集・這個與那個》，《魯迅全集》第 3 卷，前引書，第 148 頁。
〔註35〕 魯迅《兩地書》，《魯迅全集》第 11 卷，前引書，第 65 頁。
〔註36〕 魯迅《忽然想到（十一）》，《魯迅全集》第 3 卷，前引書，第 102 頁。
〔註37〕 魯迅《十四年的「讀經」》，《魯迅全集》第 3 卷，前引書，第 139 頁。
〔註38〕 魯迅《古書與白話》，《魯迅全集》第 3 卷，前引書，第 228 頁。
〔註39〕 魯迅《老調子已經唱完》，《魯迅全集》第 7 卷，前引書，第 325 頁。
〔註40〕 魯迅《華蓋集・通訊》，《魯迅全集》第 3 卷，前引書，第 22 頁。

來，各種反動的思想，影響於青年，實在不堪設想；其腐敗較在《新青年》雜誌上思想革命以前還甚」〔註41〕，滌寰則說「中國的社會情形，政治狀況，尤其是思想界──宗法社會及封建制度一切的傳統的思想，不但沒有打倒，且更顯蒸蒸日上的現象了」〔註42〕，等等。

面對這樣嚴峻的社會現實，魯迅以為解決之道在於改革。因為，「不能革新的人種，也不能保古的。」「無論如何，不革新，是生存也為難的，而況保古。現狀就是鐵證，比保古家的萬言書有力得多。」〔註43〕不改革，即便「大同的世界」到來之時，「像中國現在似的民族也一定在大同的門外」，警惕於被趕出世界，不能生存，魯迅認為「無論如何，總要改革才好。」〔註44〕而這種踏倒所有阻礙前途者，進行改革的任務，天然地落在青年的身上〔註45〕。為此，他呼籲「赤子」的出現，認為人們應該如林回，「棄千金之璧，負赤子而趨」，而不是如那些保古家一樣「棄赤子而抱千金之璧」〔註46〕，他希望有行動能力的，思圖改變沈寂現狀的「活人」、「勇猛的闖將」、「敢於直面慘澹的人生」的勇士能夠出現。從這個整體設計出發，他立足於中國古書毒害了他的體驗，希望自己成為歷史的中間物，肩住毒害他的黑暗的閘門，而放中國未來的希望──有志改革的青年、赤子──上前去，棄絕中國書，多讀外國書，從而與實人生接觸，在堅決的「行」中砸爛鐵屋子，毀壞做人肉的廚房，建立一個嶄新的「人」國。

擴而大之，我以為，新文化派「打孔家店」的言行，與其說是一種策略，不如說是他們對當時文化、思想痼疾的深刻感知，也與他們對綱常之於自身的束縛的體驗密切相關。個人體驗在這裡參與了歷史的建構，而似乎是萬金油似的「策略說」，並不能更有效地對「五四」新文化先驅者的言行進行闡釋。

〔註41〕趙雪陽《青年必讀書》，《魯迅全集》第 7 卷《這是這麼一個意思》的附錄，前引書，第 276 頁。

〔註42〕滌寰、平平《青年必讀書的疑問》，王世家編《青年必讀書 1925 年〈京報副刊〉「二大徵求」資料彙編》，前引書，第 215 頁。

〔註43〕魯迅《華蓋集　忽然想到（5～6）》，《魯迅全集》第 3 卷，前引書，第 47 頁。

〔註44〕魯迅《兩地書》，《魯迅全集》第 11 卷，前引書，第 475 頁。

〔註45〕魯迅《華蓋集・北京通信》，《魯迅全集》第 3 卷，前引書，第 54 頁。他說：「但倘若一定要問我青年應當向怎樣的目標，那麼，我只可以說出我為別人設計的話，就是：一要生存，二要溫飽，三要發展。有敢來阻礙這三事者，無論是誰，我們都反抗他，撲滅他！」

〔註46〕魯迅《華蓋集・忽然想到（5～6）》，《魯迅全集》第 3 卷，前引書，第 47 頁。

參考文獻

一、報紙期刊類

（一）報紙

《北京大學日刊》《北京日報》《晨報》《大公報》（長沙）《獨立周報》《公言報》《時事新報‧學燈》《文藝報》《中華讀書報》

（二）期刊（建國前）

《晨報副鐫》《東方雜誌》《獨立評論》《讀書生活》《讀書月報》《復旦大學校刊》《婦女新運》《改造》《國粹學報》《國光雜誌》《國學月報彙刊》《河南》《甲寅》（月刊）《甲寅》（周刊）《交通職工月報》《覺是青年》《覺悟》《孔教會雜誌》《理論與現實》《每周評論》《清華周刊》《認識月刊》《少年中國》《蜀報》《曙光》《太平洋》《鐵路月刊》《衛生半月刊》《文化食糧》《文學旬刊》《新潮》《新青年》《新社會》《新世紀》《學衡》《學生文藝彙編》《語絲》《月報》《戰時文化》《展望》《宗聖彙志》

二、著作類

1. 阿英編選《中國新文學大系‧史料‧索引》（1917～1927），上海：上海良友圖書印刷公司，1936 年。

2. 北京魯迅博物館編《錢玄同日記》（影印本），第 6 冊，福州：福建教育出版社，2002 年。

3. 蔡尚思《中國禮教思想史》，上海：上海古籍出版社，2006 年。

4. 蔡尚思等《論清末民初中國社會》，上海：復旦大學出版社，1983 年。

5. 蔡尚思、方行編《譚嗣同全集》（增訂本），北京：中華書局，1981 年。

6. 曹而云《白話文體與現代性——以胡適的白話文理論爲個案》，上海：上海三聯書店，2006 年。

7. 曹聚仁《聽濤室人物譚》，北京：生活・讀書・新知三聯書店，2007 年。

8. 曹聚仁《我與我的世界》，北京：人民文學出版社，1983 年。

9. 曹聚仁著、曹雷編《天一閣人物譚》，上海：上海人民出版社，2000 年。

10. 曹述敬《錢玄同年譜》，濟南：齊魯書社，1986 年。

11. 常乃惪《中國思想小史》，上海：中華書局，1922 年。

12. 陳平原、山口守編《大眾傳媒與現代文學》，北京：新世界出版社，2003 年。

13. 陳其津《我的父親陳序經》，廣州：廣東人民出版社，1999 年。

14. 陳群、張祥光、周國鈞、段萬倜、黃孝葵《李四光傳》，北京：人民出版社，1984 年。

15. 陳漱渝主編《現代賢儒——魯迅的摯友許壽裳》，北京：臺海出版社，1998 年。

16. 陳萬雄《五四新文化的源流》，北京：生活・讀書・新知三聯書店，1997 年。

17. 陳旭麓《近代中國社會的新陳代謝》，上海：上海人民出版社，1992 年。

18. 陳學恂主編《中國近代教育史教學參考資料》（上冊），北京：人民教育出版社，1986 年 7 月第 1 版，1987 年 6 月第 1 次印刷。

19. 陳學恂主編《中國近代教育史教學參考資料》（中冊），北京：人民教育出版社，1987 年 3 月第 1 版，1988 年 2 月第 1 次印刷。

20. 陳子展《中國近代文學之變遷》，上海：中華書局，1929 年。

21. 崔志海《蔡元培傳》，北京：紅旗出版社，2009 年。

22. 鄧星盈、黃開國、唐永進、李知恕《吳虞思想研究》，成都：四川教育出版社，1996 年。

23. 丁守和主編《中國近代啓蒙思潮》（下卷），北京：社會科學文獻出版社，1999 年。

24. 丁守和、殷敘彝《從五四啓蒙運動到馬克思主義的傳播》，北京：生活・讀書・新知三聯書店，1963 年 6 月第 1 版，1979 年 4 月第 2 版。

25. 董乃強主編《孔學知識詞典》，北京：商務印書館國際有限公司，2008 年。

26. 杜澄夫、蔣瑞、張帆編《焦菊隱戲劇散論》，北京：中國戲劇出版社，1985 年。

27. 房列曙等編著《中國近現代史》，合肥：合肥工業大學出版社，2004 年。

28. 〔美〕費正清編《康橋中國晚清史》（下），中國社會科學院歷史研究所編譯室譯，北京：中國社會科學出版社，1985 年。

29. 馮友蘭《三松堂自序》，北京：人民出版社，2008 年。

30. 馮自由《革命逸史》（第三集），北京：中華書局，1981 年。

31. 高力克《調適的智慧：杜亞泉思想研究》，杭州：浙江人民出版社，1998 年。

32. 〔美〕格里德《胡適與中國的文藝復興》，魯奇譯，南京：江蘇人民出版社，1989 年。

33. 葛懋春、李興芝編《胡適哲學思想資料選》（上），上海：華東師大出版社，1981 年。

34. 公丕祥主編《法律文化的衝突與融合：中國近現代法制與西方法律文化的關聯考察》，北京：中國廣播電視出版社，1993 年。

35. 故宮博物院明清檔案部編《義和團檔案史料》（下），北京：中華書局，1959 年。

36. 國家教育委員會社會科學發展研究中心編《歷史的選擇：五四、傳統文化與馬克思主義》，濟南：山東大學出版社，1990 年。

37. 郭志剛主編《中國現代文學書目彙要：小說卷》，北京：書目文獻出版社，1994 年。

38. 韓達編《評孔紀年（1911～1949）》，濟南：山東教育出版社，1985 年。

39. 韓華《民初孔教會與國教運動研究》，北京：北京圖書館出版社，2007 年。

40. 何干之《近代中國啓蒙運動史》，上海：生活書店，1937 年。

41. 賀麟《五十年來的中國哲學》，瀋陽：遼寧教育出版社，1989 年。

42. 何玲華《新教育‧新女性——北京女高師研究（1919～1924）》，北京：中國社會科學出版社，2007 年。

43. 賀聖謨《論湖畔詩社》，杭州：杭州大學出版社，1998 年。

44. 洪深編選《中國新文學大系‧戲劇集》（1917～1927），上海：上海良友圖書印刷公司，1935 年。

45. 胡明《正誤交織陳獨秀——思想的詮釋與文化的評判》，北京：人民文學出版社，2004 年。

46. 胡適《胡適留學日記》（下），合肥：安徽教育出版社，2006 年。

47. 胡宗剛《胡先驌先生年譜長編》，南昌：江西教育出版社，2007 年。

48. 黃遠庸《遠生遺著》第 1 冊，上海：商務印書館，1924 年。

49. 賈振剛、溫儒敏主編《百年學術：北京大學中文系名家文存》（下卷），北京：北京大學出版社，南昌：江西教育出版社，1998 年。

50. 姜德明《活的魯迅》，上海：上海文藝出版社，1986 年。

51. 姜濤《「新詩集」與中國新詩的發生》，北京：北京大學出版社，2005 年。

52. 教育部國語統一籌備委員會《國音常用字彙》，上海：商務印書館，1932年。

53. 孔凡嶺編《孔子研究》，上海：中華書局，2003年。

54. 李長莉，左玉河編《近代中國社會與民間文化》，北京：社會科學文獻出版社，2007年。

55. 李承貴《德性源流──中國傳統道德轉型研究》，南昌：江西教育出版社，2004年7月第1版，2007年8月第2次印刷。

56. 李賦寧、孫天義、蔡恒編《第一屆吳宓學術討論會論文集》，西安：陝西人民教育出版社，1992年。

57. 黎錦熙主編《國音常用字彙》（增訂注解），上海：商務印書館，1949年。

58. 李可亭《錢玄同傳》，鄭州：河南大學出版社，2002年。

59. 李立明《中國現代六百作家小傳》，香港：波文書局，1977年。

60. 李良明、鍾德濤主編《惲代英年譜》，武漢：華中師範大學出版社，2006年。

61. 李龍牧《五四時期思想史論》，上海：復旦大學出版社，1990年。

62. 李世濤主編《知識份子立場──激進與保守之間的動蕩》，長春：時代文藝出版社，2000年。

63. 李怡《日本體驗與中國現代文學的發生》，北京：北京大學出版社，2009年。

64. 李玉剛編《五四風雲人物文萃：吳虞　易白沙》，北京：人民日報出版社，1999年。

65. 李澤厚《中國現代思想史論》，北京：東方出版社，1987年。

66. 梁津南編著《中文羅馬拼音與字彙》，臺北：臺北國立中央圖書館，1982年。

67. 梁啓超《清代學術概論》，上海：上海古籍出版社，2005年。

68. 〔美〕林毓生《中國傳統的創造性轉化》，北京：生活・讀書・新知三聯書店，1988年12月第1版，1996年3月北京第3次印刷。

69. 劉海鷗《從傳統到啓蒙：中國傳統家庭倫理的近代嬗變》，北京：中國社會科學出版社，2005年。

70. 劉集林《陳序經文化思想研究》，天津：天津人民出版社，2003年。

71. 劉夢溪主編、夏曉虹編校《中國現代學術經典・梁啓超卷》，石家莊：河北教育出版社，1996年。

72. 劉納《嬗變──辛亥革命時期至五四時期的中國文學》，北京：中國社會科學出版社，1998年。

73. 柳無忌編《南社紀略》，上海：上海人民出版社，1983 年。

74. 柳詒徵《中國文化史》（上卷），北京：中國大百科全書出版社，1988 年。

75. 魯迅《魯迅全集》，北京：人民文學出版社，2005 年。

76. 魯迅編選《中國新文學大系‧小說二集》，上海：上海良友圖書印刷公司，1935 年。

77. 羅志田《昨天的與世界的：從文化到人物》，北京：北京大學出版社，2007 年。

78. 呂芳文主編，湖南省政協文史資料研究委員會編《五四運動在湖南》，長沙：嶽麓書社，1997 年。

79. 呂效祖主編《吳宓詩及詩話》，西安：陝西人民出版社，1992 年。

80. 呂振羽《中國社會史諸問題》，北京：生活‧讀書‧新知三聯書店，1961 年。

81. 馬國英編《國語注音符號發音指南》，上海：商務印書館，1930 年。

82. 麻天祥著《湯用彤評傳》，南昌：百花洲文藝出版社，1993 年。

83. 孟悅、戴錦華《浮出歷史地表——現代婦女文學研究》，北京：中國人民大學出版社，2010 年。

84. 轟紺弩《轟紺弩全集》（第四卷），武漢：武漢出版社，2004 年。

85. 牛仰山選注《嚴復文選》，天津：百花文藝出版社，2006 年。

86. 牛仰山、孫鴻霓編《嚴復研究資料》，福州：海峽文藝出版社，1990 年。

87. 歐陽軍喜《五四新文化運動與儒學》，西安：陝西人民出版社，2000 年。

88. 錢基博《現代中國文學史》，上海：上海書店出版社，2004 年。

89. 錢鍾書《七綴集》，北京：生活‧讀書‧新知三聯書店，2001 年。

90. 冉雲飛《吳虞和他生活的民國時代》，濟南：山東人民出版社，2009 年。

91. 〔美〕任達《新政革命與日本：中國，1898～1912》，李仲賢譯，南京：江蘇人民出版社，2006 年。

92. 任建樹、張統模、吳信忠編《陳獨秀著作選》（第一卷），上海：上海人民出版社，1984 年。

93. 山東大學歷史系編《孔子及孔子思想再評價》，長春：吉林人民出版社，1980 年。

94. 沈寂編《胡適學術文集‧新文學運動》，北京：中華書局，1993 年。

95. 沈善洪主編《蔡元培選集》（上、下），杭州：浙江教育出版社，1993 年。

96. 沈松僑《學衡派與五四時期的反新文化運動》，臺北：國立臺灣大學出版委員會，1984 年。

97. 沈衛威《回眸「學衡派」──文化保守主義的現代命運》，北京：人民文學出版社，1999 年。

98. 沈永寶編《錢玄同印象》，上海：學林出版社，1997 年。

99. 沈永寶編《錢玄同五四時期言論集》，上海：東方出版中心，1998 年。

100. 沈自強主編《浙江一師風潮》，杭州：浙江大學出版社，1990 年。

101. 舒新城編《中國近代教育史資料》（上），北京：人民教育出版社，1981 年 3 月第 2 版，1983 年 8 月第 8 次印刷。

102. 水如編《陳獨秀書信選》，北京：新華出版社，1987 年。

103. 宋亞文《施復亮政治思想研究》（1919～1949），北京：人民出版社，2006 年。

104. 蘇雪林《蘇雪林自傳》，南京：江蘇文藝出版社，1996 年。

105. 孫尚揚、郭蘭芳編《國故新知論──學衡派文化論著輯要》，北京：中國廣播電視出版社，1995 年。

106. 孫永如《柳詒徵評傳》，南昌：百花洲文藝出版社，1993 年。

107. 孫玉蓉編纂《俞平伯年譜》，天津：天津人民出版社，2001 年。

108. 湯志鈞編《章太炎政論選集》（上、下），北京：中華書局，1977 年。

109. 王汎森《中國近代思想與學術的系譜》，石家莊：河北教育出版社，2001 年。

110. 汪暉《汪暉自選集》，桂林：廣西師範大學出版社，1997 年。

111. 王錕《孔子與二十世紀中國思想》，濟南：齊魯書社，2006 年。

112. 王栻編《嚴復集》（第 1、2、4 冊），北京：中華書局，1986 年。

113. 王世家編《青年必讀書 1925 年〈京報副刊〉「二大徵求」資料彙編》，北京：新星出版社，2006 年。

114. 王世家、止菴編《魯迅著譯編年全集》，北京：人民出版社，2009 年。

115. 王訓昭編《湖畔詩社評論資料選》，上海：華東師範大學出版社，1986 年。

116. 汪原放《亞東圖書館與陳獨秀》，上海：學林出版社，2006 年。

117. 王躍、高力克編《五四：文化的闡釋與評價──西方學者論五四》，太原：山西人民出版社，1989 年。

118. 王自立、陳子善編《郁達夫研究資料》（上），天津：天津人民出版社，1982 年。

119. 溫波《重建合法性：南昌市新生活運動研究（1934～1935）》，北京：學苑出版社，2006 年。

120. 文木、郁華編《瞿秋白散文》（下），北京：中央廣播電視大學出版社，1997 年。

121. 文學研究會編《星海》，上海：商務印書館，1924 年。

122. 吳宓著、吳學昭整理注釋《吳宓日記》（第 1、2 冊），北京：生活・讀書・新知三聯書店，1998 年。

123. 吳銳《錢玄同評傳》，南昌：百花洲文藝出版社，1996 年。

124. 吳虞《吳虞文錄》，上海：亞東圖書館，1921 年。

125. 吳稚暉著、梁冰弦編《吳稚暉學術論著第三編》，上海：出版合作社，1927 年。

126. 蕭超然《北京大學與五四運動》，北京：北京大學出版社，1995 年。

127. 蕭超然、沙健孫、周承恩、梁柱《北京大學校史（1898～1949）》，上海：上海教育出版社，1981 年。

128. 謝作華主編《殷紅的詩篇》，北京：中國民間文藝出版社，1988 年。

129. 許桂亭選注《林紓文選》，天津：白花文藝出版社，2006 年。

130. 許紀霖、田建業編《杜亞泉文存》，上海：上海教育出版社，2003 年。

131. 許紀霖、田建業編《一溪集——杜亞泉的生平與思想》，北京：生活・讀書・新知三聯書店，1999 年。

132. 許壽裳《我所認識的魯迅》，北京：人民文學出版社，1978 年。

133. 徐雁平《胡適與整理國故考論：以中國文學史研究爲中心》，合肥：安徽教育出版社，2003 年。

134. 許志傑《陸侃如和馮沅君》，濟南：山東畫報出版社，2006 年。

135. 徐中約《中國近代史：中國的奮鬥（1600～2000）》，計秋楓、朱慶葆譯，北京：世界圖書出版公司，2008 年。

136. 嚴蓉仙《馮沅君傳》，北京：人民文學出版社，2008 年。

137. 楊義《中國現代小説史》（一），北京：中國社會科學出版社，2007 年。

138. 葉舒憲主編《性別詩學》，北京：社會科學文獻出版社，1999 年。

139. 〔日〕伊藤虎丸《魯迅、創造社與日本文學》，孫猛、徐江、李冬木譯，北京：北京大學出版社，2005 年。

140. 殷海光《中國文化的展望》，北京：中國和平出版社，1988 年。

141. 余英時《現代危機與思想人物》，北京：生活・讀書・新知三聯書店，2005 年。

142. 余英時《中國知識份子論》，鄭州：河南人民出版社，1997 年。

143. 余英時著，傅傑編《論士衡史》，上海：上海文藝出版社，1999 年。

144. 袁世碩編《馮沅君古典文學論文集》，濟南：山東人民出版社，1980 年。

145. 袁偉時編著《告別中世紀：五四文獻選粹與解讀》，廣州：廣東人民出版社，2004 年。

146. 袁偉時《帝國落日：晚清大變局》，南昌：江西人民出版社，2003 年。

147. 袁偉時《中國現代思想散論》，上海：上海三聯書店，2008 年。

148. 張枬、王忍之編《辛亥革命前十年間時論選集》第一卷（上、下冊），北京：生活・讀書・新知三聯書店，1960 年版，1978 年第 2 次印刷。

149. 張枬、王忍之編《辛亥革命前十年間時論選集》第二卷（上、下冊），北京：生活・讀書・新知三聯書店，1963 年版，1978 年第 2 次印刷。

150. 張枬、王忍之編《辛亥革命前十年間時論選集》第三卷，北京：生活・讀書・新知三聯書店，1977 年。

151. 張光芒《中國近現代啟蒙文學思潮論》，濟南：山東文藝出版社，2002 年。

152. 〔美〕張灝《張灝自選集》，上海：上海教育出版社，2002 年。

153. 〔美〕張灝《梁啟超與中國思想的過渡（1890～1907）》，崔志海、葛夫平譯，南京：江蘇人民出版社，1995 年 1 月第 1 版，2005 年 7 月第 3 次印刷。

154. 張菊香、張鐵榮編著《周作人年譜（1885～1967）》，天津：天津人民出版社，1999 年。

155. 張俊才《林紓評傳》，天津：南開大學出版社，1992 年。

156. 張朋園《梁啟超與清季革命》，長春：吉林出版集團有限責任公司，2007 年。

157. 張品興主編《梁啟超全集》（第 1、2 冊），北京：北京出版社，1999 年。

158. 〔清〕章太炎著、朱維錚編《訄書　初刻本　重訂本》，北京：生活・讀書・新知三聯書店，1998 年。

159. 章錫琛編《新性道德討論集》（增補版），上海：開明書店，1926 年。

160. 張耀傑《歷史背後：政學兩界的人和事》，桂林：廣西師範大學出版社，2006 年。

161. 張昭軍《傳統的張力——儒學思想與近代文化變革》，長春：吉林人民出版社，2004 年。

162. 趙清、鄭城編《吳虞集》，成都：四川人民出版社，1985 年。

163. 趙園《艱難的選擇》，上海：上海文藝出版社，1986 年。

164. 鄭家棟《斷裂中的傳統：信念與理性之間》，北京：中國社會科學出版社，2001 年。

165. 鄭振鐸編選《中國新文學大系・文學爭論集》（1917～1927），上海：上海良友圖書印刷公司，1935 年。

166. 中共中央毛澤東選集出版委員會編《毛澤東選集》（第 2、3 卷），北京：人民出版社，1991 年。

167. 中共中央文獻研究室編輯組《毛澤東早期文稿（1912.6～1920.11）》，長沙：湖南出版社，1990 年。

168. 中共中央文獻研究室編《毛澤東文集》（第 3 卷），北京：人民出版社，1996 年。

169. 中國革命博物館整理、榮孟源審校《吳虞日記》（上），成都：四川人民出版社，1984 年。

170. 中國革命博物館整理、榮孟源審校《吳虞日記》（下），成都：四川人民出版社，1986 年。

171. 中國人民政治協商會議河南省委員會文史資料研究委員會編《河南文史資料選輯》（第 6 輯），鄭州：河南人民出版社，1981 年。

172. 中國人民政治協商會議湖北省黃岡縣委員會編《回憶熊十力》，武漢：湖北人民出版社，1989 年。

173. 中國人民政治協商會議浙江省委員會文史資料研究委員會編《浙江文史資料選輯》（第 4 輯）（內部發行），杭州：杭州印刷廠，1962 年。

174. 中國社會科學院近代史研究所編《五四運動回憶錄》（續），北京：中國社會科學出版社，1979 年。

175. 中國社會科學院近代史研究所編《五四運動回憶錄》（下），北京：中國社會科學出版社，1979 年。

176. 中國社會科學院近代史研究所中華民國史組編《胡適來往書信選》（上），北京：中華書局，1979 年。

177. 中國社科院近代史研究所中華民國史研究室編《胡適的日記》，香港：中華書局香港分局，1985 年。

178. 中國社科院科研局、《中國社會科學》雜誌社編《五四運動與中國文化建設──五四運動七十週年學術討論會論文選》（上），北京：社會科學文獻出版社，1989 年。

179. 中國史學會編《中國近代史資料叢刊‧戊戌變法》（三），上海：上海人民出版社，1957 年。

180. 中國現代文學研究館編《朱自清文集》，北京：華夏出版社，2000 年。

181. 中華孔子研究所編《孔子研究論文集》，北京：教育科學出版社，1987 年。

182. 鍾離蒙、楊鳳麟主編《中國現代哲學史資料彙編》（第 2 集第 6 冊），瀋陽：遼寧大學出版社，1982 年。

183. 鍾離蒙、楊鳳麟主編《中國現代哲學史資料彙編》（第 3 集第 2 冊），瀋陽：遼寧大學出版社，1982 年。

184. 鍾離蒙、楊鳳麟主編《中國現代哲學史資料彙編續集》（第 15 冊），瀋陽：遼寧大學出版社，1984 年。

185. 鍾離蒙、楊鳳麟主編《中國現代哲學史資料彙編續集》（第 16 冊），瀋陽：遼寧大學出版社，1986 年。

186. 〔美〕周策縱《五四運動史》，陳永明等譯，長沙：嶽麓書社，1999 年。

187. 〔美〕周策縱《五四運動：現代中國的思想革命》，周子平等譯，南京：江蘇人民出版社，1999 年 6 月第 1 版，2005 年 7 月第 2 次印刷。

188. 周昌龍《新思潮與傳統──五四思想史論集》，南昌：百花洲文藝出版社，2004 年。

189. 周維強《掃雪齋主人──錢玄同傳》，杭州：浙江人民出版社，2003 年。

190. 周雲《學衡派思想研究》，蘭州：甘肅人民出版社，2005 年。

191. 周作人著，止菴校訂《知堂回想錄》（上、下），石家莊：河北教育出版社，2002 年。

192. 周作人著、止菴校訂《周作人自編文集·魯迅的故家》，石家莊：河北教育出版社，2002 年。

193. 周作人著、止菴校訂《周作人自編文集·魯迅小說裏的人物》，石家莊：河北教育出版社，2002 年。

194. 周作人著、止菴校訂《自己的園地》，石家莊：河北教育出版社，2002 年。

195. 周作人著、止菴校訂《周作人自編文集·談虎集》，石家莊：河北教育出版社，2002 年。

196. 〔清〕朱壽朋編、張靜廬等校點《光緒朝東華錄》（第 5 冊），北京：中華書局，1958 年。

197. 朱文華《中國近代文學潮流：從戊戌前後到五四文學革命》，貴陽：貴州教育出版社，2004 年。

198. 莊森《飛揚跋扈爲誰雄──作爲文學社團的新青年社研究》，上海：東方出版中心，2006 年。

三、論文類（建國後）

1. 抱朴《吳虞「豔體詩」的風波》，《博覽群書》1998 年第 2 期。

2. 畢耕《古文萬無滅亡之理──重評林紓與新文學倡導者的論戰》，《廣西社會科學》2005 年第 7 期。

3. 陳本銘《孔子教育思想試評──兼論五四時期「打倒孔家店」的口號》，《福建師大學報》（哲學社會科學版）1979 年第 3 期。

4. 陳國燦、朱家華《〈新青年〉雜誌書刊廣告述評》，《編輯之友》1993 年第 6 期。

5. 陳平原《波詭雲譎的追憶、闡釋與重構──解讀「五四」言說史》，《讀書》2009 年第 9 期。

6. 丁守和《由陳獨秀與杜亞泉的爭論引起的思考》,《河北學刊》2000 年第 1 期。

7. 杜聖修《關於「打倒孔家店」若干史實的辨正》,《文藝報》1989 年 9 月 16 日。

8. 馮鴿《新文學中「孝」與「非孝」悖論話語的解析》,《江蘇大學學報》(社會科學版) 2006 年第 2 期。

9. 龔書鐸《關於五四運動「打倒孔家店」小議》,《群言》2002 年第 4 期。

10. 郭沂《「打倒孔家店」與中國傳統文化的現代命運》,《齊魯學刊》1989 年第 3 期。

11. 韓華《民初廢除尊孔讀經及其社會反響》,《社會科學戰線》2006 年第 4 期。

12. 何玲華《〈新青年〉「反傳統」的歷史語境》,《探索與爭鳴》2006 年第 3 期。

13. 何錫章《論「思想」在中國現代文學價值生成與存在中的意義》,《文學評論》2002 年第 5 期。

14. 洪俊峰《林紓晚年評價的兩個問題》,《齊魯學刊》1995 年第 1 期。

15. 侯豔興《20 世紀二三十年代上海女性自殺探析》,《婦女研究叢刊》2006 年第 7 期。

16. 胡發貴《民主與人權——對「打倒孔家店」的再審視》,《唯實》1999 年第 4 期。

17. 胡峰《〈甲寅雜誌〉（月刊）：孕育〈青年雜誌〉的母體》,《齊魯學刊》2009 年第 6 期。

18. 胡煥龍《一場「堂吉訶德」式的思想論戰——林紓與五四新文化陣營思想衝突過程再回顧》,《淮南師範學院學報》2006 年第 2 期。

19. 胡明《陳獨秀與「孔家店」》,《南通師範學院學報》(哲學社會科學版) 2003 年第 4 期。

20. 黃軼《有關〈河南〉幾個問題的辨證》,《中國現代文學研究叢刊》2006 年第 5 期。

21. 賈順先《論吳虞「反孔」的是與非》,《社會科學研究》1986 年第 2 期。

22. 賈植芳、王同坤《父親雕像的傾斜與頹敗——談 20 世紀中國文學中的「褻瀆父親」母題》,《中國現代文學研究叢刊》1996 年第 3 期。

23. 姜丹書《施存統的〈非孝〉與「浙一師風潮」》,《民國春秋》1997 年第 3 期。

24. 蔣英豪《林紓與桐城派、改良派及新文學的關係》,《文史哲》1997 年第 1 期。

25. 君虹《杜亞泉：另一種啓蒙》,《中華讀書報》2000 年 11 月 15 日。

26. 李殿元《「打（倒）孔家店」的歷史誤會》,《中華文化論壇》2006 年第 3 期。

27. 李景光《荊生究竟指誰》,《社會科學輯刊》1985 年第 3 期。

28. 李書源、楊曉軍《民國初年東北地區女性自殺現象解讀──以 1912～1921 年間〈盛京時報〉刊載的 578 例女性自殺案例爲中心》,《吉林大學社會科學學報》2009 年第 5 期。

29. 李偉《曹聚仁在「五四」前後》,《民國春秋》1999 年第 4 期。

30. 李怡《〈甲寅〉月刊：五四新文學運動的思想先聲》,《中國現代文學研究叢刊》2003 年第 4 期。

31. 李怡《國家主義的批判與個人主義的倡導──從〈甲寅〉到〈新青年〉的思想流變》,《江漢論壇》2006 年第 1 期。

32. 李怡《論「學衡派」與五四新文學運動》,《中國社會科學》1998 年第 6 期。

33. 李永中《〈甲寅〉上的〈青年雜誌〉廣告》,《新文學史料》2007 年第 3 期。

34. 劉長林《媒體建構：自殺社會意義的賦予──以中國 1919～1928 年社會運動中自殺事件報導爲例》,《社會》2010 年第 3 期。

35. 劉長林、錢錦晶《論五四思想家對自殺現象的研究》,《史學月刊》2003 年第 6 期。

36. 劉長林《林德揚自殺的意義》,《武漢理工大學學報》（社會科學版）2008 年第 4 期。

37. 劉濟生《打倒孔家店與打倒秦家店孰輕孰重──新文化運動和五四運動重新解讀》,《炎黃春秋》2004 年第 4 期。

38. 柳士同《重溫「打倒孔家店」》,《書屋》2009 年第 3 期。

39. 龍文懋《一個現代堂吉訶德的命運──吳宓及其文化保守主義》,《北方論叢》1998 年第 4 期。

40. 陸建德《再說「荊生」,兼及運動之術》,《中國圖書評論》2009 年第 2 期。

41. 羅志田《林紓的認同危機與民初的新舊之爭》,《歷史研究》1995 年第 5 期。

42. 呂明濤《〈青年〉雜誌與〈青年雜誌〉》,《書屋》2005 年第 8 期。

43. 呂明灼《五四批孔眞相──「打倒孔家店」辨析》（上、下）,《齊魯學刊》1989 年第 5～6 期。

44. 閔銳武《〈甲寅雜誌〉與〈新青年〉的淵源關係》,《河北師範大學學報》

2001 年第 3 期。

45. 納雪沙《關於「五四」精神諸問題的新闡釋——北京大學王東教授答問錄》,《北京日報》2009 年 6 月 29 日。

46. 聶紺弩《從〈吳虞文錄〉說到〈花月痕〉》,《讀書》1983 年第 9 期。

47. 齊衛平《施復亮傳略》,《晉陽學刊》1991 年第 5 期。

48. 齊衛平《五四時期中國社會轉型與自殺現象》,《民國春秋》1998 年第 3 期。

49. 散木《行走了一個怪圈的施復亮》,《文史精華》2002 年第 7 期。

50. 尚達翔《馮沅君先生年譜》,《河南師範大學學報》1986 年第 4 期。

51. 邵曉芙,池子華《20 世紀二三十年代上海女性自殺現象解讀》,《徐州師範大學學報》(哲學社會科學版) 2006 年第 2 期。

52. 沈永寶《新文學史應該有黃遠生的名字》,《讀書》1998 年第 10 期。

53. 沈永寶《〈文學改良芻議〉探源——胡適與黃遠生》,《上海社會科學院學術季刊》1995 年第 2 期。

54. 沈永寶《陳獨秀與黃遠生:〈文學革命論〉來源考》,《復旦學報》(社會科學版) 1992 年第 3 期。

55. 舒蕪《關於〈吳虞「豔體詩」的風波〉》,《博覽群書》1998 年第 4 期。

56. 宋亞文《施復亮研究綜述》,《浙江大學學報》(人文社會科學版) 2005 年第 2 期。

57. 宋仲福《關於「打倒孔家店」的歷史考察》,《孔子研究》1992 年第 2 期。

58. 蘇桂寧《〈學衡〉的文化立場——關於 20 世紀初中國文化選擇的一種考察》,《文藝理論研究》2006 年第 1 期。

59. 孫瑞珍《和封建傳統戰鬥的馮沅君》,《新文學史料》1981 年第 4 期。

60. 譚桂林《評近年來對學衡派的重估傾向》,《魯迅研究月刊》1997 年第 2 期。

61. 田海林《辛亥革命後儒家文化的命運——對清末民初「尊孔讀經」問題的考察》,《山東師範大學學報 (人文社會科學版)》2003 年第 2 期。

62. 王彬彬《徐樹錚:現實中的「荊生」?——兼談五四新文化運動》,《同舟共進》2010 年第 6 期。

63. 王東、納雪沙《「打倒孔家店」是五四運動的口號嗎?——五四精神實質新論》,《新視野》2010 年第 4 期。

64. 王富仁《「新國學」與中國現代文學研究》,《文藝研究》2007 年第 3 期。

65. 王富仁《林紓現象與「文化保守主義」》,《中國現代文學研究叢刊》2007 年第 3 期。

66. 王海賓、盧建華《論打倒孔家店的現實意義》,《北京師範學院學報》(社會科學版) 1989 年第 2 期。

67. 王合群《20 世紀二三十年代上海自殺問題的社會透視》,《史學月刊》2005 年第 2 期。

68. 王建開《20 世紀中國翻譯界的一場論爭與轉型──兼論林紓與新文學家的譯介觀》,《上海翻譯》2005 年第 3 期。

69. 王奇生《新文化是如何「運動」起來的──以〈新青年〉為視點》,《近代史研究》2007 年第 1 期。

70. 王奇生《新文化運動是如何「運動」起來的》,《同舟共進》2009 年第 5 期。

71. 王青、曾婭先《紉草結蕙　拔心不死──論馮沅君的〈卷葹〉》,《西南民族大學學報》2006 年第 10 期。

72. 王萱《林紓的小說理論》,《東嶽論叢》2002 年第 6 期。

73. 魏建功《〈錢玄同先生與黎錦熙先生論「古無舌上、輕唇聲紐」問題書〉讀後記》,《中國語文》1961 年 9 月號。

74. 韋政通《〈新青年〉的再讀與反思》,《中國哲學史》1997 年第 4 期。

75. 吳潤凱《新娘趙五貞之死》,《書屋》2008 年第 2 期。

76. 熊春文《實質民主與形式自由──對蔡元培民初教育思想的一種知識社會學解讀》,《社會學研究》2006 年第 1 期。

77. 徐頑強《評「五四」時期的「打倒孔家店」》,《湖北大學學報》(哲學社會科學版) 1992 年第 2 期。

78. 嚴北溟《孔子要平反,「孔家店」要打倒》,《社會科學輯刊》1981 年第 1 期。

79. 嚴家炎《「五四」「全盤反傳統」問題之考辨》,《文藝研究》2007 年第 3 期。

80. 楊華麗《關於「打倒孔家店」的歷史辯證──兼評否定現代文學傳統的幾種意見》,《現代語文》(文學研究版) 2009 年第 10 期。

81. 楊華麗《誤讀魯迅:贊者的缺失──魯迅〈青年必讀書〉閱讀箚記》,《山西大學學報》2010 年第 3 期。

82. 楊華麗《魯迅〈青年必讀書〉再釋》,《文藝理論與批評》2010 年第 4 期。

83. 楊聯芬《林紓與中國文學現代性的發生》,《中國現代文學研究叢刊》2002 年第 4 期。

84. 楊聯芬《新倫理與舊角色:五四新女性身份認同的困境》,《中國社會科學》2010 年第 5 期。

85. 楊鑄《馮沅君〈春痕〉的初版時間》,《中國現代文學研究叢刊》2008 年第 1 期。

86. 岳升陽《〈甲寅〉月刊與〈新青年〉的理論準備》,《清華大學學報》(哲學社會科學版) 1989 年第 1 期。

87. 張光芒《民初思想界的自殺風潮》,《粵海風》2000 年第 5 期。

88. 張光芒《黃遠生:五四之前的新文化先驅者》,《東方論壇》2001 年第 4 期。

89. 張俊才《林紓對「五四」新文學的貢獻》,《中國現代文學研究叢刊》1983 年第 4 期。

90. 張俊才《「悠悠百年,自有能辨之者」——重評林紓及五四新舊思潮之爭》,《河北師範大學學報》(哲學社會科學版) 2005 年第 4 期。

91. 張豔《五四運動闡釋史研究 (1919~1949)》,浙江大學 2005 年博士論文。

92. 張翼星《怎樣理解「五四」的「打倒孔家店」?》,《中華讀書報》2004 年 3 月 17 日。

93. 趙清、鄭城《論吳虞》,《社會科學研究》1979 年第 2 期。

94. 趙亞宏、郝福華《同爲公共話語空間的〈甲寅〉月刊與〈新青年〉研究》,《通化師範學院學報》2009 年第 11 期。

95. 趙亞宏《〈甲寅〉月刊與中國新文學的發生》,吉林大學 2008 年博士論文。

96. 鄭超麟《陳獨秀與〈甲寅雜誌〉》,《安徽史學》2002 年第 4 期。

97. 鄭師渠《論杜亞泉與新文化運動》,《北京師範大學學報》(社會科學版) 1994 年第 2 期。

98. 鄭師渠《「古今事無殊,東西迹豈兩」——論學衡派的文化觀》,《近代史研究》1998 年第 4 期。

99. 鄭師渠《學衡派史學思想初探》,《北京師範大學學報》(社會科學版) 1998 年第 4 期。

100. 鍾華《杜亞泉文化思想初探——兼論五四新文化運動的論爭》,《史學月刊》1994 年第 5 期。

101. 周積明《晚清反傳統思潮論綱》,《學術月刊》2002 年第 8 期。

102. 周錦章《角色危機與社會緊張:民國時期北平平民自殺樣本研究》,《北京社會科學》2009 年第 4 期。

103. 祝宇紅《「打倒孔家店,救出孔夫子」——論孔子形象在中國現代小說中的重寫》,《中國現代文學研究叢刊》2008 年第 1 期。

104. 莊森《陳獨秀和〈青年雜誌〉》,《文藝理論研究》2004 年第 6 期。

後　記

　　無邊的暗夜裏，校完文稿的我，在試圖書寫屬於「後記」的文字時，陷入了表述的困境：眞的，從何說起呢？

　　似乎必得從 08 年那個 5 月初開始。5 月初，我擁抱了因有機會進入四川大學師從李怡先生攻讀博士學位而獲得的狂喜——一扇門終於爲我而開了，但接著的 12 日 2 點 28 分，我卻猝不及防地遭遇了因身邊那麼多鮮活生命的瞬間消失而帶來的無邊的疼痛——許多許多扇門在一瞬間轟然關閉，那麼決絕而且無緣無故。什麼是生，什麼是死？怎樣生，又怎樣死？生／死這枚硬幣的兩面，在這一時刻模糊了各自的面目，讓我在尋找與辨析中幾乎迷失自我。

　　在困惑與掙扎中，我又遭遇了天使般的侄兒患白血病的事實以及他最終戀戀不捨的離開；我又遭遇了家庭的巨大變故，望見了爸媽怎麼也掩飾不了的白髮和憂傷……這些意外的遭逢，使我這三年的求學體驗充滿了豐富的痛苦。

　　然而我終得前行。

　　也必須說到 11 年的 5 月。正是 5 月 1 日那晚，我在博士論文的末尾添加上了「後記」。今天重讀那時留下的文字，東八舍 411 室那晚的光影和陳設還歷歷在目。權且錄下那段不長的文字吧，爲了消逝的與沒有消逝的：

> 　　經歷了思想的漫長跋涉之後，我發現，要在這裡照「慣例」寫下些
> 文字，其實並不如無數次想像中那樣的輕鬆，那樣的如釋重負——
> 「打倒孔家店」這個概念的含混性、五四新文化先驅們「打孔家店」
> 的艱難性、現代文學與傳統有待梳理的複雜性，等等，依然是縈繞

在我心間的一個個有待我去思索、去探究的問題所在。由此，我深深知道，未走的路，還正長。

但在面對已經寫就的文字勾勒的思想─文化圖景時，我明白終究還是到了結束這次不無缺憾的探索之旅的時候。透過三年的跋涉路往回望，翻閱泛黃的報刊時對時空所作的遙想，與那些熾熱、焦慮的靈魂相遇時心底的欣喜，終於達至柳暗花明的又一村時思想的狂歡……──清晰如昨。我深信，那些迷惘、欣喜、幸福的點點滴滴，將作爲最可寶貴的體驗，沈澱下去並支撐我未來的學術之旅。

這是一個三年的結束。在這三年中，我深深慶幸於能得到李怡老師的不時點撥，他鮮明的問題意識、執著的求眞精神、開闊的學術視野使我深深受益；我深深慶幸於他以敏銳的學術眼光爲我確定了選題，在我幾次試圖退縮時鼓勵我堅持下去，並以其睿智洞察並嚴正提醒我思考的缺陷所在：正是因此，我才日漸領悟到了爲學及如何爲學的眞諦。想以有限的言辭致以無限的謝意的，還有馬睿教授、毛迅教授、易丹教授、陳思廣教授、段從學教授、蔣登科教授這些曾對我的論文提出建設性意見和建議的良師們，還有孫擁軍、湯巧巧、彭超、付清泉、劉曉紅、布小繼、任曉兵這些與我時常切磋、共同進步的同門們，還有熊曉霜、周子玉、楊雅婷、沈艾娥等給我以生活上的幫助和精神上的鼓勵的朋友們，以及我任勞任怨的親愛的媽媽、默默支持我前行的親愛的先生和一次又一次含著眼淚與我作別的可愛的女兒。

無疑，這是未來無數個三年的開始。

是的，我現在就正行進在這第一個三年的路上。一路看去，四季照常的輪替裏出現了些新的風景，因了李怡先生的提攜和花木蘭文化出版社的慷慨。我想，我的這第一本書，應該是路旁寂寞開放的一朵小花，她的淡淡清香，既是爲了愛她的人，也是爲了她愛的人，以及讓她終於綻放的風、霜、雨、雪。

楊華麗

二〇一二年三月二十六日於綿陽